AF591117

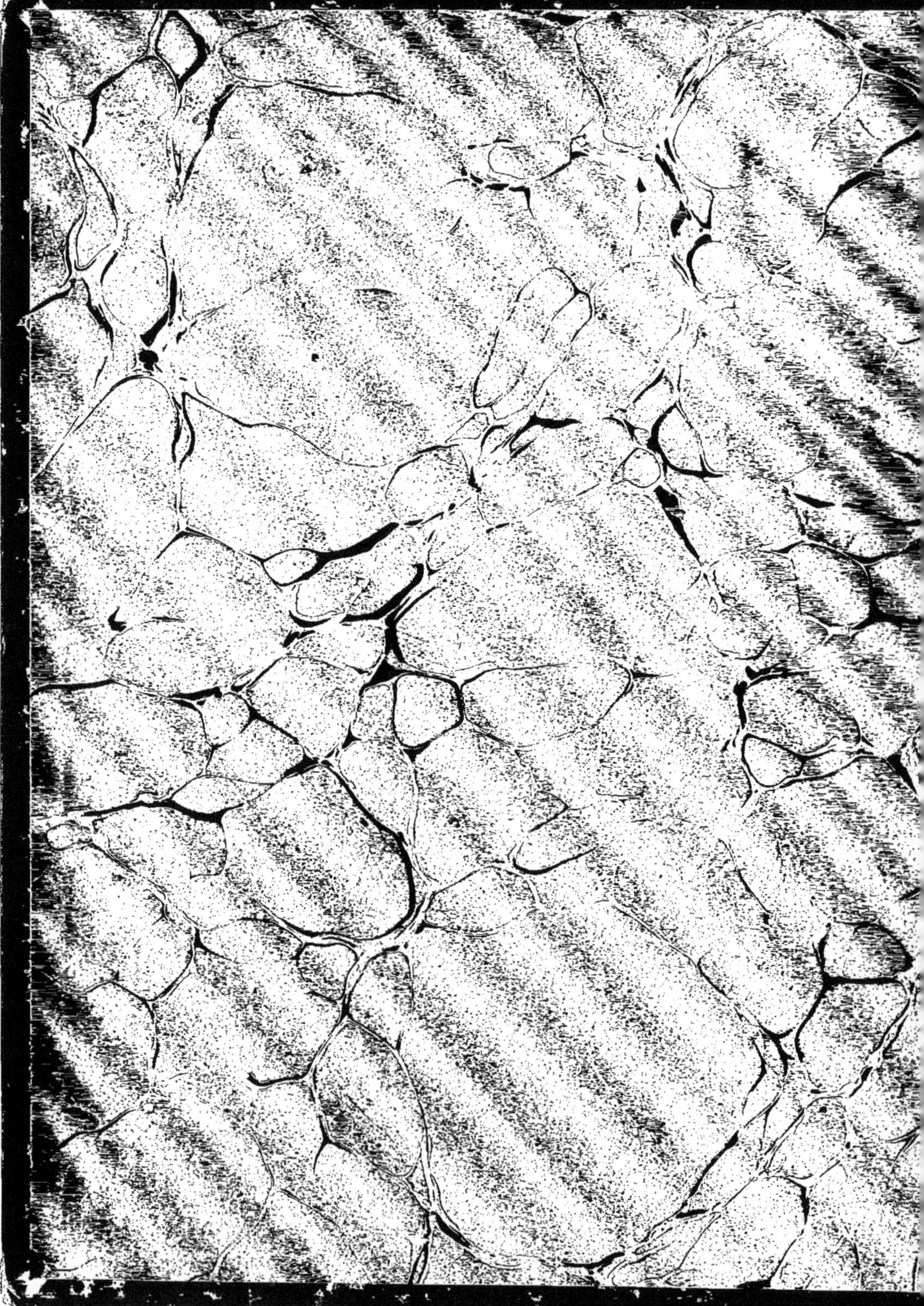

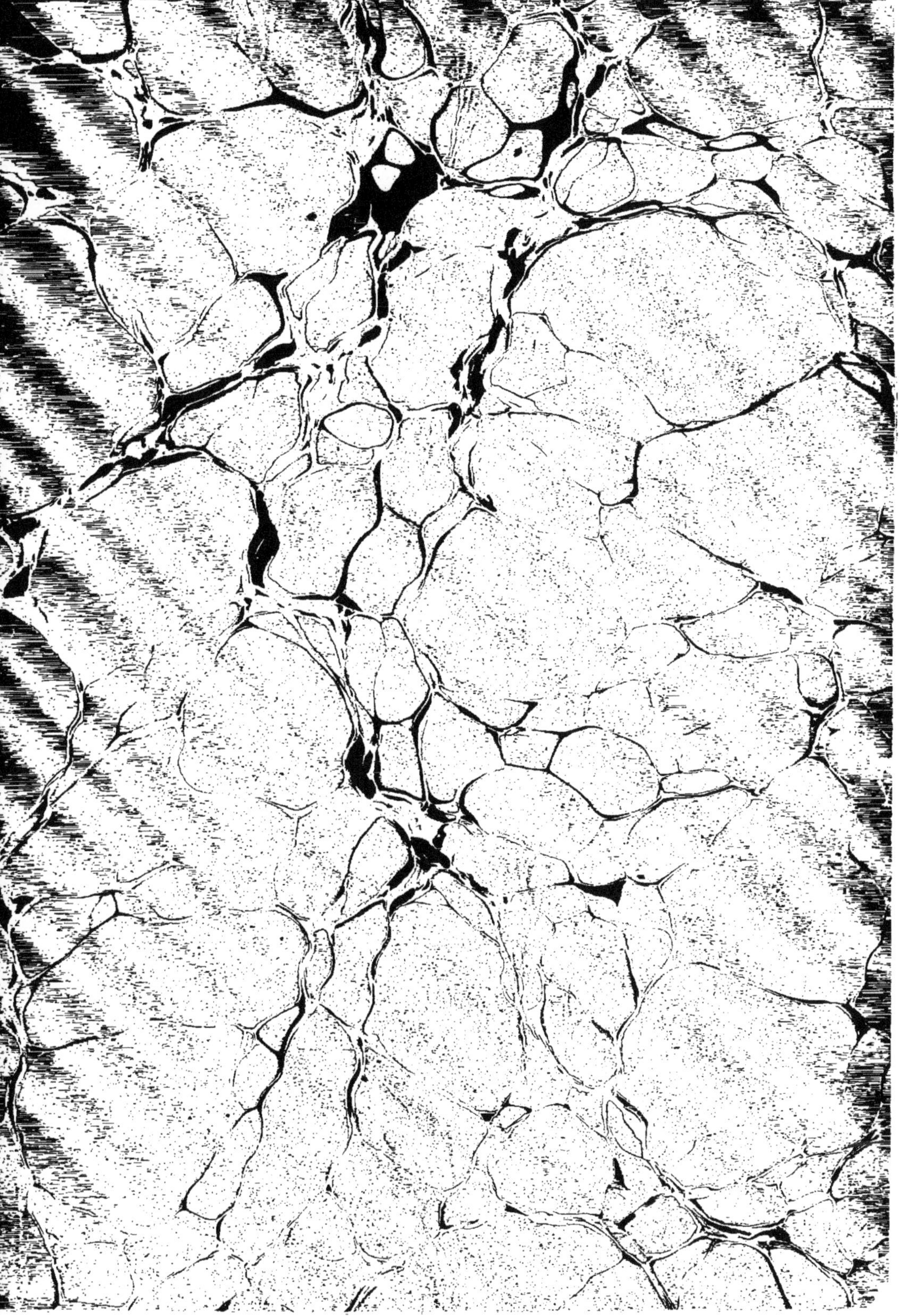

JOHN GRAND-CARTERET

NAPOLÉON EN IMAGES

ESTAMPES ANGLAISES

(PORTRAITS ET CARICATURES)

AVEC 130 REPRODUCTIONS D'APRÈS LES ORIGINAUX

PARIS

LIBRAIRIE DE FIRMIN-DIDOT ET Cie

IMPRIMEURS DE L'INSTITUT, RUE JACOB, 56

1895

NAPOLÉON EN IMAGES

Du même Auteur, chez les mêmes Éditeurs

XIXe Siècle. Cours et Gouvernements. — Classes sociales. — Mœurs. — Salons. — Plaisirs publics. — Costumes civils et militaires. — Fêtes et funérailles. — Moyens de transport et de communication. — Inventions nouvelles. — 1 vol. in-4° de 780 pages avec 19 planches coloriées aux patrons et 500 gravures dans le texte ou hors texte. — Prix : Broché, 30 fr. — Relié, 40 fr.

TYPOGRAPHIE FIRMIN-DIDOT ET Cie. — MESNIL (EURE).

JOHN GRAND-CARTERET

NAPOLÉON EN IMAGES

ESTAMPES ANGLAISES

(PORTRAITS ET CARICATURES)

AVEC 130 REPRODUCTIONS D'APRÈS LES ORIGINAUX

PARIS

LIBRAIRIE DE FIRMIN-DIDOT ET Cie

IMPRIMEURS DE L'INSTITUT, RUE JACOB, 56

—

1895

A MA SŒUR

MADEMOISELLE PAULINE GRAND-CARTERET

QUI A ÉTÉ MON COLLABORATEUR DÉVOUÉ
DANS LA RECHERCHE ET DANS LE CHOIX DES MATÉRIAUX
DESTINÉS A CE RECUEIL D'HISTOIRE GRAPHIQUE
SUR LA PLUS GRANDE FIGURE DU SIÈCLE
CE LIVRE
EST CORDIALEMENT DÉDIÉ.

J. G.-C.

AVANT-PROPOS

Il existe, aujourd'hui, au point de vue historique, toute une littérature napoléonienne, la fin du siècle semblant obéir à nouveau, quoique d'une façon différente, c'est-à-dire en se confinant dans le domaine de l'érudition pure, au mouvement qui avait agité la génération de 1830 et qui ne devait prendre fin qu'avec le rétablissement de l'Empire.

Déjà les récits et les mémoires sur la période napoléonienne constituent, sans parler des réimpressions d'œuvres anciennes, une collection importante; déjà des ouvrages précieux, ayant en vue l'homme ou les événements, ont jeté un jour nouveau sur le napoléonisme. La bibliographie vient de faire son apparition avec l'important travail dû à un amateur italien, porteur d'un nom illustre, M. Alberto Lumbroso; à son tour, l'iconographie entre en scène.

D'autres qui se complaisent aux œuvres de vulgarisation conçues en vue du grand public, qui aiment à faire, à l'usage des salons, des livres où l'on touche à tout, sans jamais rien approfondir, publieront, très certainement, des Napoléon illustrés, documentés à coups d'emprunts dans les ouvrages connus; ce que j'ai voulu ici, procédant d'après ma méthode habituelle, c'est donner des iconographies d'ensemble sur l'image relative à Napoléon personnellement. Si j'ouvre cette série par la caricature, c'est que l'estampe satirique a été, dans ce domaine, la plus riche de toutes : si je commence par la caricature anglaise, c'est qu'elle fut la véritable inspiratrice de tous les crayons, c'est qu'elle a été la source à laquelle sont venues puiser les autres imageries.

Du livre lui-même je n'ai rien à dire : c'est, on le verra, non pas un simple catalogue, non pas une énumération sèche et brève de gravures, mais bien une sorte d'analyse détaillée, avec notes à l'appui, des œuvres dues aux artistes d'outre-Manche et classées chronologiquement, de façon que l'on puisse suivre, depuis l'origine, ces pamphlets graphiques; c'est, en un mot, l'histoire de la lutte de l'Angleterre, sous une de ses formes les plus pittoresques, contre le génie conquérant de Napoléon.

Je tiens, cependant, à signaler un des côtés caractéristiques de cet ouvrage. Jusqu'à ce jour, malgré les travaux des Anglais, dans ce champ spécial, au premier rang desquels il faut placer les English Caricature and Satire on Napoléon I, *on n'avait pu avoir qu'une idée imparfaite des caricatures des Gillray, des Rowlandson, des Cruikshank, des Woodward. Joseph Grego, mon savant confrère londonien, dans ses importantes publications sur la vie, les œuvres et l'époque de ces deux premiers artistes, n'a reproduit que fort peu de caricatures politiques et, d'autre part, M. John Ashton n'a donné que des fragments, des bouts de croquis des estampes dont il écrivait, en quelque sorte, la monographie. C'est donc bien la première fois que l'œuvre des artistes anglais apparaît, ainsi, dans son entier, dans toute sa saveur originale, les réductions photographiques n'ayant rien enlevé du caractère particulier à chaque composition. On a sous les yeux les documents eux-mêmes, ce qui permettra, à la fois, d'apprécier leur valeur artistique et leur importance historique, car l'histoire vit autant, aujourd'hui, de documents graphiques que des documents écrits. Ce que j'entreprends est, à proprement parler, l'étude générale de la satire crayonnée dirigée contre Napoléon; c'est le groupement des matériaux illustrés qui serviront, quelque jour, aux écrivains futurs.*

John Grand-Carteret.

Paris, en décembre 1894.

N. B. — Les explications ou appréciations de l'auteur, placées à la suite de la description des planches, sont précédées d'un astérisque.

Bonaparte empoisonnant les malades à Jaffa.

BONEY DEVENU PHILOSOPHE

Un cruel tyran. Ce que j'étais. — Un misérable pleurnicheur. Ce que je suis. — Pendu comme un niais. Ce que je devrais être.

* Sur le rocher de l'île d'Elbe, on lit : « Brève histoire de ma vie que j'ai l'intention de publier. »

[*Caricature de Rowlandson*, 1er mai 1814.]

I. — LES PORTRAITS.

Caractéristique générale des figures anglaises. — Portraits de convention. — Portraits satiriques. — Portraits de la période anglaise. — Croquis pris à Sainte-Hélène. — But de l'Angleterre en chargeant outre mesure la physionomie de Napoléon.

I.

Plus ou moins conventionnels, plus ou moins vraisemblables, les traits du grand homme ont été popularisés par les graveurs en renom et par les simples imagiers de tous les pays. En Europe, en Amérique où il a pris place, souvent, aux côtés de Washington et de Franklin, en Asie, — je veux dire en Chine (1), partout, en un mot, où l'art du dessin est en honneur, on a vu apparaître des

(1) Voir le très curieux portrait de Napoléon couché sur son lit de mort, à Sainte-Hélène, exécuté par un coolie chinois, et publié dans ma revue *Le Livre et l'Image*, tome III, page 372.

Voir, également, les représentations figurées de Napoléon dans certains albums japonais. Voir, aussi, les statues du grand conquérant ayant pris place dans quelques pagodes de l'Indo-Chine, aux côtés de Bouddha.

portraits portant en bas ce nom magique : « Napoléon ». Le petit chapeau et la redingote grise ont tenu ainsi, en notre siècle, la place du Roi-Soleil au XVIIe.

Fouillez les estampes, les soieries, les porcelaines exotiques; en plus d'un endroit, vous trouverez la trace, la marque indélébile du profil césarien. Privilège de tout temps dévolu à ceux qui remplissent le monde de leur renommée et de l'éclat de leurs actions. Que ce soit pour les vénérer ou pour les vouer à l'exécration publique, tous veulent pouvoir contempler leurs traits, tous tiennent à en donner des images qui puissent satisfaire la curiosité humaine.

Et voilà pourquoi, avant de pénétrer plus avant dans la caricature anglaise, nous avons voulu faire connaître les portraits napoléoniens publiés outre-Manche.

Bonaparte général, Bonaparte consul, Bonaparte empereur, ces trois faces du grand homme, ces trois figures également populaires se retrouvent dans toutes les iconographies, — rarement, je m'empresse de le dire, avec une note originale ou, même, avec une recherche quelconque de la précision, — mais presque toujours copiées d'après les portraits que l'imagerie française répandait *urbi et orbi*, par la force même des choses, par l'attraction naturelle à la gloire.

Les Anglais n'échappèrent point à cette loi universelle : s'ils n'aimaient point Napoléon, ils tenaient quand même à pouvoir contempler ses traits sous les faces les plus diverses, — ou, du moins, les traits que les graveurs au service des nombreux éditeurs d'estampes londoniens leur annonçaient devoir figurer Napoléon Bonaparte.

Durant la période consulaire, d'aucuns vinrent à Paris, virent de près le chef du pouvoir et publièrent, rentrés chez eux, des portraits curieux pour l'iconographie napoléonienne, mais étranges comme impression générale. Quelques-uns, — tel celui de Philips, gravé par Turner, — sont à retenir pour leur tournure romantique, imprégnée d'un « byronisme » qu'on pourrait qualifier sans exagération de « avant la lettre », s'il n'était, aujourd'hui, bien et dûment constaté que, toujours, les manifestations graphiques suivent de près les manifestations littéraires, si même elles ne les précèdent point.

Mais ce sont là des exceptions et, d'emblée, l'on peut dire que les portraits anglais ne firent que reproduire, avec une facture tant soit peu différente, les types connus : le Bonaparte à cheval traversant les Alpes, d'après les estampes italiennes, les Napoléon d'Isabey, de David, de Girodet, de Gros, de Guérin, sans parler de toutes les effigies, plus ou moins fantaisistes, dont on aurait grand'-peine à retrouver l'origine et à suivre la filiation.

Plusieurs ont un air de famille et contiennent les éléments constitutifs du masque connu : d'autres perpétuent la fantaisie qui se donna si librement cours vis-à-vis de l'impérial souverain. Dans une remarquable étude sur le masque de César, écrite avec la précision, avec le sens parfait qu'il apporte à toutes les évocations des hommes et des choses du passé (1), Henri Bouchot a expliqué les raisons de ces fantaisies graphiques : la mobilité déconcertante de la physionomie, la variété considérable des aspects suivant l'angle sous lequel on se plaçait, et d'autre part, certaines formes précises imposées par le souverain lui-

(1) Étude publiée dans la *Vie Contemporaine*, n° du 1er février 1894, — entièrement consacré à Napoléon.

même à ses peintres officiels. « L'Empereur », dit-il, « marqua, dès le début, sa volonté de ne paraître ni bienveillant, ni bonhomme en peinture, et on se le tint

NAPOLÉON EX-EMPEREUR DE FRANCE, ROI D'ITALIE, etc., etc.

* Ce portrait, gravé d'après un camée, avait paru antérieurement avec une légende différente. Après la chute de Napoléon il fut remis en vente sous cette forme.
« Il rêva l'empire de l'univers : mais la Justice s'arma contre lui, et le monarque qui eût pu commander au monde est maintenant prisonnier en exil. »

pour dit... Les peintres comprirent très vite et ne s'avisèrent jamais de le montrer sous ses aspects gais; ce sont là des connivences dont les moins doués saisissent vite l'importance. Il s'ensuit que de 500 ou 600 peintures ou estampes, dites « du temps », pas une ne relève le pli des lèvres. »

Les étrangers, eux, n'étaient point tenus à la même réserve, ils n'avaient pas les mêmes raisons pour satisfaire aux désirs du maître ; loin de là : ils devaient chercher à le dépouiller de son masque de grandeur, de son profil de majesté olympienne, trop heureux de pouvoir ainsi amoindrir par la peinture l'ennemi né de leur repos et de l'intégrité de leur sol. Les Allemands n'y manquèrent point, malgré l'admiration napoléonienne, très réelle, dont plusieurs firent preuve : je veux dire qu'en toute sincérité ils s'appliquèrent à fixer de façon juste et précise, quelquefois avec une pointe d'humour et d'esprit satirique, les traits de celui qu'un philosophe devait baptiser le « César Germain venu des Gaules ». Telle l'estampe de Dahling, peintre de la reine Louise de Prusse, représentant Napoléon au tombeau du grand Frédéric, estampe bien souvent reproduite, — tels les croquis si pénétrants de Schadow, directeur de l'Académie des Beaux-Arts de Berlin, pris au moment où le vainqueur d'Iéna entrait triomphalement dans la capitale du royaume (1). Ici, le souverain dans sa pompe ; là, l'homme intime, vu et observé par un physionomiste qui, d'emblée, a su pénétrer jusqu'à l'âme ; de toute façon, documents qui ne sauraient tromper.

From a five Franc piece ... a strong likeness
in the Publishers possession.

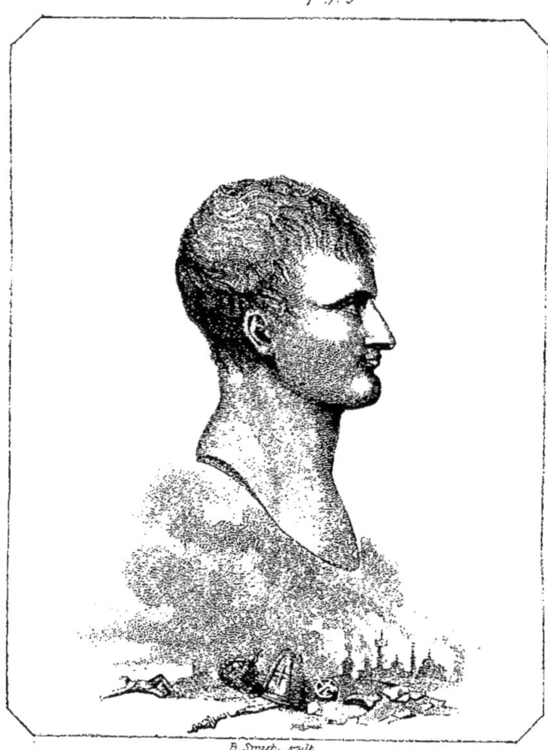

NAPOLEON BONAPARTE.

D'après une pièce de cinq francs... « d'une ressemblance frappante », en la possession de l'éditeur. (Vers 1803.)

* La pièce de cinq francs dont il s'agit, ici, est l'écu gravé par Thiolier.

Mais les Anglais ne se trouvaient pas dans les mêmes conditions : ils ne voyaient point l'homme comme leurs frères germains, ils ne vivaient pas dans son atmos-

(1) Voir la reproduction de ces croquis, si malicieusement observés, dans mon volume *Les Mœurs et la Caricature en Allemagne* (page 69).

phère, ils ne combattaient pas à ses côtés : d'où le manque d'originalité dans leurs portraits, jusqu'au jour où Napoléon devint en quelque sorte leur chose. Ils le

Médaillon gravé au pointillé, d'après une cire appartenant à M. Harry Grant, consul d'Amérique en Écosse (1800).

gravent d'après le profil des écus de cinq francs, d'après les tabatières d'Isabey, — ce joli petit commerce d'empereurs en chambre, — d'après des cires, d'après des plâtres, d'après les bronzes des pendules; ils font de l'imagerie et non des études de physionomie.

Autant ils seront personnels avec la caricature, autant, pour le portrait, ils se montreront esclaves de la tradition française. La ressemblance de l'homme paraît les avoir médiocrement préoccupés, les portraits, dans leur esprit, ne devant avoir qu'un intérêt d'actualité, de mode, de marchandise commerciale à débiter, à moins qu'ils ne viennent servir leur cause et rentrer, ainsi, dans la mission qu'ils se sont imposée : attaquer par l'image, poursuivre à coups de burin le « perturbateur de la paix européenne ».

« Le perturbateur de la paix européenne » : — ce n'est point sans raison que je viens d'employer ce qualificatif qui, dès 1806, figure sur plusieurs portraits gravés, et qui n'est encore, cependant, qu'une façon très discrète d'apprécier l'arbitre du monde.

En 1813, leurs burins se montrèrent plus loquaces, non qu'ils soient plus inventifs, mais l'Allemagne a trouvé le fameux « portrait hiéroglyphique » de Napoléon, ce buste et ce profil sur lequel viennent s'incruster, en autant de fils partant de la Légion d'honneur, toile d'araignée vivante, les campagnes, les crimes du grand empereur, cette image qui, à sa suite, parcourra le monde, qui fut et qui restera une trouvaille heureuse dans le domaine de l'iconographie; — et alors les éditeurs londoniens, au premier rang desquels se place Ackermann, publient pamphlets sur pamphlets, placards sur placards, pour donner à John Bull la satisfaction de se procurer, moyennant un ou deux penny, le « portrait de l'usurpateur, avec la longue énumération de tous ses crimes ».

Le portrait considéré comme accessoire, le portrait contribuant à populariser le pamphlet graphique; pour tout dire, le portrait satirique.

Toutefois, dans ce domaine, ils ne se contentèrent point de copier leurs voisins ; ils innovèrent aussi, ou plutôt ils reprirent à leur profit, pour satisfaire aux rancunes, aux haines du moment, une forme d'imagerie dont, précédemment, la Révolution française avait fait grand usage. Les burins populaires de 1793 avaient envoyé Louis XVI et les aristocrates à la lanterne, et placé leurs « têtes exécrables » sous le couperet de la guillotine, — une exécution sur le papier avant l'exécution sur la place publique, une sorte de répétition générale du grand drame pour, à la fois, servir d'avertissement à l'ennemi et préparer le peuple aux événements dont il allait être spectateur; — les Anglais, eux, montrèrent leur grande justicière, et à partir de 1813, on vit apparaître, aux devantures de leurs marchands, des potences au bras desquelles un nœud coulant n'attendait, pour se serrer, que la proie tant désirée, représentée, du reste, elle-même en chair et en os, je veux dire en buste, — un profil d'Isabey « enjohnbullarisé » : — « Napoléon Bonaparte, chef de brigands, à son poteau d'honneur ».

D'autres fois, il est vrai, c'était un condamné quelconque, le visage enveloppé d'un voile noir; et, au-dessous de ce bois populaire, on écrivait : « Récit de l'exécution de l'assassin Buonaparte, avec l'aveu de ses crimes ».

« Assassin, chef de brigands » : les Anglais ne ménageaient pas leurs qualificatifs, et leur collection d'épithètes était aussi riche que variée. Sur des cuivres à la lettre soignée, Napoléon, Empereur et Roi, sera « le plus grand criminel de la terre », « le Cartouche des temps modernes », « l'ennemi du genre humain ». Jadis, lorsqu'on précipitait dans les flammes de l'enfer les mauvais génies, tous les esprits sataniques criaient : « A la chaudière! A la chaudière! »

Memoirs of Buonaparte,

His Imperial Family, Great Officers of State, and Great Military Officers.

THIRD EDITION, WITH ADDITIONS

Imperial Family.

NAPOLEON BUONAPARTE, *Emperor of France*, second son of Carlo Buonaparte, greffier, or town-clerk of Ajaccio in Corsica: (his real father supposed to be Count Marbœuf, *Governor of Corsica*.) The greatest vagabond, and the worst public and private character, in ancient or modern history. According to General Dupier's statement, he commenced his career of murder at the age of sixteen, by poisoning a young woman at Brienne, who was with child by him.

JOSEPH BUONAPARTE, *King of Spain*, eldest son of Carlo Buonaparte, and clerk in an attorney's office at Marseilles, married Mademoiselle Clery, daughter of a woollen-draper at Marseilles, a man of a humane disposition, but of a timid, indecisive character.

LUCIEN BUONAPARTE, third son of Carlo Buonaparte (his real father supposed to be Count Marbœuf, he exactly resembles Napoleon, as well in person as in disposition. He was usher to a reading school at Marseilles, and married an innkeeper's daughter, whom he is supposed to have poisoned, married, secondly, Madame Jauberthon, widow of an exchange broker, which occasioned the quarrel between the emperor and him, and obliged him to take refuge under British protection.

LOUIS BUONAPARTE, *late King of Holland*, fourth son of Carlo Buonaparte: a young man of very humane good disposition, which has caused his disgrace with Napoleon, married Fanny de Beauharnois, daughter of the late Empress Josephine, by whom he has two sons, one of which is supposed to be Napoleon's.

JEROME BUONAPARTE, *King of Westphalia*, fifth son of Carlo Buonaparte: a dissipated foolish young man, but not of a cruel disposition, married Miss Paterson, of Baltimore, whom Napoleon made him discard, to marry the Princess Frederica, eldest daughter of the King of Wirtemberg.

LETITIA RAMOLINI, *Mother of the Imperial Family*, a most notorious prostitute. At fifteen years of age, she had a child by a friar, after her marriage with Carlo Buonaparte, she was kept by Count Marbœuf, by whom she had Napoleon and Lucien. She afterwards kept a public brothel at Marseilles.

PAULINE BUONAPARTE, *Princess Borghese*, eldest sister of the Emperor, with whom she has had incestuous intercourse. She ran away from her mother, at fourteen years of age, with a Corporal Cervoni; and, in 1796, was a common prostitute in Paris. Married, first, General Le Clerc, who died in St Domingo; secondly, the Roman Prince Borghese.

ELIZA BUONAPARTE, *Grand Duchess of Florence*, second sister of the Emperor, formerly apprentice to Madame Rambaud, milliner at Marseilles, was a prostitute at Marseilles. Married General Bacchiochi, formerly marker at a billiard table at Bastia, now Governor-general of the Grand Duchy of Florence.

CAROLINE BUONAPARTE, *Queen of Naples*, youngest sister of the Emperor, with whom, like her sister Pauline, she has had incestuous intercourse: she also has had a child by her brother Lucien. A more wicked woman does not exist. She was originally an apprentice with Madame Rambaud, at Marseilles.

FESCH, *Cardinal, Archbishop of Lyons*, uncle to Buonaparte; bred a priest, but turned Jacobin and swindler, for which he was banished Basle; became *fourrier* in the army, then *commissaire de guerre*; lived at Paris by gambling and every species of vice, till his *pious nephew* insisted on the wretch's return to the church, and made him Archbishop of Lyons, and a Cardinal!

EUGENE DE BEAUHARNOIS, *Viceroy of Italy*, son of the late Empress Josephine: a man of a humane disposition, and of a tolerable character. Married Amelia Augusta, Princess of Bavaria.

FANNY DE BEAUHARNOIS, *late Queen of Holland*, daughter of the late Empress Josephine: she is of an amiable disposition, and bears an excellent character. Married Louis Buonaparte, but had a child, previously, by her father-in-law, Napoleon.

JOACHIM MURAT, *King of Naples*, a most infamous sanguinary villain, son of an Inn-keeper at Cahors, in [illegible] himself originally a postillion, then scullion in the Prince of Condé's kitchen at Chantilly. Married Caroline Buonaparte.

STEPHANIE DE LA PAGERIE, *Princess of Baden*, niece to the late Empress Josephine: a most abandoned woman, lived with the French General, Boyer; had a child by one of the Mamelukes; and then the Hereditary Prince of Baden was compelled to marry her.

Great Officers of State.

CAMBACERES, *Duke of Parma, Arch-chancellor of the Empire*, a distinguished republican during the early period of the revolution, and the person who first proposed the oath of hatred to royalty, after the murder of Louis XVI.

LE BRUN, *Duke of Piacenza, Arch-treasurer of the Empire*, a distinguished republican, but at present a man of good character.

TALLEYRAND DE PERIGORD, *Prince of Benevento, Vice Arch-chancellor of State*, formerly Bishop of Autun, a man of a very ancient and noble family, and of the most distinguished talents, but excessively rich and avaricious.

FOUCHE, *Duke of Otranto, Governor of Rome*, late minister of police, a man of very considerable abilities, but lately disgraced by Buonaparte, for resisting some of his absurd and cruel orders, particularly for the arrest of General Sarrazin.

CHAMPAGNY, *Duke of Cadore, Minister for Foreign Affairs*, formerly a Lieutenant in the Navy: a man of good disposition, but of slender abilities.

MARET, *Duke of Bassano, Secretary of State*, son of a petty apothecary; a man of very little talent or information.

CAULINCOURT, *Duke of Vicenza, grand master of the Horse*, descended from an ancient noble family in France. He is the officer who seized the Duke d'Enghien, and conducted him to be murdered at Vicennes. His brother, Count Caulincourt, was killed at Borodino, September 7, 1812.

DUROC, *Duke of Friuli, Grand Marshall of the Palace*, a man of most excellent character and disposition, though of no talents. He was a remarkable handsome man, and a great favourite of the Emperor. Killed at the battle of Bautzen, May 21, 1813.

SAVARY, *Duke of Rovigo, Minister of Police*, a most infamous villain; a common bravo, who, by Buonaparte's orders stabbed General Dessaix in the back, at the battle of Marengo, and afterwards kidnapped the whole Royal Family of Spain: the person whom Buonaparte employs in all his *secret murders*, such as Pichegru's, Captain Wright's, &c.

Great Military Officers.

Marshal BERTHIER, *Prince of Neufchâtel and Wagram, Vice-Constable of France*, an officer of high rank in the ancient French service, of a noble family, and of the most distinguished military talents, who has been the chief supporter of Buonaparte, and to whom all his principal victories may be attributed.

MARSHAL BERNADOTTE, *Prince of Ponte Corvo, elected Crown Prince of Sweden*, formerly a private soldier of the French Guards: a man of good disposition, and never guilty of murder or robbery. Married Mademoiselle Clery, sister of the Queen of Spain.

Marshal MASSENA, *Prince of Essling, Duke of Rivoli*, formerly a serjeant in the King of Sardinia's army, from which he deserted. A skilful, enterprising officer, of a good character and disposition, but very avaricious.

Marshal DAVOUST, *Prince of Eckmuhl, Duke of Auerstadt*, a man of infamous character: very cruel, and very avaricious.

MARSHAL AUGEREAU, *Duke of Castiglione*, a most infamous character: has been twice publicly whipped, burnt in the back, and sent to the gallies, as a common thief and housebreaker, and has deserted from almost every service in Europe. He is immensely rich; and considered the greatest plunderer of any of the Marshals of France.

MARSHAL MONCEY, *Duke of Conegliano*, formerly a gentleman's servant: a man of indifferent character, and of no military talents.

MARSHAL SOULT, *Duke of Dalmatia*, has the reputation of one of the most skilful officers in the French service, formerly a common thief; then a private soldier, is excessively cruel and rapacious. The Duchess of Dalmatia was a common prostitute, at Soldingen, in Westphalia.

Marshal MORTIER, *Duke of Treviso*, was clerk to a merchant at Dunkirk, Mr. James Bell, now of Angel Court, Throgmorton-street, London, who took him to Alicant at £35 per annum; there he learn'd the Spanish language, and behaved remarkably well: he then left his situation, at the beginning of the French Revolution, and went back to France, where he was made a serjeant in the National Guards: he has no military character, but committed great depredations in Hanover. The Duchess of Treviso is an inn-keeper's daughter.

MARSHAL NEY, *Prince of Moskwa, Duke of Elchingen*, originally an ostler at a livery-stable in Paris, from whence he stole two horses, and ran away; he is still a robber in every particular; but has the reputation of an excellent officer. The Duchess of Elchingen was debauched by Lucien Buonaparte, and is still a lady of pleasure.

Marshal BESSIERES, *Duke of Istria, Commander of the Imperial Guard*, was of an ancient family, and before the Spanish war, had an excellent character. Killed at the battle of Lutzen, May, 1813.

Marshal VICTOR, *Duke of Belluno*, formerly a drummer in the old French service. Has the reputation of a good officer, but ready for any kind of villainy.

MARSHAL LEFEVRE, *Duke of Dantzig*, formerly a private soldier in the old French service, afterwards a most notorious robber. He is a man of the lowest and most brutal manners, but a good officer. The Duchess of Dantzig was originally washerwoman to the barracks at Strasburgh.

Marshal KELLERMAN, *Duke of Valmy*, formerly an officer in the old French service; a man of very little military reputation, and of an indifferent character.

MARSHAL MARMONT, *Duke of Ragusa*, a gentleman of a very ancient family: one of the best officers in France, and bears an excellent character. Married the daughter of M. Perregaux, the great banker at Paris.

Marshal OUDINOT, *Duke of Reggio*, was originally the harlequin at his father's little theatre on the Boulevards at Paris; he has the reputation of an enterprising skilful officer, but is very cruel and rapacious.

MARSHAL MACDONALD, is of Scotch descent, and was an officer in the Irish Legion before the Revolution. Is reckoned a very able officer, and bears an excellent character.

Marshal PERIGNON, a gentleman of an ancient family, and an officer of rank in the old French service.

MARSHAL SERRURIER, an officer of rank in the old French service.

MARSHAL SUCHET, *Duke of Albufera*.

MARSHAL GOUVION ST CYR.

BRUNE, *late Marshal of France*, originally a journeyman printer: a most infamous wretch; the indentical person who carried the head and heart of the Princess Lamballe about the streets of Paris, in September 1792. He has been disgraced and imprisoned by Buonaparte, and, in all probability, has long since been *secretly* murdered.

JOURDAN, *late Marshal of France*, a most distinguished officer, and bears a good character, but has been disgraced by Buonaparte, and erased from the list of Marshals of France. Reinstated in 1812, but again dismissed for the loss of the battle of Vittoria in June 1813.

GENERAL JUNOT, *Duke of Abrantes*, originally a livery servant, afterwards a grenadier of the French Guards; a most sanguinary, cruel, and rapacious character, but a good officer. Died in June 1813.

GENERAL SEBASTIANI, *Count of the Empire*, a Corsican by birth, and a relation of the *Imperial family*; one of Buonaparte's confidential favorites, and of a blood-thirsty, cruel disposition; frequently employed in *secret* and *murdering* expeditions.

General HULIN, *Count of the Empire, Governor of Paris*, a man whose wife took in washing: the leader of most of the massacres in Paris, since the Revolution, and who has been a *swindler, coiner, robber*, and *murderer*.

GENERAL RAPP, *Count of the Empire, first Aide-de-Camp to the Emperor*, originally a livery servant, then a private soldier; but a man of good character and humane disposition.

General ANDREOSSI, *Count of the Empire*, descended from an ancient family: a man of considerable talents, and of a good disposition.

GENERAL VANDAMME, *Count of the Empire, Commandant of Boulogne*, a most cruel sanguinary villain: was condemned to the gallies, for robbery, at Cassel (where he was born, but escaped:) was cashiered by General Moreau for his infamous character, but restored by Buonaparte. Taken prisonner at Peterswalde, in Bohemia, August 30, 1813, and sent to Moscow, where he is shewn,

"— as our rare monsters are,
" Painted upon a pole, and under writ
" ' Here you may see the tyrant.' "

Vide Gen. Rostopchin's Address to the Inhabitants of Moscow, October 1813.

General BARAGUAY D'HILLIERS, *Count of the Empire*, originally a gentleman, but a very abandoned character. He was employed as a spy, both by Robespierre and Buonaparte, and was a great favorite with the latter. Died at Berlin, January 6, 1813.

General LOISON, *Count of the Empire, Governor of the Imperial Palace*, son of a low pettifogging attorney; was guilty of a murder and robbery before the revolution. A most infamous character, but a good officer.

Correct Explanation of the Hieroglyphic Portrait of Buonaparte.

THE French Eagle, crouching, forms his *hat*. the *red collar* represents the River Rhine, and the *black border* above it, the Rhenish Confederacy: the *letters on the fingers* are the initials of Austria, Russia, Sweden and Prussia; and the *Cuff* of the *Sleeve* is emblematic of Great Britain, by whose influence and power the Allies are bound together; the letter *R* signifying Regent. The *visage* is formed of the carcases of the unhappy victims to his cruel ambition; the *spider* is symbolic of the rancor and venom of Buonaparte's heart; and the *web* illustrative of the flimsy tenure by which he at present holds his kingdoms!

Copied from the Original Berlin Print: of which there was sold in that Capitol, 20,000 Copies in One Week!

Reproduction d'un des nombreux placards publiés dès 1813, avec le fameux portrait hiéroglyphique copié sur l'original allemand.

Les Anglais, eux, se contentaient d'envoyer Napoléon à la potence! à la potence!

D'abord, comme on peut le voir en une de ces images ici reproduites, on s'était contenté de placer le profil au-dessous de la potence; mais, avoir la corde si près, et ne point s'en servir, pouvoir si facilement serrer le nœud et ne point le faire, c'était, avouons-le, tenter les plus honnêtes, demander à des ennemis plus qu'il ne sied. Les graveurs succombèrent d'autant plus facilement à la tentation qu'ils savaient, par ce moyen, captiver les bonnes grâces du public, et voir leurs feuilles se vendre par milliers; ainsi apparurent les Napoléon le cou pris dans le nœud fatal (1). Comme pour Louis XVI, l'estampe préparait la chute de celui que Sainte-Hélène devait faire mourir à petit feu.

Reproduction d'un des nombreux portraits représentant Napoléon sous la corde de la potence.

Combien de choses seraient encore à signaler dans ce domaine : ici Napoléon exécuté à côté de Guy Fawkes, ce chef de la conspiration des Poudres, découvert au moment où il allait faire sauter le Parlement et décapité en 1605; là, Napoléon représenté en fils du Diable, ou comme étant cet *homme rouge* dont la légende parlait tant, alors, et exerçait une attraction si profonde sur les esprits saxons et germains; ailleurs, ce sera le Diable lui-même, jusqu'à ce que, soit par des découpages, soit par des transparences, — rien n'est nouveau dans ce domaine! — on arrive à donner la transformation du Diable en Napoléon. Imagerie multiple et bien particulière aux époques de lutte acerbe.

Si ce n'étaient point là des portraits, dans le sens réel du mot, du moins les Anglais montraient, par ces pièces, de quelle façon ils entendaient contribuer à l'iconographie du Corse.

II.

Nous voici parvenus à 1815 : dès lors, il faut le répéter, Napoléon sera la chose des Anglais. D'où deux sortes d'images bien différentes : les profils quasi-mar-

(1). L'estampe originale est due au graveur-dessinateur Voltz et parut sous le titre de : *Le véritable portrait du conquérant. Triomphe de l'année* 1813 : *Aux Allemands pour leurs étrennes.* Voir sa reproduction dans *Les mœurs et la caricature en Allemagne*, page 79.

moréens d'un césarisme quelque peu anglicanisé, comme une médaille romaine dont la pureté aurait été altérée par le brouillard de la Tamise, et les croquis pris d'après nature par les nombreux personnages qui approchaient le souverain. Les

Portrait gravé d'après le croquis de Harry Bunbury, pris sur le *Bellérophon* (1815).

premiers seront l'œuvre des graveurs londoniens; les seconds viendront de Sainte-Hélène et donneront les impressions de l'exil. C'est d'après eux que travailleront, plus tard, les nombreux lithographes français qui, sous Louis-Philippe, s'amusaient à opposer aux Napoléon de Charlet et de Raffet sentant la poudre, le Napoléon de l'idylle forcée, sur le rocher dénudé de la captivité.

Dans les premiers, la légende tiendra une place assez considérable; dans les seconds elle est, pour ainsi dire, nulle. L'artiste improvisé se contente de placer au-dessous du portrait le nom et la date : le reste lui importe peu.

Le graveur anglais estimait faire œuvre de justicier, il considérait comme un devoir sacré, à lui particulièrement dévolu, de clouer au pilori de l'histoire celui qui avait si longtemps « troublé la paix du monde et fait couler le sang des innocents » ; celui qui avait osé s'attaquer à ce « brave et loyal John Bull ».

D'après un croquis pris sur le *Bellérophon*.

* Quantité de portraits parurent ainsi, soit avec le beaupré ou la coupée du *Bellérophon*, soit avec une vue des côtes de Torbay, dans le lointain. C'était l'imagerie courante.

Et très curieuse pour la psychologie des races humaines, l'observation qui s'impose ici d'elle-même. A l'aurore du siècle ce sont les Anglais, peuple protestant, qui se posent en juges souverains de « l'araignée corse »; dans la seconde période de ce même siècle, c'est la Prusse, nation également protestante, qui émettra la prétention de punir la vieille Gaule de son impiété et de ses mœurs dissolues. Faisant œuvre impartiale, je constate, je n'apprécie point; mais le rapprochement était assez caractéristique pour qu'on prît au moins la peine de l'enregistrer.

Laissons les pièces londoniennes qui, gravées dans ces conditions, ne nous apprendraient absolument rien, ne nous apporteraient aucun document nouveau, et passons à la période réellement anglaise des portraits de Napoléon. La caractéristique générale de ces icones a été excellemment définie par Henri Bouchot, en cette même étude que je citais tout à l'heure :

« Les artistes anglais ont pris la succession des nôtres, ils sont dans la lutte et parlent en ennemis irréconciliables. Un d'entre eux, Eastlake, le montre souriant, inconscient et bedonnant à la coupée du *Bellérophon*. Seulement, Eastlake ne l'a point vu, il l'imagine malicieusement : il emprunte au portrait de David l'habillement complet; à un modèle de tabatière, la forme du petit chapeau, ce qui le trompe (1); pour la figure, il la prend n'importe où et la fait absolument banale.

(1) S'il est permis de s'exprimer ainsi, je dirai que le Napoléon de Eastlake, gravé à la manière noire pas Turner, n'est par seulement « inconscient et bedonnant », mais qu'il a la physionomie souriante d'un poupard, l'attitude *bébête* d'un personnage quelconque, tout heureux de se produire ainsi en public.

Disons, d'autre part, que ce portrait, qui parut à Londres en 1815, et dont une assez bonne reproduction a été donnée dans le *Napoléon raconté par l'image* (voir page 345), était accompagné d'une longue légende dédicatoire dont la traduction démontrera amplement que l'auteur avait la pensée de faire œuvre historique :

Puis, durant la traversée, au milieu des révoltes et des protestations indignées de l'Empereur, un officier, sir Harry Bunbury, dessine de lui un profil singulier, féroce, où l'œil est mauvais et le cheveu hérissé. Vraie peut-être cette pochade, mais, à coup sûr, peu digne d'un vainqueur !

« Une fois là-bas, sur le rocher, ils sont nombreux à l'épier dans ses promenades ; ils l'habillent de nankin, le coiffent d'un panama, en font un poussah monstrueux, et leurs pires croquis d'amateurs envoyés précieusement à Londres ont, tout de suite, les honneurs de la gravure coloriée. Pourtant, ils ne mentent point absolument tous, ils outrent à peine. Voyez, pour la comparaison avec les leurs, le portrait dessiné par Gourgaud (1) : les constatations sont douloureuses. Napoléon est, sous ce crayon ami, un monsieur épais, en culottes courtes, toujours portant son petit chapeau, mais triste à faire pleurer. »

NAPOLEON BUONAPARTE
Sketched from the Life at St Helena. March 1817

Portrait dessiné d'après nature à Sainte-Hélène (mars 1817).

Tel est bien, effectivement, le Napoléon portraituré par les Anglais après la chute définitive ; mais, quoique Henri Bouchot cherche à s'illusionner ou, du moins, à rendre moins dure, moins terrible, moins profonde,

« Napoléon, comme il se présentait à la coupée du vaisseau *Bellérophon* de Sa Majesté, à Plymouth, au mois d'août 1815, à Son Altesse le Prince Régent. Cette œuvre, destinée à perpétuer le résultat de la résistance constante de la Grande-Bretagne à l'ambition de Napoléon, est, avec la gracieuse permission de Son Altesse ! humblement et respectueusement dédiée à Elle, par son plus fidèle et dévoué serviteur.

« CHARLES LOCK EASTLAKE. »

(1) Le *Napoléon à Longwood* du général Gourgaud donne, les deux mains dans ses poches, l'impression d'un bon vieux rentier retiré des affaires, malgré le regard profond et l'expression songeuse de la physionomie.

l'impression pénible de l'affaissement physique de l'homme, il est certain que ces images ne mentent point, qu'elles ne sont pas plus des pochades que le fameux croquis de Marie-Antoinette pris par David, à la dérobée, alors que la Reine infortunée marchait au supplice. Qu'elles soient peu dignes d'un vainqueur, c'est autre chose, quoique, cependant, bien conformes aux mesquineries de notre pauvre humanité.

Et puis, malgré leur date plus récente, d'autres attestations d'un caractère spécial sont là pour confirmer les portraits graphiques de ce que j'appellerai la période anglaise. — Comme J.-J. Rousseau, comme nombre d'autres génies d'une envolée supérieure, Napoléon n'appartient plus seulement à la critique historique; il a été étudié sous toutes les faces, dans tous les domaines; la science médicale s'est prononcée sur lui comme sur les grandes figures qui, à un titre quelconque, méritent de passer à la postérité. Et de ces études de pathologie intime il est résulté ceci, que Napoléon, après vingt années d'une activité peut-être sans précédents, se trouvait, lors de l'abdication de Fontainebleau, lors de sa reddition aux Anglais, dans un état d'affaissement, de prostration morale, que les terribles secousses par lesquelles il venait de passer expliquent suffisamment, sans qu'il soit besoin d'insister davantage.

THE EXLIE
A Sketch From Life at Longwood, April 1820

L'Exilé. — Croquis d'après nature pris à Longwood (avril 1820).

Napoléon vainqueur à Waterloo, c'était comme un renouveau; l'homme reprenait ou, tout au moins, conservait sa vigueur d'autrefois, devenait le César idéal que la légende créera plus tard; Napoléon succombant sous le coup de la coalition, non sans avoir vu les défections et les trahisons accomplir autour de lui leur œuvre perfide, c'est bien certainement l'œil hagard, le cheveu hérissé, le profil douloureusement tiré des portraits anglais publiés entre 1815 et 1820.

Quelle que soit la puissance physique d'un homme, il est des secousses auxquelles il ne résiste pas; les plus vaillants succombent le jour où la défaillance s'empare de leur âme.

Ainsi expliqués, les portraits ne sont plus des pamphlets graphiques : qu'ils aient été pris à plaisir par les Anglais, cela est possible, probable, on peut même dire certain, mais il est non moins certain, aussi, que ces portraits traduisent avec un certain accent de vérité le douloureux calvaire que subissait alors l'ex-empereur des Français.

Sur son rocher de Sainte-Hélène, Napoléon, bien des fois, a pu penser ce que Victor Hugo a mis dans la bouche de son Charles-Quint :

Tout est-il donc si peu que [ce soit là qu'on vienne?]

Sur son rocher, il a dû éprouver les horribles souffrances morales de l'homme qui fut tout, qui avait tout absorbé en lui, qui était Dieu, Pape et César et qui, subitement, n'est plus rien.

Voilà pourquoi les portraits anglais sont intéressants à consulter, voilà pourquoi l'homme dont ils donnent la figuration paraît traduire assez exactement le Napoléon d'alors, le Napoléon qui peut écrire le *Mémorial,* mais dont le masque césarien, dont le nez si busqué, dont l'œil si profond ne devaient plus être que l'ombre de ce qu'ils avaient été, au temps de la toute-puissance.

Fleshy (le ventripotent), ci-devant Boney.
Portrait gravé d'après nature à Longwood (5 juin 1820).

Assurément certains ont comme une pointe d'ironie satisfaite, une accentuation outrée qui laisse percer l'exagération voulue; mais cette apparence replète, ces chairs dévalées, cette graisse morbide, cette chevelure qui retombe étrangement sur le front en une mèche longue, — tel un saule pleureur annonçant la mort, — ce ventre dessinant une pointe sous l'échancrure de l'habit, ces jambes saucissonnées, comme rentrées, — tout ce qu'on avait déjà pu remarquer au retour de l'Ile d'Elbe, ce que racontent, en leurs mémoires, les fidèles de la gloire impériale, et ce qu'aucun artiste français ne voulut, alors, ou ne put enregistrer en traits ineffaçables pour la postérité, tout cela, dis-je, répond

NAPOLEON BUONAPARTE.
from a Drawing taken by Captn Dodgin, of the 66th Regiment at St Helena during 1820

Published by H. R Young [illegible] 157. Fenchurch Street

D'après une gravure du capitaine Dodgin, du 66e régiment, prise à Sainte-Hélène durant l'année 1820.

parfaitement à l'état physique et moral du grand bouleverseur d'empires transformé en une sorte de Vitellius bouffi.

Il y a mieux, ces croquis dont l'éloquence est si âpre indiquent par avance certains airs de famille, certaines accentuations de nez et de menton qui se retrouveront, plus tard, chez les Césars de la seconde génération. Si tel croquis laisse entrevoir ce que sera le César rigide, « les yeux enfoncés dans l'arcade sourcilière, la bouche entr'ouverte à la façon d'un Pharaon embaumé et superbe », tel autre, avec son masque empâté et lourd, avec sa configuration très particulière du corps, aux épaules engoncées, nous donne l'illusion du roi de Westphalie, ou semble indiquer ce que sera, de nos jours, le prince Napoléon.

Napoléon des dernières années, survivant à peine reconnaissable du grand drame européen dont il avait été le principal acteur, qu'il faut, malgré l'accentuation cruellement caricaturale des attitudes, des traits et des gestes, aller chercher dans ces images signées Bunburry, Marryat (1) Crockatt, Arnolt, Eastlake, Dodgin, Planat et autres.

Un personnage inquiet, triste, furieux, cachant péniblement sa rage concentrée, gâteux même, tel est l'Empereur que les Anglais se complaisaient à dessiner et à expédier vers la métropole.

Suprême injure! le maigre, l'osseux *Boney*, était devenu le ventripotent *Fleshy*. Et la satire faisait cruellement ressortir cette transformation subite. Un pamphlet anonyme donnant, en un mauvais bois, la reproduction de ces deux Napoléon, avec la légende : *Autrefois-Aujourd'hui*, montrait l'ex-Empereur des Français crevant dans sa graisse « pour avoir voulu lutter avec John Bull, la nourriture substantielle de *Johnny* ne pouvant être supportée par messieurs La Grenouille ».

Si, au plus fort de la lutte, l'Angleterre s'était complue à pendre en effigie le profil de son ennemi, du moins les portraits exposés à la devanture de ses marchands d'estampes conservaient toujours, malgré certaine facture particulière, les apparences extérieures du type classique : au contraire, le drame une fois achevé, elle voulut façonner, représenter à sa guise « celui qu'on avait toujours idéalisé ». Disons-le bien haut : non contente de s'être, par surprise, emparée de l'homme, elle mit tout en œuvre pour le faire apparaître, aux yeux de la postérité, sous des traits absolument différents de ceux popularisés jusqu'alors par l'image : elle voulut combattre et détruire la légende de l'impériale physionomie, elle prétendit fixer pour l'avenir les traits de son prisonnier, affirmant bien haut que peintres et graveurs avaient menti, comme sa presse avait émis la prétention de redresser « la vérité faussée par les bulletins de la Grande Armée ».

Conception peu généreuse et pitoyable besogne!

Quoi qu'il en soit, le triomphe des Anglais aura été complet, puisque après avoir contribué à la défaite de Waterloo, ils imposeront à l'Europe les documents à l'aide desquels un artiste français, et non des moindres, j'ai nommé Horace Vernet, fera son impérial jardinier de Sainte-Hélène au classique chapeau de paille, image par trop naïve, vénérée bien à tort en plus d'une maison où l'on croyait encore et quand même à l'existence de l'illustre exilé.

L'Allemagne, avec Dahling, s'était honorée en donnant du maître du monde les figurations les plus imposantes qui existent. L'Angleterre se rapetissait en voulant, *per fas et nefas*, caricaturer celui qui allait être victime de sa trop grande confiance dans la générosité de l'ennemi.

(1) Marryat, capitaine dans l'armée anglaise, est l'auteur d'une aquarelle, « Napoléon à bord du *Bellérophon* », qui fut donnée à Mme Sarah Bernhardt par le grand tragédien Irwing.

Mais, malgré tout, il faut voir les choses en philosophe, en observateur, et surtout ne pas demander à l'humaine nature plus qu'elle ne peut donner.

Or la vérité nous oblige à reconnaître ceci :

Oui certes, ces croquis dépassaient la mesure, faussaient l'impression vraie, lui donnaient une pointe d'ironie, de douce vengeance satisfaite, regrettable pour l'exactitude du document à consulter. Oui certes, ce dut être, pour nos voisins, une satisfaction sans égale de pouvoir, ainsi, étaler aux vitrines celui qui, si longtemps, les fit trembler; mais qui peut dire que ce ne sont point là sentiments humains; qui peut dire que la France, tenant aujourd'hui, en sa main, Bismarck prisonnier, affaibli par l'âge, Bismarck réduit à ne plus être qu'une ombre de lui-même, ne trouverait pas une douce satisfaction à noter graphiquement la dégénérescence de l'homme qui, jadis, la fit saigner sous son étreinte de fer, et à montrer à sa patrie ce que les années et les souffrances firent de celui qui était la gloire du nom germanique?

Malheureusement le destin semble s'être acharné après nous, puisque, après Napoléon Ier fait prisonnier par les Anglais, au mépris du droit des gens, l'histoire, se renouvelant à cinquante-six ans de distance, a fait de Napoléon III, prisonnier des Allemands, l'hôte de l'Angleterre, hôte volontaire il est vrai, cette fois, quoique forcé, lui aussi, par les événements, à aller chercher un refuge hors de France.

NAPOLEON.

AN ENGLISH BULL DOG and a CORSICAN BLOOD HOUND

LE BOULEDOGUE ANGLAIS ET LE LIMIER CORSE.

(*Caricature de Roberts*, juin 1815.)

* Estampe publiée après Waterloo, qui traduit sous la forme habituelle le sentiment anglais et qui montre, également, combien l'Angleterre avait conscience du rôle prépondérant joué par ses généraux dans cette journée décisive.

II. — LES CARICATURES.

La caricature anglaise. — Violence des pamphlets graphiques dirigés contre Napoléon Ier. — Le Bonaparte géant se transforme, très vite, en « petit Boney ». — L'Angleterre inspiratrice de toutes les satires crayonnées. — Tendance des Anglais à rapetisser par l'image, même non caricaturale, les actes de la vie de Napoléon. — Esprit d'ensemble dont firent preuve les caricaturistes. — Les caricatures dues aux émigrés. — La caricature anglaise désarme après Sainte-Hélène. — L'engouement napoléonien. — Londres, centre d'estampes napoléoniennes contre la Restauration.

I.

De tout temps, l'Angleterre a eu deux forces redoutables, son esprit d'expansion et sa caricature. L'une l'a, en quelque sorte, rendue maîtresse des continents inconnus, lui a donné la possession du commerce européen ; l'autre lui a permis de lancer sur ses ennemis, tantôt au dedans, tantôt au dehors, ces estampes acerbes imprégnées de je ne sais quel acide mordant, éclatant comme des fusées ou brûlant comme des boulets rouges, tant admirable fut leur verve.

La caricature anglaise, très certainement la plus puissante, la plus expressive, la plus variée de toutes les satires crayonnées, et cependant la plus ignorée encore;

celle qui ne fut pas seulement une arme aux mains des partis politiques, mais qui, d'emblée, fit corps avec la nation, avec l'esprit de la race, et devint par excellence l'arme nationale! Durant la Révolution française et durant l'Empire, ses feuilles volantes, d'un cuivre légèrement mordu à la pointe et d'un coloris très particulier, furent comme autant de bataillons jetés, en rangs serrés, sur le continent, pour défendre John Bull et son île.

Champfleury, qui souvent a vu juste, Champfleury, qui possédait le sens du graphique et du pittoresque, qui comprenait le rôle social dévolu à l'image dans les grandes luttes humaines, avouait son faible pour cette caricature qui, de prime abord, apparaît exclusivement âpre, violente, brutale, mais qui cache en elle des trésors innombrables d'étude, d'observation et de fine ironie.

L'éducation latine, l'esprit classique ont, malheureusement, habitué la plupart d'entre nous à des formes particulières, à des façons de voir mièvres et étroites, si bien que l'image, avec son charme particulier, avec sa langue colorée, loin de nous empoigner, de nous captiver, ainsi que cela devrait être, nous laisse indifférents quand elle ne nous froisse pas, même, dans nos sentiments les plus intimes. Quoi qu'il en soit, la plupart des pamphlets illustrés ici reproduits sont des pages maîtresses et constituent, aujourd'hui, des documents historiques dont il n'est plus permis de méconnaître l'intérêt et l'importance.

Certains peuples ont une sympathie particulière pour le graphique, alors que d'autres se tournent plus volontiers vers le côté littéraire. En établissant cette démarcation, je ne m'occupe pas, bien entendu, du plus ou moins grand nombre de tableaux et de tableautins qui se brossent dans un pays, ni de la plus ou moins grande habileté de métier, je regarde plus haut, au cœur même de la nation, là où doit vibrer ce qui est destiné à parler aux masses. Or, quel que soit l'éclat de nos écoles artistiques, le brillant, le faire impeccable de nos artistes, la France reste toujours une nation littéraire qui s'engoue pour un pamphlet, pour un roman, que l'image peut amuser un instant, mais n'accaparera jamais complètement.

L'Angleterre dans ses brouillards, l'Angleterre, avec son esprit commercial, aventureux, avec son sens pratique des choses, est — beaucoup vont crier au paradoxe — le pays graphique par excellence; parce que là, l'image intéresse, captive tout le monde et a su trouver le chemin pour arriver droit au but, qu'elle accomplisse œuvre de rire ou œuvre de vengeance.

Donc, prédisposition naturelle, ce qui est déjà énorme; puis éducation particulière, ce rien qu'on a dans le sang et qui, naturellement, vous porte d'un côté et non de l'autre.

Et maintenant, ceci posé, ces signes caractéristiques une fois établis, pénétrons dans le sujet lui-même, examinons la production caricaturale, vraiment gigantesque, qui a pris naissance au lendemain même de la Révolution française, pour ne cesser qu'après la chute du Grand Homme; cherchons à dégager l'esprit particulier à l'œuvre elle-même et à ses représentants les plus illustres.

II.

L'Angleterre, dont les sympathies pour la France furent toujours modérées, d'emblée vit en Bonaparte un ennemi. Le grand remueur d'hommes et d'idées et la vieille Albion s'étaient devinés, s'étaient jugés.

Déjà, la Révolution française, avec ses grands convois de bataillons armés allant à travers monts et pays porter les idées nouvelles, renversant les restes du féodalisme et électrisant les masses, avait fait naître en elle on ne sait quelles craintes ridicules, comme si, en son île, elle ne se sentait plus en sûreté contre la propagande de principes émancipateurs. « Je suis un citoyen indépendant de la vieille Angleterre; je n'aime ni les sabots, ni les grenouilles, ni les Français. L'indépendance de l'Angleterre! De tout le reste je ne donnerais pas une prise de tabac! » ainsi s'exprime le membre de la Chambre des communes, Tyrel Jones, sur la légende d'une estampe gravée par James Gillray, celui-là même dont l'œuvre va, tout à l'heure, défiler sous nos yeux.

Ce n'est qu'une légende, et pourtant aucune déclaration de principes ne saurait avoir l'éloquence de cette affirmation gravée à la pointe au bas d'un croquis, car pendant vingt ans, toutes les légendes des estampes à la dévotion de John Bull ne cesseront de traduire en traits acerbes les mêmes sentiments : l'indépendance de la vieille Angleterre, la haine du Corse et des « grenouilles françaises ».

Au dix-septième siècle, c'est la Hollande luttant, de toute son énergie, de toute sa vitalité contre les prétentions de Louis XIV, le *Grand Roi*, lançant contre lui pamphlets et caricatures : aux premières lueurs du dix-neuvième siècle naissant, c'est l'Angleterre luttant avec les mêmes armes contre le *Grand Empereur*. La première, attaquée chez elle, déversa sur l'ennemi le trop-plein de ses canaux; la seconde, barricadée en son île, trouva dans ce même élément, l'eau, un rempart suffisant pour tenir en arrêt celui que rien n'arrêtait. Et là encore, à deux périodes bien différentes de l'histoire, ce furent deux nations protestantes qui opposèrent la plus vive résistance aux grandes idées conquérantes que les deux Césars de la monarchie antique et de la monarchie nouvelle portaient en leur cerveau.

On n'avait pas, il est vrai, touché à l'intégrité du sol anglais; mais si Louis XIV avait eu l'intention bien arrêtée de conquérir la Hollande, Bonaparte, lui, s'était donné pour mission de contrebalancer l'influence anglaise dans le monde, de porter la France au dehors et de donner à son commerce les moyens de lutter à armes égales avec l'Angleterre.

Ceci, il est bon de le répéter, l'Angleterre le comprit. La caricature de Gillray datée du 20 novembre 1798, qui représente John Bull et Bonaparte boxant sur le monde pour un tas de fumier est significative : c'était bien la traduction des deux pensées intimes, de ce que l'un redoutait et de ce que l'autre cherchait, en un mot, la constatation de la lutte ouverte entre l'Angleterre et la France pour la possession de la puissance maritime en Europe.

Il se peut que les Anglais aient exagéré : en tout cas, leur crainte fut réelle

Il est très certain que Bonaparte ne poussait pas son anglophobie jusqu'à vouloir rayer l'Angleterre de la liste des nations, mais il est très évident qu'il s'était donné comme tâche d'abaisser la puissance britannique.

Il se peut, que dis-je! il est certain que les Anglais, dans leur haine de la Révolution et de Napoléon, furent injustes, et même souvent injurieux pour la nation française, — on verra plus loin la caricature de Gillray traitant *d'excréments* les représentants des idées nouvelles et même les plus grands philosophes du siècle passé, — mais ce sont là des exagérations forcées, habituelles aux périodes de lutte, et des moyens violents auxquels on recourt presque toujours lorsqu'il faut agir sur l'esprit des masses.

UN GRAND GÉNÉRAL ET UN PETIT EMPEREUR.
Caricature de George Cruikshank (1814).

* Cette caricature fut reproduite ou copiée par les imageries de tous les pays.

Quand les Anglais traitaient le général Bonaparte de fuyard et de voleur, quand ils l'accusaient d'avoir empoisonné ses soldats à Jaffa, quand ils lançaient contre lui tous les pamphlets orduriers qui, depuis, ont fait le tour du monde, ils étaient eux-mêmes fixés sur la valeur de ces accusations; ce qu'ils voulaient, c'était à tout prix rendre « le Corse » odieux et méprisable. Ils inauguraient la guerre au couteau des politiciens modernes; ils introduisaient dans la satire crayonnée qui, jusqu'à ce jour, avait vécu uniquement sur le rire et sur le ridicule, un élément nouveau, essentiellement fin de siècle : l'attaque grossière et la calomnie à tout prix.

Toutes les caricatures dirigées contre Napoléon se remarquent par cette exagération voulue. Général victorieux, premier consul, arbitre de la paix du monde, empereur souverain, il reste toujours pour l'Angleterre un personnage lilliputien, le petit Corse bruyant. Au moment de sa toute-puissance, c'est-à-dire en 1803, il figurera Gulliver dans la main de Georges III, si petit, si petit que, pour le voir d'une façon plus distincte, le souverain anglais devra prendre une lorgnette; au moment de ses défaites, c'est-à-dire en 1814, il sera, tout petit empereur, posé comme un oiseau sur le doigt d'un grand général, Blücher. Et cependant, un fait est à noter, la caricature anglaise, en ses premières estampes, conçut l'idée d'un ogre, d'un Gargantua prêt à avaler le monde. Telle la planche de Gillray (1802) sur laquelle il apparaît féroce, brandissant un sabre énorme, ouvrant une bouche large comme un four, montrant des dents de carnivore.

Très certainement, les dessinateurs au service de la patrie anglaise comprirent que c'était faire fausse route, car, après deux ou trois autres essais du même genre, le Bonaparte géant ne reparut plus. Le vrai, celui que les Anglais ont voulu fixer pour la postérité, c'est le petit bonhomme armé d'un grand sabre, coiffé d'un immense chapeau à plumes sous lequel tout le corps semble vouloir disparaître, chaussé de bottes énormes, dans lesquelles les jambes, grêles comme des fuseaux, ont l'air de danser, vêtu d'une tunique longue au col très étoffé, produisant l'effet d'un carcan. Ajoutez, comme physionomie, des joues maigres avec deux yeux enfoncés, profondément investigateurs, quand ils ne sont pas dominés par la colère, un menton pointu, en galoche, des cheveux aplatis, raides, tombant sur les oreilles, un buste énorme et des jambes toutes courtes. Une véritable carcasse humaine flottant dans une houppelande d'hôpital, sautant, gambadant en une pantomime perpétuelle, avec des gestes désordonnés. En un mot, la caricature très exacte du vrai général Bonaparte, tel que nous le montrent les estampes « du temps ».

DIEU SAUVE LE ROI!! par un vieux comédien.

Caricature de George Cruikshank (1814).

Et c'est contre ce Bonaparte, contre ce général Tom Pouce dont Cruikshank devait illustrer les hauts faits, que se jetteront pendant vingt ans tous les caricaturistes de la vieille Angleterre, se servant de la pointe pour graver des dessins du plus haut comique et des légendes tantôt calembourdières, tantôt incendiaires. Car, aux époques de lutte et chez les peuples de race saxonne, l'image ne suffit point à elle seule pour traduire la pensée de l'exécutant; il faut encore que la légende vienne dire, expliquer, tout ce que le dessin n'avait pu exprimer.

Donc, de très bonne heure, Bonaparte apparut sur ces grandes compositions avec son nom estropié, orthographié de façon à pouvoir se prêter facilement aux jeux de mots, quoique, à vrai dire, un qualificatif ait, d'emblée, prévalu et soit resté dans la mémoire du peuple aussi populaire que Napoléon : *Boney*, le *petit Boney*, c'est-à-dire l'osseux, tandis que *Boney-part* lui-même se trouvait transformé en « portions d'os (1) ».

MAGICAL PRINT.
Portrait Magique.

Verso du portrait magique.

* Ce « portrait magique », pour respecter le titre même de l'estampe, donnait, retourné, en suivant exactement les contours du diable, le portrait plus ou moins ressemblant de Napoléon, ainsi qu'on peut le voir par la vignette ci-contre. Néanmoins la gravure eut un succès considérable, à cause surtout du rapprochement entre le Diable et l'Empereur qui avait toujours le don de charmer la masse.

L'osseux, le maigre Bonaparte, en présence du gros et gras John Bull : cela dit tout. Cette simple comparaison suffit à caractériser et la nature des caricatures et l'esprit même du peuple anglais.

John Bull dans son île, fumant tranquillement sa pipe à côté de sa chope d'ale, avec des quartiers de roatsbeef ou des tranches de mouton bouilli, avec du plum-pudding, et en face de lui, Bonaparte, mangeant quelque maigre soupe « à la française (2) ».

(1) Les caricatures sur Napoléon Ier s'appellent communément, en Angleterre, la série des *Boney*.

(2) Si, pour les Allemands, les Français sont des « mangeurs de pain », ils se trouvent être, pour les Anglais, des « mangeurs de soupe », c'est-à-dire de plats liquides et peu substantiels. C'est en-

John Bull, toujours paisible, ne demandant qu'à faire prospérer ses affaires, tandis que ce « petit moucheron de Boney », ce « petit singe savant », ce « champignon vénéneux », ce « renard corse », ne peut pas tenir en repos et semble avoir été créé et mis au monde tout exprès pour ennuyer, pour taquiner les habitants d'une petite île qu'il jalouse et voudrait pouvoir façonner à sa guise.

« Il y avait une fois un peuple qui vivait bien en paix chez lui, et un vilain moustique qui, sans cesse, bourdonnait autour de ses oreilles, si bien que John Bull se trouva dans l'obligation de veiller perpétuellement à ce que le petit animal ne vînt pas troubler le repos de ce peuple bon et pacifique entre tous. » Telle est l'histoire qui, des années durant, sera developpée, expliquée en images plus ou moins suggestives par les caricaturistes anglais, John Bull venant débiter, à chaque nouvelle production, un boniment empreint d'une saveur très particulière, dans le goût que voici :

— « Maître Boney, nous gardons cette petite langue de terre pour nous; allez danser ailleurs. »

— « Vous pouvez avoir l'air en colère, maître champignon, mais c'est ici que s'élève le chêne britannique, et, par saint Georges et le Dragon, pas une de ses feuilles ne tombera à terre. »

— « Restez où vous êtes, mauvais petit drôle, qui faites tant d'embarras; si vous avez le malheur de traverser (le détroit) vous recevrez un bon coup de baguette. »

Et régulièrement, John Bull, avec le plus grand sérieux, annonce à Bonaparte qu'il sera damné s'il ose approcher, s'il ose porter la main sur son peuple ou sur son île. Cette façon de menacer son ennemi des foudres divines, et cela sur des boulets de papier, pourra paraître grotesque à ceux qui ne connaissent point le tempérament britannique; dans la réalité, elle est absolument conforme à la nature des races protestantes et saxonnes imbues d'un esprit biblique si profond, qu'il est arrivé à faire corps, à se confondre avec le pays lui-même. C'est, du reste, un arsenal dans lequel les caricaturistes anglais puiseront à pleines mains, où ils trouveront, sans cesse, des munitions nouvelles, pensant ainsi, de très bonne foi, jeter la terreur dans les rangs ennemis et, surtout, inspirer quelques scrupules à ce « suppôt du diable vomi par les enfers », à ce nouveau Belzébuth que l'on s'amusera à faire naître du Diable — par des *portraits* magiques — ou à représenter comme étant la bête décrite dans l'Apocalypse. Un arsenal biblique à faire frémir!

D'une part, l'orgueil national, le haut prix attaché au titre de *citoyen indépendant de la libre Angleterre,* une tendance particulière due à l'esprit religieux; d'autre part, les conditions spéciales faites au pays et par sa situation physique, et par ses conditions économiques; le désir d'un repos bien mérité, après le travail accompli, le bien-être des classes commerçantes : tels sont les arguments graphiques que développeront, sous mille formes, les caricatures laissant percevoir, sous leur sarcasme énorme, l'amour prodigieux d'un peuple pour son sol natal.

Bonaparte veut réduire John Bull à la mendicité, Bonaparte veut s'emparer de

core une idée très répandue, parmi le peuple d'outre-Manche, que l'on se nourrit assez superficiellement, en France.

son île, c'était pour les Anglais une idée fixe qui, aux approches de 1802, se transforma en une crainte réelle et devint une conviction inébranlable, chaque jour alimentée, confirmée par les nombreux projets de descente en Angleterre dont les pamphlets et les images donnaient, avec force détails, la description et la coupe illustrée. Ces feuilles volantes ne partaient pas seulement de Paris : elles s'imprimaient et se vendaient en plein Londres (1).

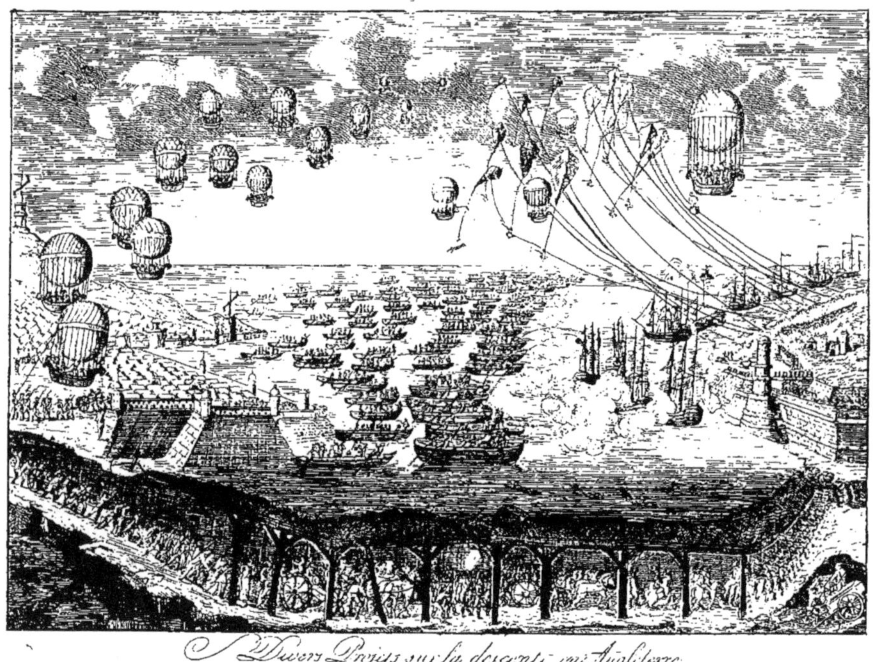

Reproduction d'une des nombreuses gravures de l'époque, résumant les projets présentés par divers ingénieurs ou inventeurs, pour transporter un corps d'armée en Angleterre. L'activité fiévreuse qu'on a vu se produire en 1871, pendant la guerre contre l'Allemagne, où chacun proposait un engin nouveau pour exterminer l'ennemi, s'était déjà manifestée, en 1804, contre l'Angleterre.

Bonaparte est un enfant terrible qui a la manie, la mauvaise habitude de jouer, de jongler avec les mappemondes, et qui s'est mis dans la tête d'avoir une île à lui ; — c'était encore un des thèmes que la caricature aimait à développer, à paraphraser : — ne fallait-il pas mettre le nouveau César au ban de l'Europe, et, coûte que coûte, le transformer en un être nuisible, malfaisant, en un de ces animaux répugnants, tel le serpent, redoutés par l'humanité à l'égal de la peste ?

(1) Signalons, comme mémoire, la pièce suivante : *Correct Plan and elevation of the famous French Raft London Flores*, 1798. *A new Machine (or Raft) to cover the Landing of the French.*

Et dans cette lutte à coups de crayon, dans ce grand duel dont on peut suivre aujourd'hui paisiblement toutes les phases, l'Angleterre ne songea pas à elle seulement : du jour où les projets de descente cessèrent de l'inquiéter, du jour où le combat s'élargit, où la guerre se trouva réellement déclarée entre Napoléon et l'Europe coalisée, elle mit ses artistes, ses crayonneurs intrépides au service de cette dernière, elle incarna en elle tous les griefs, toutes les espérances de « l'humanité foulée aux pieds par un bandit (*sic*) »; elle forgea les armes graphiques qui devaient inspirer tous les autres artistes étrangers; elle fut la grande fabrique d'images sur laquelle chacun devait venir prendre modèle et s'inspirer suivant les circonstances, suivant les besoins de sa cause.

Guerre d'Espagne et guerre de Russie défilèrent ainsi, jour par jour, bataille par bataille, sous le crayon de ses caricaturistes; aux bulletins de la Grande Armée, sans cesse qualifiés par elle de « mensongers », elle opposa les interprétations illustrées des plus grands satiristes. A chaque proclamation de Napoléon annonçant une nouvelle victoire, elle répondait par une composition signée Gillray, Rowlandson, Cruikshank, tournant en dérision Boney ou vouant « le tigre corse » à l'exécration publique. Et la conclusion était toujours la même : « Frères, levez-vous! amis, secouez vos chaînes! »

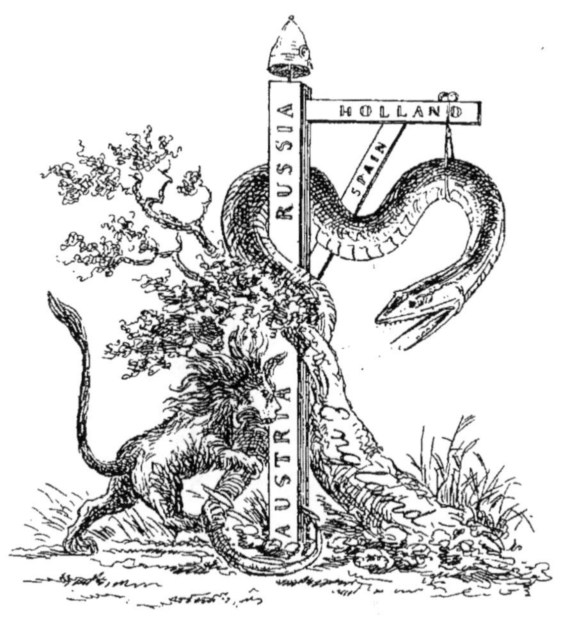

PUBLIC EXECUTION OF A TYRANT

EXÉCUTION PUBLIQUE D'UN TYRAN.

* Napoléon est, ici, figuré sous la forme d'un serpent mis à la potence et traqué par toutes les puissances coalisées.

[*Caricature anonyme* (1814).]

Si l'Allemagne, si la Hollande, si les autres nations bouleversées par les victoires foudroyantes de Napoléon, tiennent dans cette iconographie une place relativement minime, c'est que, là, les pamphlets incendiaires sous la forme graphique pénétraient moins facilement; c'est que, là aussi, des artistes avaient surgi, formés à bonne école, aptes à prendre en main la défense de leurs propres intérêts.

Si l'on examine, dans son ensemble, cette production considérable, on verra que deux caractéristiques distinctes doivent s'en dégager; la paraphrase directe des faits et gestes de Bonaparte, dans tous les domaines, qu'il s'agisse de l'homme privé ou de l'homme public, la satire de toutes ses actions, de tous les actes de sa vie, puis la tendance à l'observation philosophique s'élevant aux conceptions les plus hardies avec une prédisposition marquée à se porter vers les comparaisons macabres, à reprendre, au dix-neuvième siècle, les sujets, les idées de la grande danse des morts du seizième. C'est ainsi que certaines compositions satiriques atteignent à la hauteur de véritables allégories : telle le fameux Napoléon et la Mort, ces deux rois de la Terreur causant tous deux sur le champ de bataille. Napoléon n'était-il pas l'enfant chéri de Satan, l'envoyé de Belzébuth (1), afin de devancer

Gravure anglaise ayant la prétention de représenter, d'une façon exacte, le sacre de Napoléon, à Notre-Dame, et de donner les portraits fidèles des assistants.

la Mort dans son heure souvent trop lente à venir ! « Jusqu'à ce jour l'humanité, » écrit un philosophe anglais, « n'avait eu à compter qu'avec la Mort, sous forme de maladies individuelles ; depuis la venue de Napoléon, c'est la Mort constante et prématurée sous forme de fléaux périodiques. Quand donc le Ciel prendra-t-il nos maux en considération? »

Entre ces deux sortes de compositions, on ne saurait longtemps hésiter : la chronique illustrée des hauts faits de Napoléon, si intéressante qu'elle soit, ne se trouve plus être, aujourd'hui, qu'un document d'histoire, alors que l'estampe allé-

(1) En 1806, un écrivain anglais, L. Mayer, publiait, à ce sujet, un ouvrage fort curieux qui ne laisse aucun doute sur les véritables sentiments de ses concitoyens à l'égard de Napoléon : *Buonaparte the Emperor of the French considered as the Lucifer and Gog of Isiah and Ezekiel.* La Bible en main et avec force chiffres cabalistiques, il tendait à prouver qu'il était bien la bête monstrueuse prédite par le prophète.

LA GRANDE PROCESSION DU COURONNEMENT DE NAPOLÉON, PREMIER

Garde d'honneur escortant la procession.	Sénateur Fouché, intendant général de la Police, portant le glaive de la Justice.	Berthier, Bernadotte, Augereau et toute la brave escorte des généraux républicains marchant dans la procession.	Le puissant pouvoir du continent. Les porteurs de traîne de l'Empereur.	Dames d'honneur, ci-devant poissardes, portant la traîne de l'Impératrice.	M et pl

* Cette sorte de procession charivarique, dont l'original mesure plus de 60 centimètres de long, obtint, dès son apparition,
des meilleures compositions de Gillray, comme valeur artistique, et une de ses charges les plus violentes contre les homm
tinement pour la Hollande. Du reste, cette estampe subira, dans sa légende principale, bien des modifications, bien des gra
français, ou la grande farce de Napoléone Buonaparte, créé empereur par lui seul, contre la volonté de tous. »

Le fond est, comme on peut le voir, rempli d'inscriptions de toutes sortes. Au milieu, en latin, cette malicieuse inscriptic
autres inscriptions sont en français. Sur les étendards : « S. P. Q. Nap. » « Un Dieu, un Napoléon. » etc... Sur les nuages de
— les adorations des badauds — les congratulations des grenouilles, — les humilités des poltrons. » etc. — Dans le fond
nier étendard se trouve comme armoiries la Mort, emblème de la puissance napoléonienne, s'il fallait s'en rapporter aux
d'une certaine réalité, les personnages figurés ne visent pas à la ressemblance individuelle. Gillray s'est contenté, comme
dont ils marchent au pas militaire. Il faut remarquer, d'autre part, que l'impératrice Joséphine a été ridiculisée à plaisir, l
de la halle. Qui croyaient-ils donc tromper en procédant ainsi? Leur caricature, il est vrai, par le crayon de Rowlandson
très délicats des charmes et de la beauté féminine, on ne peut nier que ce ne fut là chose absolument voulue. Enfin, dern
ridiculiser, de tout salir.

Cette estampe n'est donc pas seulement une charge ordinaire, c'est encore un véritable pamphlet graphique reproduisa
prétentions de la nouvelle Cour voulant singer les belles manières de l'ancienne hiérarchie et laissant percer, par tous les
de respect qu'elle avait pour le régime impérial, déjà traité par un de ses hommes d'État, *d'imposture sans pareille*. Et ce
nement impérial ». Enfin, à un autre point de vue, il est bon d'observer que les artistes anglais affectionnaient les charges
l'empereur des Français. Ceci pour bien démontrer que ces violences étaient dans le sang de la caricature d'outre-Manche
voir cette caricature sans entrer dans la plus violente colère. Et si l'on songe aux pompes du couronnement, on trouvera

* Cette estampe a été reproduite, tronquée, dans le volume *Napoléon raconté par l'Image*.

. DE FRANCE, VUE DE L'ÉGLISE NOTRE-DAME LE 2 DÉCEMBRE 1804.

riales on 1re José-	Sa Sainteté le pape Pie VII guidé par son vieil ami le cardinal Fesch, qui lui offre l'encens.	Talleyrand-Périgord, premier ministre et roi d'armes, portant l'arbre généalogique de l'Empereur.	Mme Talleyrand, ci-devant Mme Hothead la prophétesse, conduisant son héritier dans le chemin de la gloire.	Les trois Grâces Impériales : princesse Borghèse, princesse Louis, *chère amie de l'Empereur*, et princesse Joseph Bonaparte.	Son Altesse Impériale le prince Louis Buonaparte. Marbeuf, grand chancelier de l'Empire.

Caricature de James Gillray, publiée le 1er janvier 1805.

considérable et fut publiée, à l'usage des pays coalisés, dans plusieurs langues : c'est très certainement, à la fois, une
au régime, contre « la farce du couronnement impérial », suivant le titre qui lui est donné dans une édition faite clandes-
a été annoncée, tout récemment, dans un catalogue étranger, avec la mention : « Procession du couronnement du Cromwell

rase de la prophétie virgilienne : *Redeunt Satania regna. Jam nova progenies cœlo demittitur alto*, tandis que toutes les
oduits par l'encens, se lisent les appréciations suivantes, toutes on ne peut plus flatteuses : « Les hommages des canailles,
sonnages tenant, l'un un flacon d'opium, l'autre d'arsenic, » pour endormir et empoisonner le peuple français ». Sur le der-
s des dessinateurs anglais. A part Talleyrand, toujours grotesquement affublé, et Napoléon dont la charge ne manque pas
toujours, d'esquisser certains types, mais l'ensemble est amusant par la façon dont tous ces dignitaires portent la tête et
, au lieu de la femme élégante que l'on sait, lui donnant toujours, je ne sais trop pourquoi, l'aspect d'une grosse matrone
e complaisait en ces chairs débordantes et mafflues; mais comme leurs artistes se sont également montrés des interprètes
e, parmi la garde d'honneur figurent le bourreau et le geôlier du Temple. C'était bien un parti pris de tout abaisser, de tout

les accusations lancées par les pamphlets littéraires contre les mœurs dissolues du nouveau souverain et contre les
vieille défroque jacobine. Par le crayon de son premier artiste, l'Angleterre montrait ainsi, d'une façon publique, le peu
tant plus à noter que les autres caricatures étrangères restèrent très sobres d'images vis-à-vis de la « farce du couron-
ges et des cérémonies et que Gillray, notamment, n'avait pas plus ménagé son propre souverain et l'héritier du trône que
ajouter foi aux récits de quelques contemporains, Napoléon, qui était loin d'être un modèle de patience, ne pouvait pas
ent tout naturel.

gorique, aux figurations éternellement humaines, doit prendre place dans l'arsenal du Rire et de la Satire, aux côtés des plus grandes conceptions de l'art graphique.

Mais il faut noter dans cette haine des Anglais contre Napoléon un acharnement peu commun, un acharnement tel qu'il devait finir par leur enlever la juste appréciation des choses. Les plus grands événements, les plus grandes cérémonies furent ainsi ridiculisés, faussés, dans un esprit de dénigrement systématique; plus Napoléon s'élevait, plus ils cédèrent au besoin infernal de le rapetisser, de lui arracher son auréole de gloire. Et cette tendance ne se remarque pas seulement dans la caricature, sur des estampes comme la fameuse procession de Gillray pour la cérémonie du sacre à Notre-Dame, — une des planches maîtresses de l'artiste, — elle se manifeste, également, parmi les dessinateurs qui émettent l'intention de donner de cet événement une représentation fidèle. De même lors de la naissance du roi de Rome, de même avec les compositions qui visaient à pénétrer dans l'intimité du ménage impérial, de même dans ces planches, plus ou moins légères, où la naturelle pruderie anglaise n'était nullement offusquée par la vue d'orgies directoriales auxquelles prenaient part, — *Barras regnante,* — Joséphine et Mme Tallien.

Contrairement aux Allemands qui s'amusaient à exagérer la gloriole française, en ajoutant des kyrielles d'*r* aux qualificatifs consacrés, *Grrande nation, Grrande Armée, Grrand Napoléon,* John Bull ne voyait, lui, qu'un petit homme et des petites choses. Aux pompes du sacre enregistrées par toutes les gazettes, par toutes les estampes, il opposait une sorte de mariage à la chapelle sans cérémonial et sans assistants. Il faisait le vide de sa propre autorité: il ne voulait pas qu'on pût croire à un événement important, à une affluence quelconque de public. Il faussait sciemment la représentation des faits historiques.

Il y a plus, la caricature anglaise se refusa pendant longtemps à reconnaître l'existence de Napoléon; elle était restée fidèle à la chrysalide, elle ne voulait pas voir le papillon. Le chapeau devint, peut-être, plus grotesquement gigantesque, les plumes plus énormes; c'était toujours le général Buonaparte. Dans une gravure de 1814, il a encore sur le dossier de sa chaise le bonnet rouge et la guillotine, armes parlantes de la Révolution. Rares, très rares, les caricatures sur lesquelles apparaît un Napoléon couronné, avec le profil plus ou moins césarien que popularisaient, cependant, les portraits de tous les pays. Peu importe à John Bull cet « empereur de contrebande, ce petit roi ayant pour sceptre un grelot, qui se fi- « gure pouvoir faire passer comme authentique une couronne obtenue à l'aide de « quelques dollars volés »; il ne connaît, lui, que Boney, et « avant comme après » l'Empereur des Français sera toujours, à ses yeux, « le petit Boney ». La vieille Angleterre ne se laissa pas conter fleurette.

III.

J'ai dit que la caricature anglaise était encore mal connue; je constate que je ne m'étais point trompé, puisque, tout récemment, une revue américaine, le *Cosmopolitan*, de New-York, publiait sur ce sujet un article absolument ridicule, où les grandes et belles estampes satiriques de Gillray sont traitées d'œuvres sans valeur. Parlant, entre autres, du *Bonaparte apprenant la victoire de Nelson* (voir, page 56, la reproduction de cette planche), l'auteur dit : « Le dessin très naïf, avec sa conception enfantine, fera sans doute sourire nos lecteurs, ce qui n'empêche point qu'il n'ait joui d'un succès fou en son temps. » Quant aux Cruikshank, il les juge ainsi en deux lignes : « Ajoutons que les caricatures de George ne valent pas grand'chose, et que celles d'Isaac valent encore moins ». On ne saurait être plus sottement ignorant.

Même parti pris parmi nos prétendus critiques d'art. Tout récemment, l'auteur du *Napoléon raconté par l'image*, un livre qui ne vaut que par ses reproductions, par la façon luxueuse dont il a été édité, ne poussait-il pas la plaisanterie jusqu'à écrire : « La verve satirique de Gillray est indéniable; mais peut-on sans injustice le placer au-dessus de notre grand Daumier et de Goya? Sa vraie place est à côté de *Granville* » (sic) — Grandville, ne vous déplaise, Monsieur l'inspecteur des Beaux-Arts, — « dont il a le maigre dessin en paraphe et l'ironie obscure. » Vit-on jamais plus absurde comparaison, et plus singulière conception du graphique!

Qui donc, ayant quelque sens du génie particulier aux hommes et aux races, pourrait penser à placer Gillray soit au-dessus soit au-dessous de Daumier! Gillray est Gillray, comme Daumier sera toujours Daumier, comme Goya reste l'Espagnol Goya. Au surplus, pourquoi s'arrêter à de pareilles billevesées!

Certes, entre tous les artistes qui apportèrent le concours de leur burin à la grande cause dont l'Angleterre s'était faite le champion, il y aurait un choix à faire; certes, Ansell, Marks, Charles, ne valent pas les Gillray, les Rowlandson, les Cruikshank, mais le fait à retenir, la chose admirable, c'est la parfaite union, c'est l'entrain avec lesquels ne cessa de marcher et de produire ce bataillon de caricaturistes enrégimentés sous le même drapeau. Soldats d'une idée, ils la défendirent sans faiblesses, sans arrêt, chacun à son point de vue, chacun avec son talent. Ils annotaient, ils illustraient sans cesse; à peine un cuivre était-il gravé qu'un autre prenait sa place, quelquefois en quinze jours, d'autres fois en un mois, lorsque la composition était plus importante, — tel fut le cas pour le Gillray du sacre, — la planche était exécutée et mise en vente chez Tegg, chez Humphries, chez Ackermann, cet éditeur, non moins patriote, qui suscita et popularisa la mode des transparents en guise de feu de joie, pour célébrer les grandes défaites napoléoniennes. Après Leipzig, après Waterloo, Ackermann commanda à Rowlandson les compositions ici reproduites (voir *Napoléon entre Wellington et Blücher* et *Napoléon et la Mort*), qui mirent Londres en révolution, je veux dire qui amassèrent les badauds devant la boutique du marchand d'estampes.

La rue londonienne fut, du reste, particulièrement agitée et grouillante durant la période décisive des guerres du premier Empire. Un émigré écrivait en 1802 à Mallet du Pan : « Si l'on se bat là-bas, pour défendre ses biens et sa personne contre le grand agitateur corse, on se bat ici, à qui pourra le premier apercevoir les caricatures de Gillray devant le magasin de M. Ackermann. C'est un enthousiasme indescriptible quand le nouveau dessin apparaît; c'est presque de la folie. Il faut boxer pour arriver à se faire un passage. Et l'on m'affirme que, tous les jours, des ballots de ces caricatures sont expédiés au dehors ».

Douze ans après, cette agitation n'était point calmée, car un autre Français, l'auteur des *Souvenirs de Londres en 1814 et 1816*, écrivait : « En revenant à notre hôtel, nous aperçûmes une grande foule, devant une boutique, dans le Strand. La réunion était bruyante, l'agitation des bras indiquait même l'exercice des boxeurs. Nous apprîmes bientôt qu'une caricature nouvelle causait tout le tumulte. Quel triomphe pour l'artiste! Comme on prête beaucoup de finesse et d'esprit mordant aux caricatures anglaises, nous devînmes curieux à notre tour, etc... » J'ajoute qu'il s'agissait de la caricature représentant Napoléon en renard cherchant à se soustraire à une meute de chiens, — les généraux des armées alliées, — lancés à sa poursuite. Ainsi tout le Londres grouillant et inquiet, badauds et bons bourgeois, allait voir les caricatures du jour comme si c'était là le véritable bulletin des opérations militaires. On se renseignait d'après un Gillray, d'après un Cruikshank, d'après un Rowlandson.

Peu importent, après cela, les discussions plus ou moins puériles sur la somme de talent, considérable ou moindre, que présentaient les estampes de ces artistes. Assurément Gillray est maître avec sa pointe au trait si sûr, si net, avec son esprit aristophanesque, avec ses qualités de dessin et de composition, dignes souvent d'un peintre d'histoire, là où Rowlandson, ce grand évocateur du Rire bruyant, ce grand metteur en scène des mœurs intimes, est quelquefois inférieur; ce qu'il faut retenir, c'est la portée considérable de l'œuvre prise dans son ensemble, c'est l'influence qu'elle exerça sur tout un peuple. Napoléon mort, tous ces artistes durent éprouver ce que George Cruikshank, l'auteur des illustrations du *Life of Napoléon* (1), écrivait dans une sorte de nécrologie consacrée à l'Empereur : « Je l'ai suivi à travers la neige et le feu, par des inondations et à travers toutes sortes de calamités, en l'insultant, en le dégradant partout et toujours, et en le vouant à des morts des plus humiliantes. Et pendant ce temps, il arrivait aux Pyramides, il traversait les Alpes et il jetait par terre une quantité de couronnes de souverains d'Europe : ma gratitude pour cet agitateur est profonde, très profonde même (2). » Faut-il ajouter que ce sentiment si naturel de reconnaissance, du caricaturiste envers le caricaturé, est absolument vrai et s'est, de tout temps, manifesté. De nos jours, le Berlinois Wilhelm Scholz, dessinateur du *Kladderadatsch,* ne cachera point son dépit de la mort de Napoléon III et de la retraite de Bismarck, les deux personnages qui avaient fourni à son crayon les satires les plus mordantes.

Une question se pose ici : ces caricatures d'une violence extrême purent-elles toujours paraître librement, furent-elles toujours uniquement l'œuvre des artistes anglais? Je réponds.

A plusieurs reprises, je veux dire durant les périodes de calme, le gouvernement impérial intervint, envoya notes sur notes, somma même le cabinet de Saint-James d'avoir à mettre un frein à ce flot de caricatures et de pamphlets « au nom de l'amitié qui existait entre la France et le roi anglais ». Dans une note du ministre de la police générale revêtue en marge des observations et

(1) *The Life of Napoleon. A Hudibrastic Poem in fifteen Cantos*, by Doctor Syntax. London, T. Tegg, 1814 (*Vie de Napoléon. poème en style d'Hudibrass, et en quinze chants*). Le frontispice de cet album, dont le texte est l'œuvre du poète William Combe, représente l'entrée de Louis XVIII à Paris. L'editeur, William Tegg, a publié une nouvelle édition de l'ouvrage, en 1867, sous le titre de *Life of Bonaparte.*

(2) Article publié par Cruikshank dans son journal : *Omnibus* (1841).

de la signature de Napoléon, note dont j'ai eu communication, on lit cette étrange déclaration : « Ces images détestables sont, avant tout, l'œuvre d'artistes sans conscience au service et à la solde des émigrés », subterfuge qui, très certainement, ne dut tromper personne. Quoi qu'il en soit, le gouvernement anglais eut l'air d'accéder au désir du tout-puissant souverain, des poursuites furent exercées contre quelques obscurs crayonneurs et de non moins obscurs pamphlétaires, et les choses en restèrent là.

Assurément, toutes les caricatures lancées depuis Londres sur le continent n'étaient pas exclusivement dues aux artistes anglais, mais la part des émigrés dans ces satires graphiques fut assez peu considérable et surtout d'un intérêt très secondaire (1). Là où les Anglais avaient fait montre d'un sentiment artistique élevé, ils n'arrivèrent à produire que des compositions d'une banalité désespérante, au trait lourd et pénible, au métier incertain, aux légendes nulles. Ce qui avait beaucoup contribué au succès des estampes anglaises, c'était l'abondance des légendes se croisant en tous sens, s'échappant de la bouche des principaux personnages, de façon à donner à la planche l'aspect d'un véritable paysage typographique. Les burins français se refusèrent à graver ces interminables explications, ces causeries entre personnages ; ils se contentèrent d'un mot, au plus d'une phrase, et il en résulta ceci, que leurs gravures parurent vides, froides, absolument dépourvues de caractère. Mais ce que, pour plusieurs raisons, les émigrés étaient impuissants à exécuter, les Anglais le firent. Et c'est ainsi que, aux approches de la période de déclin, grand nombre des caricatures publiées à Londres par des artistes nationaux furent mises en vente avec texte (2) en deux langues, anglais et français, simultanément ou séparément. John Bull continuait à remplir son rôle; après avoir bombardé l'ennemi de caricatures, il se mettait à introduire lui-même sa « marchandise ».

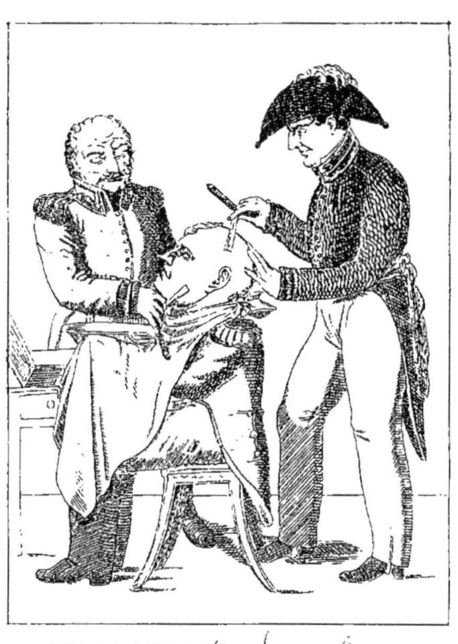

Caricature publiée à Londres, en 1814, et due à un artiste au service des émigrés.

(1) M. Joseph Grego, le savant historien et iconophile anglais, a émis une opinion absolument conforme à la mienne.

(2) On verra, plus loin, plusieurs de ces caricatures reproduites par nous dans toute l'intégrité de leurs légendes.

Pub.d by R. Ackermann 101 Strand London

NAPOLEON

THE FIRST and LAST, by the Wrath of Heaven Emperor of the Jacobins, Protector of the Confederation of Rogues, Mediator of the Hellish League, Grand Cross of the Legion of Horror, Commander in Chief of the Legions of Skeletons left at Moscow, Smolensk, Leipzig, &c. Head Runner of Runaways, Mock High-Priest of the Sanhedrim, Mock Prophet of Mussulmen, Mock Pillar of the Christian Faith, Inventor of the Syrian Method of disposing of his own Sick by sleeping Draughts, or of captured Enemies by the Bayonet; First Grave-Digger for burying alive; Chief Gaoler of the Holy Father and of the King of Spain, Destroyer of Crowns, and Manufacturer of Counts, Dukes, Princes, and Kings; Chief Douanier of the Continental System, Head Butcher of the Parisian and Toulonese Massacres, Murderer of Hoffer, Palm, Wright, nay, of his own Prince, the noble and virtuous Duke of Enghien, and of a thousand others; Kidnapper of Ambassadors, High Admiral of the Invasion Praams, Cup-Bearer of the Jaffa Poison, Arch-Chancellor of Waste-Paper Treaties, Arch-Treasurer of the Plunder of the World, the sanguinary Coxcomb, Assassin, and Incendiary......to

MAKE PEACE WITH!!!

This Hieroglyphic Portrait of the DESTROYER is faithfully copied from a German Print, with the Parody of his assumed Titles. The *Hat* of the Destroyer represents a discomfited French Eagle, maimed and crouching, after his Conflict with the Eagles of the North. His *Visage* is composed of the Carcases of the Victims of his Folly and Ambition, who perished on the Plains of Russia and Saxony. His *Throat* is encircled with the *Red Sea*, in Allusion to his drowned Hosts. His *Epaulette* is a *Hand*, leading the Rhenish Confederation, under the flimsy symbol of a *Cobweb*. The *Spider* is an Emblem of the Vigilance of the Allies, who have inflicted on that Hand a deadly Sting!

PUBLISHED AT R. ACKERMANN'S, 101, STRAND, LONDON.

Harrison & Leigh, Printers, 373, Strand

* Voici la traduction du placard ci-contre, qui, on le verra, résume toutes les accusations lancées depuis l'origine par les pamphlets étrangers à l'adresse de Napoléon. Comme toutes les feuilles volantes de cette espèce, il obtint un succès considérable auprès des masses, surtout à cause de la façon dont il parodiait, en termes calembourdiers, les titres officiels des créations de l'Empereur.

NAPOLÉON.

* Napoléon le premier et le dernier, par le courroux du Ciel, empereur des Jacobins, protecteur de la confédération des Coquins, médiateur de la Ligue infernale, grand-croix de la légion d'horreur, commandant en chef des légions de squelettes laissés à Moscou, Smolensk, Leipzig, etc... Le premier en tête des fuyards, grand prêtre supposé du Sanhédrin, Prophète supposé des Musulmans, pilier supposé de la foi chrétienne, inventeur de la méthode syrienne pour se défaire des malades par les potions narcotiques, ou des prisonniers par la baïonnette; premier fossoyeur pour enterrer vivant: geôlier en chef du Saint-Père et du roi d'Espagne, destructeur de couronnes, manufacturier de ducs, comtes, princes et rois: douanier en chef du système continental, maître boucher, pour les massacres de Paris et de Toulouse; meurtrier de Hoffer, Palm, Wright, du noble et vertueux duc d'Enghien et d'un millier d'autres; voleur d'ambassadeurs, grand amiral de l'invasion *Praams*, échanson pour verser le poison de Jaffa, archichancelier des traités de rebut, architrésorier pour le pillage du monde, le sanguinaire, fat, assassin, et incendiaire... Pour

FAIRE LA PAIX AVEC !!! (jamais).

* Ce portrait hiéroglyphique du DESTRUCTEUR (le mot anglais signifie également *assassin*) est copié fidèlement d'après une planche allemande, avec la parodie des titres qu'il s'était attribués. Son chapeau est représenté par la moitié d'un aigle français, mutilé et asservi, après son conflit avec les aigles du Nord. Son visage est formé des corps des victimes de sa folie et de son ambition, qui périrent dans les plaines de la Russie et de la Saxe. — Son cou est entouré de la mer Rouge, par allusion à ses soldats noyés. Son épaulette est formée d'une main conduisant la Confédération du Rhin, sous le faible symbole d'une toile d'araignée. — L'araignée est l'emblème de la vigilance des alliés, qui ont fait à cette main une piqûre mortelle.

* L'explication du « portrait hiéroglyphique » variait suivant les cas : elle est différente, ainsi qu'on peut s'en rendre compte, sur le placard reproduit plus haut (voir page 17).

Le *Times* de 1814, en une de ces petites annonces microscopiques dont il eut, de tout temps, la spécialité, demandait de « courageux citoyens pour faire parvenir en France les caricatures contre M. Buonaparte se disant empereur ».

J'ai mentionné brièvement, dans le précédent chapitre, les portraits qui, à partir de 1813, se vendirent en nombre, servant d'image à un texte quelconque sur l'Empereur et la famille impériale. Mais ces « canards » déjà si à la mode, déjà si recherchés des foules, n'avaient pas seulement pour but de fournir des renseignements sur la généalogie du souverain, ils se complaisaient aussi dans la charge, contribuant en une large mesure à vulgariser l'esprit satirique. Ici donc, texte et portrait, tout visait à la caricature, à la parodie, comme on pourra le voir par les documents reproduits; et les feuilles volantes, pleines de gros sel, prenaient place dans les intérieurs populaires, à côté des placards où s'étalaient en longues colonnes la généalogie impériale, la Cour, les officiers du Palais, les pompes et tout le cérémonial du régime.

Il faut conclure.

Je ne le ferai pas sans constater que la caricature anglaise, qui aurait bien dû porter le deuil de Napoléon, c'est-à-dire de celui qui, si longtemps durant, fut son principal fournisseur, se montra relativement modérée lorsque le héros tomba. Contrairement aux partis politiques français, elle ne traîna pas dans la boue celui qui lui avait valu de si chaudes alarmes, elle désarma : l'ennemi ayant disparu, l'ennemi étant en son pouvoir, elle estima avec raison qu'il n'y aurait pour elle ni gloire ni profit à le cribler de traits devenus inutiles. Preuve nouvelle, preuve certaine du but essentiellement national poursuivi par elle. C'était bien pour la défense d'une idée et de l'intégrité de son sol, que, de toutes parts, elle avait fourbi ses armes; c'était bien Napoléon, conquérant et anglophobe, qu'elle avait voulu viser. Et tout considéré, malgré ses injustices, malgré ses légendes souvent inju-

LA BALANCE DU GOUT PUBLIC (1827).

* Sur le plateau de gauche, Walter Scott, avec les neuf volumes de sa *Vie de Napoléon* (Londres et Édimbourg, 1827); sur le plateau de droite, Thomas Moore (1780-1852), le poète romantique, qui dans son ouvrage, *l'Épicurien*, paru également cette même année, avait voulu donner, sous la forme du roman, un tableau de la lutte du christianisme naissant contre le paganisme expirant. Or *l'Épicurien* obtint, lors de son apparition, un succès considérable.

[Caricature anonyme, d'après un original en couleurs.]

rieuses, malgré les violences que les écrivains britanniques sont, aujourd'hui, les premiers à flétrir, je la préfère encore aux humiliations légales dont les Anglais devaient abreuver le grand vaincu, prisonnier, celui qui avait cru pouvoir s'en remettre à la générosité de son plus implacable ennemi.

J'ai dit que la caricature désarma dès Sainte-Hélène, laissant aux preneurs de croquis, aux portraitistes d'occasion le soin de traduire à leur façon les traits de l'ex-Empereur, mais ce ne fut pas sans avoir donné, elle-même, une conclusion

* Caricature publiée à Londres, lors de la mort de Napoléon I, dirigée contre tous les représentants de la réaction et de la légitimité et due à un artiste bonapartiste appartenant à la seconde émigration.

rationnelle à ce grand combat par l'image. En effet, quinze jours après l'embarquement de Napoléon sur le *Bellérophon*, une estampe anonyme paraissait avec la légende suivante mise dans la bouche de John Bull : « Eh bien, Monsieur Boney, vous devez être content cette fois : vous qui vouliez absolument une île, vous pourrez finir tranquillement vos jours dans un pays comme celui que vous aviez toujours convoité. Vous vouliez venir chez John Bull ; vous y êtes, maintenant. »

Étrange destinée des choses humaines ! Dans cette lutte à coups de crayon et à coups de mitraille, ce furent les crayons qui eurent le dessus ; le puissant Empereur qui avait mis en déroute des armées entières et bouleversé des empires, ne put avoir raison de ces feuilles volantes, malicieuses et irrévérencieuses en diable, qui finirent, toujours frondeuses, par lui faire le pied de nez, tout en lui souhaitant bon voyage comme à M. Dumollet. Et c'est ainsi que les plus grandes choses, comme les plus grands hommes, viennent se briser devant une flèche de papier, que ce soit le crayon ou la plume qui parlent.

Champfleury demandait une statue pour Gillray, à côté du monument de Waterloo, c'est mieux que cela qu'il faudrait; une statue nouvelle de Napoléon, sur le piédestal de laquelle on écrirait :

« A Napoléon la caricature anglaise reconnaissante ».

Longtemps encore, il est vrai, Napoléon resta dans l'imagerie londonienne; longtemps encore les allégories, les scènes intimes, les sujets militaires se prêteront à des compositions nouvelles, mais tout esprit caricatural disparaîtra de ces estampes qui, souvent même, seront ouvertement favorables à l'ennemi d'autrefois. Il semble que les artistes anglais aient tenu à faire oublier la conduite peu digne de leurs hommes politiques, au jour de la défaite. Quinze ans durant, c'est-à-dire de 1815 à 1830, tout sera à Napoléon : peinture, gravure, histoire, poésie, toutes les formes graphiques ou littéraires célébreront l'homme dans lequel, une fois disparu, plus personne ne se refusera à voir une des plus grandes figures du siècle.

Véritable engouement. Londres aura ses enthousiastes, ses fanatiques du Grand Homme; et la ville tout entière, cette même ville qui, peu auparavant, se bousculait pour mieux voir les caricatures contre « la peste Corse », sera atteinte de cette curiosité rétrospective, de cette espèce de fétichisme napoléonien.

N'est-ce pas Chateaubriand qui, visitant la Cité, sous la Restauration, constatait, non sans étonnement, cet attachement pour les souvenirs de Bonaparte, et écrivait : « On a passé du dénigrement à un enthousiasme bête. »

Un Français plus observateur, en séjour, à la même époque, sur les bords de la Tamise, mentionne nombre d'objets napoléoniens qui ornaient, alors, les demeures londoniennes. Toute la curiosité parisienne, bustes, pendules, thermomètres, porcelaines, flacons, grès, tabatières, couteaux, cachets, avait traversé la Manche, et l'on pouvait se demander, devant cette invasion d'un nouveau genre, si la capitale de l'Angleterre n'était point devenue une des bonnes villes de l'Empire français.

Or ces objets avaient été achetés par les Anglais eux-mêmes, à Paris, car, dès la première Restauration, comme après la paix d'Amiens, la France avait eu à subir, elle, l'invasion pacifique et curieuse des bandes britanniques faisant main basse sur tous les bibelots ornés des traits du grand homme. L'estampe caricaturale s'est amusée, plus d'une fois, à représenter, à ridiculiser les Anglais débarquant à Paris : une image typique et fort rare nous montre *M. Semlor,* — c'est ainsi qu'on se plaisait à qualifier les citoyens d'outre-Manche, — faisant ses achats dans un magasin à la mode, au moment où le marchand lui offre un petit chapeau tabatière, image vivante du régime déchu. Et *M. Semlor* donne à John tous les *Boney* qu'il peut trouver, en disant : « Il faut que « Bona parte » pour faire la traversée. »

Voici mieux, et c'est encore l'auteur des *Souvenirs de Londres* qui va nous fournir ce renseignement intéressant, en une lettre datée du 14 juin 1816 :

« On se porte en foule à l'exposition de Piccadilly. C'est là que se trouve maintenant la voiture de campagne de Bonaparte, prise à Waterloo. Les armes, les bijoux, la vaisselle, les nécessaires, les vêtements qu'elle contenait sont renfermés dans des armoires vitrées comme des pièces d'histoire naturelle, qui certainement sont fort singulières. L'intérieur de la voiture est aussi complet qu'on puisse l'imaginer et disposé avec beaucoup d'art : il y a bureau, tiroirs, buffet, lit, bibliothèque, lanternes, etc., et les panneaux sont à l'épreuve de la balle.

« Tu ne peux te figurer quel est l'empressement des Anglais à examiner cette voiture; c'est une procession sans fin : hommes, femmes, enfants montent par une portière, posent un instant sur le siège du fond, et descendent par l'autre portière en se regardant alors avec un air de satisfaction. Le produit doit être immense, mais il semble bien extraordinaire que le gouvernement permette une spéculation de ce genre. N'est-ce pas là une étrange manière de montrer à une nation le butin qu'un hasard de guerre a mis au pouvoir de ses généraux? »

A ce récit il faut ajouter qu'une partie des entrées devait revenir à la caisse de secours des miliciens blessés à Waterloo. Et c'est ainsi que Napoléon contribua, sans s'en douter, à payer les contributions de guerre de John Bull. L'image, elle aussi, fut de la fête : je veux dire que l'on publia des « représentations exactes de la voiture de l'ex-Empereur, avec le détail des objets » (1), et que, à nouveau, des portraits vinrent s'ajouter à cette iconographie d'un genre imprévu. A Sainte-Hélène l'homme; à Londres la voiture, et comme l'on ne pouvait aller voir, nouvelle bête curieuse, celui que tant d'Anglais avaient espéré contempler un jour, dans la Tour, on se contentait de ce souvenir, de ces dépouilles. C'était toujours quelque chose du Grand Homme, de celui qui avait fait trembler et qui, subitement, devenait un objet de curiosité.

Mais, peu à peu, l'engouement napoléonien, lui aussi, se calma; et lorsque, en 1827, Walter Scott donna sa *Vie de Napoléon*, entreprise, dit-on, à l'instigation de Georges IV, remplie de bons et curieux documents officiels, cet ouvrage, quoique conçu dans un esprit très partial contre l'Empereur, ne rencontra qu'un succès assez médiocre. Les temps étaient passés où l'on pouvait facilement obtenir les bonnes grâces du public à l'aide d'écrits antinapoléoniens : si la haine avait été vivace, elle s'était vite émoussée.

Les temps n'étaient plus, également, où la fièvre napoléonienne avait amené la création de petits musées d'amateurs et de curieux. Seul le Musée Tussaud devait continuer, des années durant, à exposer, dans ses salles, la figure du César tombé.

Terre de liberté ou plutôt terre de refuge, l'Angleterre, durant cette période, fit assister l'Europe à un spectacle nouveau pour elle. Elle avait taillé les crayons des caricaturistes contre Napoléon, et voilà que, — juste retour des choses d'ici-bas, — elle servait de centre à une imagerie napoléonienne venue de France et provo-

(1) Mentionnons, entre autres, une estampe de Rowlandson : *Exhibition at Bullock's Museum of Buonaparte's Carriage, taken at Waterloo* (10 janvier 1816). London, Ackermann.

quée par la mort de l'Empereur. Tout ce qui avait à redouter la censure de la Restauration passa par Londres; c'est de là que partirent ces lithographies imprégnées d'un napoléonisme ardent où les Jésuites et les représentants de l'ancien régime furent, plus d'une fois, particulièrement malmenés.

L'Angleterre rachetait son passé : Londres préparait la voie au grand mouvement napoléonien qui devait se produire, en France même, dès l'avènement du régime libéral de 1830. John Bull avait redouté et combattu l'homme avec acharnement : le principe du régime impérial lui semblait moins antipathique, depuis qu'il assistait aux excès de la Restauration.

Du reste, pour avoir violemment caricaturé le grand Empereur, les artistes n'épargnèrent pas plus le Roi très Goutteux; dès la première Restauration, l'imagerie anglaise trouva un Louis XVIII vu de dos, qui vint prendre place dans la famille des pachydermes et se fit remarquer par son esprit d'à-propos. Contre le premier elle avait dirigé les traits acerbes de la satire la plus violente; contre le second, elle se contentait de faire appel au rire et à la bouffonnerie. La comédie après le drame; un entr'acte grotesque après la tragédie lyrique.

Fuite d'Égypte.

LISTE DES ARTISTES ANGLAIS AUTEURS DE CARICATURES SUR NAPOLÉON.

ANSELL (Charles), dessinateur-graveur, l'auteur du *Cabinet de toilette à l'anglaise et à la française* (1789) et autres pièces connues. A produit des caricatures de 1798 à 1809. (Voir pages 54, 64, 66, 67, 69, 70, 72, 75, 77, 80, 85, 87, 89, 92, 93, 96, 99, 101, 102, 105, 106, 107, 108, 125, 127, 132.)

ARGUS. — Pseudonyme (1805). (Voir pages 98 et 102.)

BISSET (JAMES) (1760-1832), auteur d'un alphabet en images, dit *Alphabet Royaliste*, dans lequel plusieurs lettres sont relatives à Napoléon.

BROOKE (W.-H.) (1772-1860), peintre portraitiste d'une très réelle valeur, élève de S. Drummond, et exposant de la *Royal Academy*. A publié quelques caricatures en 1813 sous le pseudonyme de W.-H. Ekoorb. (Voir page 130.)

CAWSE (JOHN) (1779-1862), peintre-dessinateur qui exposa à la *Royal-Academy* en 1802. Caricatures en 1799. (Voir pages 58 et 66.)

CHARLES (prénom d'un nom inconnu), dessinateur-graveur. De 1803 à 1815. (Voir pages 83, 85, 178.)

CRUIKSHANK (ISAAC) (1756-1811), dessinateur-graveur. A produit nombre de caricatures de 1794 à 1810. Il dessinait surtout des portraits d'acteurs.

CRUIKSHANK (GEORGE) (1792-1878), dessinateur-graveur, le plus justement célèbre des trois artistes de ce nom, surnommé le *Juvénal Georgien*. Ses caricatures sont dans le style d'Isaac et de Robert, quelquefois même de Rowlandson. Elles parurent dans les journaux satiriques, *The Scourge* (Le Fouet) (1811-1816). *Monthley Expositor of Imposture and Folly*, et *The Meteor monthley Censor* (1813) (critique mensuelle). La plupart furent gravées par lui d'après les dessins originaux que lui remettaient des amateurs, d'où les noms et initiales que l'on voit figurer au bas : lui-même en a donné la liste, mais presque toutes les pièces napoléoniennes sont signées G. H., c'est-à-dire George Humphreys, son éditeur. (Voir *Descriptive Catalogue of the Works of George Cruikshank*, par M. G. W. Reid, conservateur des estampes au British Museum, 3 vol. in-4°.)

CRUIKSHANK (ROBERT) (1789-1856). Quelques caricatures, dont plusieurs sous la signature de son frère George.

ELMÈS (WILLIAM), dessinateur-graveur. Les pièces gravées par lui sont signées, tantôt de son nom, tantôt des initiales W. E. A produit à partir de 1813. (Voir pages 125, 126, 132, 147.)

FIELD (J.), dessinateur-graveur. Auteur du *Chêne des alliés*, une estampe symbolique donnant les profils des souverains alliés.

GILLRAY (JAMES) (1757-1815). Le nombre des pièces gravées par le célèbre artiste est considérable : personne ne prodigua comme lui les caricatures contre les Français : mais, chose caractéristique, il se ralentit au fur et à mesure que la lutte s'élargissait, c'est-à-dire dès que ce ne fut plus complètement la guerre entre la France et l'Angleterre. Sa première caricature est datée du 20 novembre 1798 et le 21 septembre 1808 il donnait la dernière. (Voir page 55 à page 116). Voir la liste dans l'ouvrage de Joseph Grego : *James Gillray the Caricaturist. His Life, Works and Times* (Londres, Chatto et Windus).

HEATH (WILLIAM) (1790-1840), dessinateur-graveur. A signé plusieurs planches du nom hiéroglyphique de « Paul Pry ». (Voir pages 120 et 160.)

KNIGHT (S.). Un des éditeurs de G. Cruikshank. Deux pièces, à la date de 1806, sont signées de son nom. (Voir pages 100 et 156.)

LASH (TIMOTHÉE). Pseudonyme comme Antony Pasquin. Une pièce à la date de 1814. (Voir page 150.)

MARKS (LEWIS), dessinateur-graveur et marchand d'estampes. Caricatures à la date de 1814-1815. (Voir pages 154, 155, 157, 163, 179, 181.)

RAYMOND, dessinateur graveur. Une pièce à la date de 1803. (Page 68.)

ROBERTS, dessinateur-graveur. Quelques caricatures de 1801 à 1803. (Voir pages 64, 70 et 82.)

ROWLANDSON (THOMAS) (1756-1827), peintre portraitiste et paysagiste. Nombreuses caricatures, de 1798 à 1815. Voir la liste complète dans l'ouvrage de Joseph Grego : *Rowlandson the Caricaturist. A Selection from his Works* (Londres, Chatto et Windus, 1880). Rowlandson a, à la fois, dessiné et gravé ses compositions et gravé les dessins des autres. Ses caricatures politiques sur Napoléon ne parurent qu'à certains intervalles, et notamment aux dates suivantes : 1805, 1808, 1809, 1810, 1811, 1813, 1814.

SIDEBOTHAM (I.). Pseudonyme pour Petit. A la fois graveur et marchand, copiait les caricatures les plus goûtées de Rowlandson, Cruikshank et autres. Une pièce en 1814. (Voir page 155.)

SAULER FARNHAM (G.), dessinateur, auteur de caricatures contre Napoléon, à partir de 1806, presque toujours gravées par Rowlandson. (Voir pages 104, 105, 109, 112, 114, 119.)

SMITH (JOHN), dessinateur-graveur. Une pièce à la date de 1803. (Voir page 75.)

TAW (S. T.), dessinateur-graveur. Une pièce à la date de 1815. (Voir page 174.)

WEST (T.), né en 1750, dessinateur-graveur. A donné quelques caricatures en 1803 et 1804, certaines signées J. B. (Voir pages 69, 75, 77, 83, 89, 91, 92.)

WILLIAMS (C.) (1788-1853), dessinateur-graveur. Une pièce en 1810. (Voir page 122.)

WOODWARD (GEORGE MOLTARD) (1760-1809), peintre-dessinateur. A exécuté, de 1802 à 1808, des caricatures gravées par Rowlandson. (Voir pages 67, 70, 81, 85, 93, 95, 97, 104, 105, 109, 136.)

Éditeurs des estampes des caricaturistes anglais : Rodolphe Ackermann, 101 Strand (pour Rowlandson). — S. Knight, Sweitings Alley, Royal Exchange (pour G. Cruikshank). — Thomas Tegg, Cheapside (pour Woodward, Elmès et autres). — G. et H. Humphreys, St James street (pour Gillray, puis G. Cruikshank). — W. Holland. — I. Sidebotham, 96 Strand (Rowlandson et autres).

TRANSPARENT D'ACKERMANN SUR LA VICTOIRE DE WATERLOO.

Napoléon est entre Wellington qui le poursuit et Blücher qui braque sur lui son espingole.

[*Caricature attribuée à Rowlandson*, juin 1815.]

ICONOGRAPHIE DES CARICATURES.

I. — BONAPARTE GÉNÉRAL ET CONSUL.

1. — **Mariage de Buonaparte.** — Devant un prélat ventru et à allure bizarre, comme s'entendent à en dessiner les Anglais, d'un côté Joséphine, de l'autre Bonaparte, tous deux agenouillés sur un coussin, le premier Consul tenant sous son bras l'immense chapeau retroussé qui, pour les étrangers, doit personnifier de façon comique le régime républicain. De chaque côté les témoins, en costumes également grotesques. La physionomie de Bonaparte donne assez l'aspect du Corse aux cheveux plats : quant à Joséphine, la tête surmontée de deux immenses plumets, elle n'a aucune ressemblance. C'est tout bonnement une grosse commère dans la note de la caricature anglaise du jour.

Caricature postérieure de George Cruikshank, 1796 (1).

2. — **Vol des œuvres d'art italiennes.** — « Comment Nap., célèbre par ses pillages, réclama 20 millions de livres, que le pape Pie VII paya sur sa demande, sans compter 16 millions qu'il lui fallut trouver dans l'espace de deux mois.

« Non content de ses rapines, notre héros continua ses exigences et demanda une centaine de tableaux. Selon son désir, il vit arriver cette moisson précieuse (c'était, en effet, un plan très rusé); les statues de Lorette plurent beaucoup à Boney et aux siens; ils emballèrent, tout de suite, la madone et envoyèrent ces reliques à Paris, où elles servirent à organiser une exposition, pour mieux montrer la superstition papale, soi-disant. »

La caricature représente Bonaparte, le grand chapeau à plumes sur la tête, la main à l'épée, donnant des ordres pour l'enlèvement des objets d'art. Un soldat emporte des objets du culte, tandis qu'un affreux sans-culotte saisit à bras-le-corps une belle Vénus dont la pudeur paraît justement alarmée de tels attouchements.

Caricature postérieure de George Cruikshank, 1796.

(1) George Cruikshank naquit en 1792 : les trois estampes placées ici, en tête ne furent donc pas publiées par lui à cette date (quoique l'on possède de lui des esquisses datant de sa huitième année), mais elles parurent plus tard, destinées à servir d'illustrations pour la *Vie de Napoléon* (1814). Nous les avons fait figurer à la date des événements qu'elles représentent, pour que l'on puisse suivre Bonaparte, dès l'origine, à l'aide de l'image.

3. — **Würmser envoyant son aide de camp Klenau à Bonaparte, pour des propositions de paix.** — Il s'agit du siège de Mantoue. Klenau est amené les yeux bandés, et Bonaparte, entouré de sa garde, prend une attitude mélodramatique, digne d'un chef de pirates, sur un théâtre forain.

Caricature postérieure de George Cruikshank, 1797.

4. — **L'épouvantail français terrifiant les souverains.** — Bonaparte, dessin horrible et tout de fantaisie, est assis sur le dos d'un reptile qui veut, sans doute, représenter le diable et qui vomit des armées et des canons. — Il s'écrie : « Courez donc, Messieurs les Princes!!! » Des deux souverains qui prennent la fuite, Frédéric, duc d'York, dit à son compagnon : « Je voudrais bien être à York. Viens, Charles, suis-moi. » Fox, qui joue le rôle du chérubin planant dans les airs, s'écrie : « Courez Frédéric, courez Charles, Mack, Wurmser, Kell; bravo d'Alonizi, maintenant Davidovitch. » Le pauvre pape est écrasé sous la bête, et crie : « Oh Dieu! ce fils rebelle ne me rend aucun hommage. »

Caricature anonyme, 14 avril 1797.

5. — **Préjugés, manières et moyens, ou Bonaparte tel qu'il est.** — Une baraque à une foire de village. Un Pierrot en costume tricolore (Fox) montre à une réunion d'artisans un portrait imaginaire de Napoléon, avec une immense bouche, de grandes dents, des yeux qui louchent, le personnage étant chaussé d'énormes bottes à éperons : « On peut voir ici, vivant, le célèbre *Boney Parte*, d'Égypte. Ressemblance indiscutable. »

Caricature de Isaac Cruikshank, 13 août 1798.

6. — **Le vaillant Nelson rapportant chez lui deux rares crocodiles français du Nil, comme présent au Roi.** — Le héros conduit en laisse Fox et Shéridan, qui ont chacun la mâchoire fermée par un anneau; la bouche de Fox est, en outre, bouclée par un cadenas.

Ils pleurent tous deux abondamment, selon la légende attribuée aux crocodiles. Nelson dit : « Venez, bêtes hypocrites, vous dites que vous êtes fâchées de ce que vous avez fait, « mais je vais vous conduire à mon maître. » John Bull, habillé en paysan, s'écrie : « Aïe, « aïe, Horatio les a enfin pris; ce sont de vieux diables.

« Je pensais bien qu'il ne serait pas allé aussi loin pour rien. »

Caricature anonyme, 7 octobre 1798.

7. — **Bonaparte en Égypte. — Un terrible Turc préparant une momie pour l'offrir, à la Grande Nation.** — Un Turc, furieux, en effet, a pris Napoléon à la gorge et, l'épée à la main, se dispose à l'exécuter, disant : « Pour vous, chien sans religion ; « je vais vous sacrifier sur la tombe du prophète dont vous avez profané le nom par le « meurtre, la rapine et le pillage. » Napoléon, sans défense, est représenté le fourreau de son épée brisé, essayant de calmer la fureur du Turc : « Voyons, gentil sire, ne soyez « pas si féroce, croyez-vous que j'aie l'intention de vous égorger, de ravir vos femmes, et « de piller votre demeure? Non, par Mahomet, je ne le ferai point. — Sacré Dieu, je ne « le veux pas. — Ah! diable, vous m'étrangleriez ! »

Fox, Erskine, Sheridan et le duc de Norfolk sont agenouillés, et demandent la grâce de Napoléon, pendant que le Turc s'écrie : « Vous vous entendez tous si bien, que j'ai grande « envie de régler à chacun son compte, » et il tient une corde d'arc pour les étrangler tous quatre.

Fox objecte : « Ne touchez pas à notre cher ami qui ne ferait de mal ni à un homme, ni à une femme, ni à un enfant. Il ne peut supporter la vue du sang : quant au pillage et à la fourberie, il est l'ennemi des deux; il l'est, nous sommes prêts à le jurer. » Sheridan et Erskine s'écrient ensemble avec le même enthousiasme : « Je le jurerais, je, je, je le jurerais!! »

Caricature de Ansell, 24 octobre 1798.

* Fox qui devait être accueilli avec distinction par le Premier Consul, en 1802, s'était, dès l'origine, montré favorable à la Révolution et ne cessa de conseiller la paix avec la France. Erskine, orateur et jurisconsulte célèbre, avait publié en 1797 des *Considérations sur les causes et les conséquences de la guerre actuelle avec la France* qui, en une année, eurent quarante-trois éditions. Sheridan, le célèbre auteur dramatique, ami de Fox, se fit également remarquer pour ses chauds plaidoyers en faveur de la Révolution. Quant à Charles Howard, duc de Norfolk, d'abord partisan de la paix avec la France, il devait seconder

le ministère une fois la guerre commencée. Les noms de ces personnages reviendront souvent dans les caricatures de Gillray, qui devait poursuivre de ses traits acérés tous les ministres ne se montrant pas assez « gallophobes ».

8. — **Amusement pour John Bull, ou les républicains réduits à leurs dernières ressources.** — John Bull ne peut retenir sa joie à la vue de tous les navires qu'il a pris, tandis que les Français sont activement occupés à en construire de nouveaux, qu'ils cuisent au four, par fournées, dans un four hollandais (allusion à la construction de ces vaisseaux en Hollande).

Un Français, traînant derrière lui une longue file de vaisseaux, s'écrie : « Sacré Dieu, « citoyens, dépêchez-vous de former une autre flotte, et nous vous montrerons ce que c'est « qu'une grande invasion. » Un Espagnol, un canon sur la tête, dit : « Comment! Nelson « avec un bras et un œil peut prendre nos vaisseaux par douzaines; que ferons-nous, alors, « contre les autres, avec deux bras et deux yeux : ils en prendront deux douzaines d'un seul « coup. » Un Hollandais en cuit tout une fournée, murmurant à part lui : « Maudite soit « cette fraternisation; au lieu de fumer mes pipes et de dissiper mon or, ces frères de « France me font construire des vaisseaux pour que Maître John Bull ait le plaisir de « s'en emparer. » Ce à quoi un autre Français ajoute : « Eh bien, vous pouvez parler, « mais dépêchez-vous, pendant que l'Anglais Nelson prend nos vaisseaux par douzaines. »

Et John Bull, railleur, un fouet à la main, est censé leur dire à tous : « Quoi! vous « n'avez pas découvert cela plus tôt, mais puisque vous avez commencé, vous allez con- « tinuer. Ainsi, travaillez, ou bien *Jack Tar* deviendra vite paresseux », tandis qu'un marin, portant sur sa tête un plateau rempli de vaisseaux, s'écrie : « Allez toujours de « l'avant, je viendrai bientôt chercher une autre cargaison. Vive la vieille Angleterre! »

Caricature de Rowlandson, 12 novembre 1798.

9. — COMBAT POUR UN TAS DE FUMIER OU JACK TAR (JOHN BULL) BOXANT AVEC BUONAPARTE.

* Allusion à la lutte entre l'Angleterre et la France pour la possession de la puissance maritime en Europe. Sur la poitrine de Bonaparte le nom de Nelson enfoncé, comme un clou, dans ses chairs.

[*Caricature de James Gillray*, 20 novembre 1798.]

BUONAPARTE hearing of Nelson's Victory, swears by his Sword, to Extirpate the English from off the Earth.
See. Buonaparte's Speech to the French Army at Cairo: publish'd by authority of the Directory, in Volney's Letters.

10. — BUONAPARTE. APPRENANT LA VICTOIRE DE NELSON, JURE SUR SON ÉPÉE D'EXTIRPER TOUS LES ANGLAIS DE LA TERRE. — VOIR PROCLAMATION DE BUONAPARTE A L'ARMÉE FRANÇAISE, AU CAIRE, PUBLIÉE AVEC AUTORISATION DU DIRECTOIRE, DANS LES LETTRES DE VOLNEY.

Bonaparte foule aux pieds la dépêche qui lui apporte la nouvelle de la victoire de Nelson, et il s'écrie : « Quoi ! notre flotte prise et détruite par les esclaves de la Grande-Bretagne ! Sur mon épée et devant saint Mahomet, je leur jure une vengeance éternelle. — Oui! quand j'aurai subjugué l'Égypte, soumis les Arabes, les Druses et les Maronites, conquis la Syrie, navigué sur l'Euphrate au travers des déserts de sable, appelé à mon aide les Bédouins, les Turcomans, les Kurdes, les Arméniens et les Perses, organisé une cavalerie d'un million d'hommes que je ferai naviguer avec des radeaux sur le Bosphore, pendant 6 ou 7 milles, j'entrerai à Constantinople.

Maintenant, j'apparais sur le théâtre de l'Europe : j'établis la république de Grèce, je relève la Pologne de ses ruines, je force la Prusse à s'agenouiller devant la France, j'enchaîne l'ours russe et je coupe la tête à son aigle impériale. Puis, je chasse les féroces Anglais de l'Archipel, je leur ordonne de quitter la Méditerranée, et je les raye de la liste des nations.

La terre ainsi conquise ne demandera que la paix, et à Constantinople on élèvera un obélisque, avec cette inscription : « A Buonaparte, conquérant du monde et destructeur de la nation anglaise. »

[*Caricature de James Gillray*, 8 décembre 1798.]

11. — **Le spectre de Buonaparte apparaissant au Directoire.** — Ce dernier recule d'épouvante devant l'apparition, qui, dans un costume léger, brandit son épée émoussée en disant : « Régicides, parricides, ~~matricides~~, fratricides, voilà le résultat de « votre insatiable soif de conquêtes; voilà votre reconnaissance pour mes glorieux exploits « en Italie, en Allemagne, mourir par la main d'un assassin, d'un musulman; sans compter « mes légions de braves détruites par les Arabes et les *melons d'eau*.

« Allez, meurtriers de sang-froid, puisse ce crime empoisonner votre vie, et le nom de « Nelson hanter votre esprit, jour et nuit! »

Allusion aux bruits qui circulaient alors, répandus sans doute par les partisans du futur empereur, et suivant lesquels on le représentait comme une victime du Directoire, qui aurait jugé prudent d'éloigner un général aussi grand et aussi célèbre.

Caricature de Isaac Cruikshank, 1er janvier 1799.

12. — **Colonne de Pompée ou la Science au pilori.** — En bas du dessin on lit : « Il paraît, d'après une lettre interceptée du général Kleber, datée d'Alexandrie, 5 brumaire an VII de la République, que lorsque la garnison fut obligée de se retirer de la ville neuve, à l'approche de l'armée turque, une partie des *savants* qui avaient fait l'ascension de la colonne de Pompée pour se livrer à des observations scientifiques se trouvèrent arrêtés dans leurs travaux par des Bédouins qui mirent le feu à un tas de paille et de roseaux secs placés auprès de la colonne. »

Les savants, dans une situation terrible, entre le feu et les décharges des Arabes, se défendent en lançant sur les assaillants leurs globes et les autres instruments scientifiques dont ils étaient munis.

On fait feu sur un ballon, *La Diligence d'Abyssinie*, et les aéronautes sont précipités sur le sol.

Caricature de James Gillray, 6 mars 1799.

13. — **L'insurrection de l'Institut amphibie.** — Un savant français étudiant un ouvrage sur l'*Éducation du Crocodile*, d'après lequel cet animal pourrait être employé utilement pour remorquer les vaisseaux et pour traîner les voitures. Il comptait évidemment mettre la théorie en pratique, car il apporte avec lui, au bord de la rivière, une selle, une bride, un énorme fouet, lorsqu'il est saisi par un amphibie et dévoré.

Un autre savant occupé à lire *Les droits du Crocodile* est également happé par un de ces animaux, qui fait ainsi valoir « ses droits ».

Caricature anonyme, 12 mars 1799.

14. — **Puissances alliées.** — Bonaparte a un pied sur un fromage de Hollande qu'un Hollandais cherche à reprendre; un matelot anglais le tient solidement par la taille, tandis qu'un Turc, d'aspect féroce, au costume garni d'oreilles humaines, le tire par le nez et lui fait d'horribles balafres avec son cimeterre, qui est fumant de sang (sur la lame on lit : Saint-Jean d'Acre).

Caricature anonyme, 1er septembre 1799.

15. — **Buonaparte en crocodile.** — Il est représenté chaussé de grosses bottes avec une épée fantastiquement grande, en train d'ôter la vie à deux grenouilles, tandis que la

terreur des autres batraciens est rendue d'une manière comique : un bataillon de crocodiles, en uniformes militaires, abandonnent leur commandant.

Caricature anonyme, novembre 1799.

16. — **Retour de Satan de la terre d'Égypte.** — Découvert en conciliabule avec Belzébuth et Bélial. Au centre Bonaparte, un pied sur un crâne, l'autre sur la *Marseillaise* et le Conseil des Cinq Cents. Derrière lui, la Gloire, avec une trinité formée de trois épées : Sieyès, Ducos et Bonaparte. Les démons l'entourent et, à ses pieds, la foule houleuse, hurlante, du peuple français.

Caricature de Cawse, 30 novembre 1799.

17. — EXIT LIBERTÉ A LA FRANÇOISE. OU BUONAPARTE METTANT FIN A LA FARCE DE L'ÉGALITÉ. A SAINT-CLOUD PRÈS PARIS, LE 10 NOVEMBRE 1799.

[*Caricature de James Gillray*, 21 novembre 1799.]

* Très nombreuses furent les caricatures publiées en Angleterre sur cet important événement; mais comme elles se ressemblent toutes, j'ai pensé qu'il suffisait d'en reproduire une et j'ai naturellement choisi la plus importante, celle de Gillray.

Il est bon d'observer que ces pièces satiriques étaient toujours dirigées contre le Premier Consul, dont la puissance grandissante n'était pas sans effrayer les Anglais. En prenant la défense de la « liberté française, assassinée par Bonaparte », nos voisins avaient surtout en vue la défense de leurs propres intérêts; la liberté en elle-même, telle qu'on pouvait alors la concevoir, suivant les principes révolutionnaires, leur importait peu.

Quelques années auparavant ils avaient criblé de leurs traits acerbes les représentants des nouvelles couches sociales, mais ils n'étaient jamais sortis du domaine de la grosse farce. Maintenant, sans cesser de ridiculiser « les purs », ils avaient surtout en vue l'homme de l'expédition d'Égypte.

Cette estampe est, très certainement, une des bonnes pages du comique anglais.

18. — LES MEMBRES DU TRIUMVIRAT CONSULAIRE FRANÇAIS RÉDIGEANT LA NOUVELLE CONSTITUTION.

Ils jettent un coup d'œil sur les cases « de réserves constitutionnelles » de l'abbé Sieyès, qui sont à l'arrière-plan. — Dans le haut, sur un ruban, on lit : « Vive la Constitution une et invisible » ; jeu de mots qui faisait le bonheur des ennemis de la Révolution.

[*Caricature de James Gillray*, 11 janvier 1800.]

19. — LES POMMES ET LES EXCRÉMENTS DE CHEVAUX, OU BUONAPARTE AU MILIEU DES POMMES D'OR.

EXPLICATION. — Des excréments de chevaux, provenant d'un tas de fumier, sont entraînés par le courant : de belles pommes nagent au milieu ; d'un moment à l'autre les excréments peuvent les noyer. — Ah ! ma foi, comme elles nagent, les pommes !

* Au milieu, Bonaparte, qualifié de *premier excrément*, suivi des autres Consuls et de Sieyès, — tandis qu'autour de lui surnagent Marat, Robespierre, Talleyrand, Condorcet, Masséna, — fait, on le voit, des efforts surhumains pour saisir les belles pommes qui vont lui échapper, c'est-à-dire l'Allemagne, la Prusse, la Russie, la Turquie, l'Angleterre, Naples. De sa bouche sort la devise : « Ah ! par ma foi, comme elles nagent les pommes ! » Sur le tas de fumier placé au coin, à gauche, on peut lire les noms des hommes et de tous les principes de la Révolution ; c'est *la pyramide des excréments républicains*. On y voit même Voltaire, Rousseau, les personnages du grand siècle, les philosophes précurseurs du mouvement de 1789. Les sages, les hommes de pensée se trouvent confondus avec les exaltés, avec les fous politiques, dans la même réprobation. Si tout cela n'est, au fond, qu'une pure allégorie, il faut reconnaître que de telles comparaisons donnent l'idée de la violence des satires graphiques du moment et de l'impression générale que l'Europe monarchique continuait à avoir des hommes et des choses de la Révolution française. D'un côté, les « Jean-foutres » du *père Duchêne* ; de l'autre côté, les « excréments républicains » : ici la violence du langage, là l'âpreté du crayon. Des deux banderoles s'échappent les inscriptions suivantes : « Le Caire ! le Caire ! Nous nagerons chacun à notre tour. — Aucun de nous n'était né pour être submergé. »

[*Caricature de James Gillray*, 21 février 1800.]

---

* Note relative à la caricature : *Buonaparte quittant l'Égypte* (n° 20).

Cette charge contre Napoléon s'enfuyant avec des trésors, qui, au point de vue graphique, peut être considérée comme une parodie de la célèbre estampe de Carle Vernet, « La Renommée montrant à Bonaparte le pouvoir », est, comme beaucoup d'autres, l'interprétation par l'image de documents d'origine française. Le bruit avait, en effet, circulé dans l'armée que Junot emportait des trésors immenses trouvés par le général en chef dans les pyramides. Ce dernier ne pouvant pas les prendre lui-même, ce soin fut réservé à l'homme qui avait toute sa confiance.

BUONAPARTÉ leaving EGYPT.
For an illustration of the above, see the Intercepted Letters from the Republican General Kleber, to the French Directory respecting the Courage, Honor & Patriotic Views, of "the Deserter of the Army of Egypt." ——————

20. — BUONAPARTE QUITTANT L'ÉGYPTE.

« Pour cette illustration, voyez les lettres interceptées du général républicain Kléber au Directoire français, vous serez édifié sur le courage, l'honneur et les vues patriotiques d'un déserteur de l'armée d'Égypte. »
* Tandis que la Renommée, en sonnant de la trompette, désigne Bonaparte à l'Immortalité, le général en chef, qui, entre parenthèse, louche formidablement, montre du doigt la couronne et le sceptre qui l'appellent en France et qui ont déjà étouffé le faisceau des licteurs. Ses fidèles ont pris soin des écus.

[*Caricature de James Gillray*, 8 mars 1800.]

DEMOCRATIC INNOCENCE.
The young Buonaparte & his wretched Relatives in their native Poverty, while FreeBooters on the Island of Corsica.

DEMOCRATIC HUMILITY.
"Buonaparte, when a boy, received thro' the King's bounty into the Ecole Militaire at Paris"

DEMOCRATIC COURAGE.
Buonaparte deserting his Army in Egypt, for fear of ye Turks, after bragging that he would extirpate them all.

DEMOCRATIC HONOR.
Buonaparte, overturning the French Republic which had employed him, & intrusted him with the chief Command.

DEMOCRACY; – or – a Sketch

21. — LA DÉMOCRATIE OU UNE ESQUISSE DE LA VIE DE BUONAPARTE.

I. *Innocence démocratique.* — Le jeune Bonaparte et ses pauvres parents, alors que ceux-ci étaient bandits en Corse. (Le petit Bonaparte est sur les genoux de sa mère Lætitia, tandis que ses frères rongent des os.)

II. *Humilité démocratique.* — Bonaparte, enfant, admis par la protection du Roi à l'école militaire de Paris.

III. *Courage démocratique.* — Bonaparte abandonnant son armée en Égypte, par crainte des Turcs, après avoir crié bien haut qu'il voulait les exterminer.

IV. *Honneur démocratique.* — Bonaparte renversant la République Française sous laquelle il a servi et qui lui a confié le commandement en chef de ses armées.

DEMOCRATIC GRATITUDE.
Buonaparte, heading the Regicide Banditti which had dethron'd & Murder'd the Monarch, whose bounty had foster'd him

DEMOCRATIC RELIGION.
Buonaparte turning Turk at Cairo for Interest, after swearing on the Sacrament to support y^e Catholic Faith.

DEMOCRATIC GLORY.
Buonaparte, as Grand Consul of France, receiving the adulations of Jacobin Sycophants & Parasites.

DEMOCRATIC CONSOLATIONS.
Buonaparte on his Couch surrounded by the Ghosts of the Murder'd, — & Dangers which threaten his Usurpation, and all the Horrors of Final Retribution.

of the Life of BUONAPARTE.

Pub. May 12th 1800 by H. Humphrey N° 27 St James's Street London

21. — LA DÉMOCRATIE OU UNE ESQUISSE DE LA VIE DE BUONAPARTE.

V. *Reconnaissance démocratique.* — Bonaparte conduisant les bandits régicides qui ont détrôné et assassiné le Monarque dont la générosité l'avait élevé au pouvoir.

VI. *Religion démocratique.* — Bonaparte devenant Turc, au Caire, par intérêt, alors qu'il avait juré sur le saint-sacrement de défendre la foi catholique.

VII. *Gloire démocratique.* — Bonaparte recevant, comme grand Consul de France, les hommages de ses sycophantes et parasites jacobins.

VIII. *Consolations démocratiques.* — Bonaparte sur son lit, entouré par les spectres de ses victimes; il aperçoit les dangers qui le menacent depuis son usurpation et il entrevoit avec horreur l'heure du jugement dernier.

[*Caricature de James Gillray,* 12 mai 1800.]

22. — **Prière de John Bull pour la paix, ou fin de la discorde.** — Il est à genoux, implorant la paix, en ces termes : « Sublime représentant du Bonheur, ouvre ton oreille à la demande d'un pauvre patient fatigué et opprimé, Bull, qui te prie humblement d'user de ton influence, de nous rendre nos anciens privilèges dont nous avons été spoliés et de mettre fin au cruel Monopole. Si cela doit durer, envoie-moi ton aide, l'opulence, pour me réconforter, moi et ma nombreuse famille, et puisse cet horrible démon de la discorde ne jamais réapparaître. »

La Paix, sur laquelle veille l'œil de la Providence, réplique : « Ta prière sera exaucée. La richesse t'attend avec ses bénédictions, elle viendra lentement mais sûrement. »

Bonaparte et Pitt, représentés couverts de serpents, se retirent tous deux devant cette déclaration.

* Pitt fut, on le sait, l'ennemi le plus acharné de la France et, en l'espace de huit ans, soudoya contre elle trois coalitions.

Caricature de Roberts, 1801.

23.— **L'enfant et le champion nouvellement baptisé du Jacobinisme.** — Bonaparte est tenu sur les fonts baptismaux ayant, à leur base, des sphinx égyptiens, pendant qu'un évêque dit : « Nommez cet enfant ». Addington et Pitt sont les parrains, lord Hawkesbury est la marraine. Pitt réplique : « Libérateur de l'Europe et pacificateur du monde. » Addington ajoute : « J'espère qu'il abolira le commerce des esclaves. » La marraine fait cette observation : « Ne dites rien de la marche sur Paris. »

Caricature anonyme, 26 octobre 1801.

* Addington, qui avait remplacé Pitt, en mars 1801, et qui présida aux négociations pour la signature du traité d'Amiens, devait le rompre ou le laisser rompre en 1803. Les faiblesses et les variations de sa politique extérieure lui suscitèrent nombre d'ennemis dans le camp des patriotes enragés; d'où, contre lui, une grêle de pamphlets et de satires crayonnées. C'est ainsi que, sans cesse, on le voit apparaître sur les caricatures de Gillray.

24. — **Rêveries politiques. — Visions de paix. — Horreurs en perspective.** — Wyndham, qui conduisait le parti de la guerre, est endormi et ses rêves sont pleins d'incidents que la gravure développe tout au long.

Comme scène principale de ses visions on voit Bonaparte attirant vers la guillotine, par une corde, l'Angleterre, dont le trident et le bouclier sont brisés.

Caricature de James Gillray, 9 novembre 1801.

* William Wyndham (1750-1810), secrétaire d'État de la guerre en 1795, avait fait décider les armements qui devaient seconder les opérations des royalistes français en Bretagne et en Vendée. Ce fut lui qui s'opposa le plus aux négociations avec le Premier Consul, de même qu'il prit une grande part à la rupture du traité d'Amiens.

25. — **La Balance du pouvoir.** — Des balances dans lesquelles Bonaparte pèse Pitt et le lord Chancelier. Pitt s'écrie tristement : « Voici donc la balance du Pouvoir pour laquelle nous avons fait tant d'embarras, c'est une jolie besogne. Maudite soit l'épée qui a fait ainsi pencher le fléau ! »

Caricature de Ansell, 1er décembre 1801.

26. — **Une partie d'échecs entre Buonaparte et lord Cornwallis.** — Bonaparte dit : « Échec à votre roi. Rappelez-vous que ce n'est pas la première fois, et je crois qu'au « bout de quelques coups, vous pourrez vous convaincre que je suis plus que vous au « courant du jeu. » Cornwallis, s'arrachant les cheveux, réplique : « Malédiction, je vais « perdre la partie; vous êtes trop fort pour moi. »

Caricature de Ansell, 9 janvier 1802.

* Allusion à la paix d'Amiens signée par le marquis de Cornwallis, vice-roi d'Irlande.

27. — **Conversation tendue.** — Lord Cornwallis tient Bonaparte par la boutonnière et lui dit : « Nos négociations sont bien longues pour aboutir à un résultat et je vois que notre « peuple commence à craindre d'avoir été votre dupe. Le départ de votre flotte donne

THE POLITICAL SEE-SAW.

DIE POLITISCHE SCHAUCKEL.

28. — LA BALANÇOIRE POLITIQUE.

* Bonaparte a le pied sur le Valais, qui s'était séparé, en 1801, de la Confédération helvétique pour former une République sous la protection de la France. Dans le fond : Milan, alors capitale de la République cisalpine. *Hodie mihi, cras tibi,* disent les deux personnages que le Premier Consul balance agréablement et qui personnifient le patriciat des vieilles cités et le jacobinisme à la nouvelle mode.

Spécimen de caricature avec légende, à la fois en anglais et en allemand.

[*Caricature de James Gillray*, février 1802.]

« lieu à beaucoup de suppositions et, à dire vrai, je suis inquiet de vos intentions. » La réponse de Bonaparte est simple : « Je ne compte pas vous donner le renseignement que « vous désirez, et que je signe ou non, cela a peu d'importance pour la République. Quant « à notre flotte, j'espère bien qu'elle ramassera quelque chose. »

Caricature de Ansell, 8 février 1802.

29. — **Première entrevue de l'Institut national avec son président.** — Bonaparte, assis sous une tente, dit à Shéridan, Fox, Bedford et Burdett : « Messieurs, soyez les bienvenus, je vous invite à prendre part à la séance. »

Shéridan, à genoux, tient dans ses mains une fiole et une boîte et prie le Premier Consul d'accepter un peu de teinture poétique et des pilules de Piggaro (allusion à une pièce de ce nom). Fox, qui a un sac d'argent sous son bras, dit : « J'ai apporté une livre et « demie de patriotisme pour votre Éminence. » Le duc de Bedford fait remarquer qu'il ne dédaignerait pas quelques biscuits de Bedford, et Burdett, avec ses cheveux qui lui tombent, comme d'ordinaire, sur les yeux, ajoute en parlant de son cadeau : « J'ai, pour lui, une « fiole de baume génial de Bastille. »

Caricature de Woodward, mars 1802.

* Sir Francis Burdett, membre du Parlement et ami de Fox, devait protester, en 1814, contre le renversement de Napoléon et le retour des Bourbons.

30. — **Une pipe conciliatrice, ou visite consulaire à John Bull.** — Bonaparte et John Bull sont en conversation amicale, fumant et buvant de la bière. John Bull dit : « Voici « pour vous, Maître *Boney-Party,* tirez une bouffée, mon cher! » A cette aimable proposition, Bonaparte répond : « Je vous remercie, John Bull, je pense que je vais en tirer une autre ! » Mme Bull est à l'ouvrage, raccommodant les culottes de John qui sont dans un triste état ; elle dit en se parlant à elle-même : « Pendant la paix, si mon mari prend une goutte de trop, « je ne m'en inquiète pas, mais à la guerre il grogne toujours. Que ces vieilles culottes sont « pénibles à raccommoder, et il n'est point étonnant qu'il les abîme ainsi, car, pour une « raison ou pour une autre, il a toujours les mains dans ses poches. »

Caricature anonyme, 14 avril 1802.

31. — **Un voyage à Paris, ou John Bull et son épouse invités aux honneurs de la séance.** — Bonaparte reçoit John Bull et l'Irlande et, quand ils sont assis, leur dit : « En vérité, monsieur Bull, je suis enchanté de vous, il y a quelque chose de si poli et de si aisé dans vos manières. » John Bull réplique en faisant des jeux de mots sur M. *Boney-Party.*

Caricature de Ansell, 14 mai 1802.

32. — **Le magasin consulaire, ou un grand homme cloué au comptoir.** — Bonaparte tient une boutique et vend, entre autres choses, confitures de *promesses,* pickles *de piété de Rome, huile de Lodi, huile de Marengo, terrine de boulets.* « Avis gratis : une pilule est la dose contre le mal du pays, à la Martinique, Sainte-Lucie, etc. » John Bull en a acheté deux qu'il a payées comptant et prend avec lui. Sous un bras il emporte l'île de l'Impunité (Ceylan), sous l'autre, l'île de la Sécurité (Trinité).

Ça n'a point l'air d'être un marché avantageux pour lui, car il dit : « Elles sont bien lé- « gères, mais vous n'oublierez pas de continuer le petit commerce avec l'ancien magasin ; « si vous ne le faites pas, vous savez, un prêté pour un rendu, ce sera tout. » Bonaparte, cependant, le rassure en lui répondant : « Ne parlons pas de cela à présent, monsieur Bull, « ce que vous aurez à faire, c'est de prendre soin de vos îles, j'espère que vous ne les « casserez pas avant d'arriver chez vous. Elles sont très fragiles, mais de bonne qualité. »

Caricature de Cawse, 20 mai 1802.

33. — **Le magicien corse précipitant les misères sur l'Europe.** — Bonaparte, avec un chapeau immense, aux bords outrageusement retroussés, et vêtu d'une grande robe, tenue par le diable qui l'encourage en lui donnant ce bon petit conseil : « C'est bien, mon « compagnon, si vous ne soulevez pas la poussière du monde, ne vous fiez plus jamais « à moi. »

Bonaparte brandit une baguette au-dessus d'une chaudière dans laquelle se trouvent des serpents, un diable, et d'où sortent des vapeurs sur lesquelles on lit : « anarchie, meurtre, « guerre, pillage, revanche, massacres, cruautés, usurpation, haine, envie, blasphème, « force, trahison, terreur. »

Caricature anonyme, 1802.

34. — **Patriotes anglais se prosternant devant l'autel du despotisme.** — Les patriotes sont Fox, Erskine et Combe, le brasseur, qui était alors Lord-Maire. Ils se prosternent si bas que Fox a fait craquer ses pantalons, et d'une voix unanime, ils assurent le Premier Consul qu'ils sont ses serviteurs les plus obséquieusement dévoués.

Bonaparte, qui trône comme un souverain, se moque d'eux agréablement :

« Les amis d'O' Connor! — Fox, quel âge avez-vous? — Un brasseur, Lord-Maire, quel « honneur! — M. Brief, la brièveté, la concision : ah! un grand homme de loi doit bien « parler. Vous pouvez vous retirer, Messieurs. »

Caricature de Ansell, 8 novembre 1802.

35. — **Entrée du citoyen Volpone (Fox) et de sa suite, à Paris.** — Bonaparte, coiffé d'un immense chapeau à plumes, et en culottes, repose sur une sorte de trône dont les bras sont formés de globes allégoriques. Derrière lui, raide et le cimeterre en main, se tient Rustan le Mameluck. On dirait la représentation réelle d'une audience et non une œuvre de fiction.

Le Premier Consul, d'après un témoin, ressentit une vive émotion lorsque l'ambassadeur d'Angleterre, après lui avoir présenté plusieurs notables anglais, annonça M. Fox. Il dit rapidement : « Monsieur Fox, j'ai appris avec plaisir votre arrivée, j'ai long- « temps admiré en vous un grand orateur, ami de son peuple et prêchant toujours la paix, « parlant dans l'intérêt de l'Europe et de l'humanité entière. Les deux grandes nations de « l'Europe demandent la paix, elles n'ont rien à craindre l'une de l'autre, et doivent se com- « prendre et s'apprécier mutuellement. »

M. Fox ne répondit rien ou presque rien; quand on lui adressait un compliment il éprouvait toujours une grande répugnance à répondre.

Quelques questions et réponses sur son voyage terminèrent l'entretien.

Caricature de James Gillray, 15 novembre 1802.

36. — **Le morcellement de John Bull, conception étrange.** — Bonaparte tient des compas, avec lesquels il mesure John Bull, tout en se félicitant de la jolie addition qu'il fera ainsi à ses départements.

Il y a le département des perruques, le département de la tête, le département des bras, le département du corps, le département du gousset, le département des culottes; sans compter les divisions de la jambe gauche et de la jambe droite.

Mais John Bull interrompt son ami, sur un ton peu aimable :

« Vous avez oublié le département des poings et, si vous ne retirez pas vos compas, je « vous en donnerai (des coups de poings); façonnez-moi à votre gré, mais je combattrai « jusqu'au bout, alors même que mes mains seraient attachées derrière le dos. »

Caricature anonyme, novembre 1802.

37. — **Fox, se prosternant humblement devant le Premier Consul.** — Bonaparte est couronné d'une tête de mort, avec os en croix, épées, pistolets, et regarde d'un air hautain le ministre anglais.

Caricature anonyme, novembre 1802.

38. — **Un coup d'œil au lion supposé être en exhibition.** — Une baraque sur le bord de laquelle Pitt invite l'Europe à entrer : « Mesdames et Messieurs, entrez pour voir « le célèbre lion. Quoique j'aie quelque intérêt dans l'affaire, ce n'est pas à moi de le « présenter, je ne suis pas son gardien; le lion que j'avais l'habitude de montrer était très « féroce, celui-ci est tranquille et pacifique. » A l'intérieur, le lion est couché, un œil ouvert, et Bonaparte lui caresse la tête en disant : « Pauvre ami, quel bel animal, « comme il dort profondément! » Mais le chancelier, lord Eldon, lui dit de prendre garde : « Ne soyez pas trop familier avec lui, de crainte d'accident. Il dort d'un œil, mais « l'autre veille. »

Caricature de Woodward, 20 décembre 1802.

* John Scott, comte d'Eldon, lord chancelier de 1801 à 1827, un des membres les plus ardents et les plus obstinés du parti tory.

39. — **Le coq et le taureau.** — Bonaparte, en coq gaulois, chante de ce côté du détroit tandis que, de l'autre côté, John Bull repose paisiblement au milieu de ses pâturages.

Caricature anonyme, 1803.

40. — LE SANS-GÊNE ALLEMAND, OU LE SOUFFLET INFLIGÉ AU PETIT BONEY.

Voici les paroles qui s'échappent de la bouche de Bonaparte : « Au diable ! va-t'en, impertinent ! Existe-t-il un homme sur terre qui n'ait pour le petit Boney la plus profonde admiration ? Soldats, aux armes ! Revanche ! Ah ! sacré Dieu ! je suis tout tremblant ! »

* L'ambassadeur qui file en chaise de poste est l'ambassadeur d'Autriche auquel on fit traverser Paris à toute vapeur, ses bagages étant dirigés sur Londres. Il prend avec insouciance une prise de tabac, regardant avec non moins de calme Bonaparte, debout sur les marches et écumant de rage.

[*Caricature de James Gillray*, 1er janvier 1803.]

41. —**Saute-mouton.** — Bonaparte a déjà sauté par-dessus le dos de la Hollande et de l'Espagne. Le pauvre Hollandais s'écrie : « Il a abandonné, à un mille derrière lui, les Suisses « et les Italiens; quant à moi, il a enlevé mon chapeau et cassé ma pipe; c'est un bel « encouragement pour jouer à saute-mouton. » Le *don* dit tristement : « Par saint Iago, « mon dos est presque brisé ! » Bonaparte est en train de sauter sur le Hanovre, qui demande plaintivement : « Pourquoi me suis-je soumis à cela ? » Le conquérant se contente de lui répondre : « Tenez la tête basse, maître Hanovrien, mon prochain saut sera sur John Bull. » Mais ce dernier qui, les poings fermés, a l'aspect particulièrement belliqueux, s'écrie : « Je veux être damné si vous faites cela, maître Corse. »

Caricature de Raymond, janvier 1803.

42. — **L'évacuation de Malte.** — Le féroce petit Bonaparte a empoigné Addington effrayé par sa cravate, et, tout en brandissant son énorme épée, il veut le forcer à évacuer Malte, l'Égypte, le cap de Bonne-Espérance, Saint-Domingue, la Guadeloupe et la Martinique. — En vain Addington réclame : « Je vous en prie, n'insistez pas pour Malte ! Je serais certai-« nement chassé ! et j'ai une grande quantité d'oncles, de cousins et de tantes à pour-« voir. »

Mais son ennemi, impitoyable, ne veut entendre parler d'aucun compromis et s'écrie : « Tout, tout, vous Jean F..t.e, et soyez heureux que je vous laisse la Grande-Bretagne !!! »

Un officier français fait remarquer timidement : « Mon général, vous feriez mieux de ne « pas le chasser, car nous ne serions pas capables de les tromper encore une fois. »

Caricature de James Gillray, 9 février 1803.

43. — **Les jardiniers rivaux.** — Bonaparte et George III surveillant leurs jardins respectifs qui sont séparés par le détroit. Bonaparte a un grand nombre de plantes, portant le nom de « Pavots militaires », qui fleurissent bien, mais il est surtout occupé de sa principale fleur qui a la tête couchée et dont les feuilles tombent abondamment, sans qu'il puisse s'en expliquer la raison. « Mes pavots, » dit-il, « fleurissent à ravir, mais cette *Couronne impériale* est une plante très délicate, qui demande de grands soins pour être cultivée! » Son rival montre avec orgueil le vigoureux chêne anglais, dont la force est sans égale, en pleine prospérité, à l'abri de la couronne royale; et il lui répond : « Non, « non, compère jardinier, quoiqu'un seul fossé sépare nos terrains, cependant c'est ici le « coin de terre pour la vraie culture. La « Couronne britannique » et le cœur du chêne fleu- « riront jusqu'à la fin du monde. »

Caricature de Ansell, 10 février 1803.

44. — **Secours médical ou l'Angleterre sortant de sa léthargie, courage patriotique de Merry Andrew et coup d'œil à travers le brouillard.** — Bonaparte et sa flotte traversent le détroit; Shéridan, coiffé d'un bonnet d'âne, vêtu d'un habit d'Arlequin à grelots, casse une épée de bois avec « loyauté, dramatique », tenant un bouclier à tête de Méduse dont les cheveux en forme de serpents représentent l'envie, l'abus, l'orgueil, la médisance. Dans sa ceinture est un papier sur lequel on lit : « Manières et moyens de, gagner sa vie. » Il crie : « Où sont les *Buggabos* français? avec une seule main j'en battrai quarante!!! »

L'Angleterre s'éveille de son évanouissement et s'écrie : « Docteurs et ministres de la « disgrâce, défendez-moi. » Addington essaie de la faire revenir à elle en lui mettant sous le nez une bouteille de poudre à fusil et en la calmant par ses paroles affectueuses : « Ne « soyez pas effrayée, ma chère Lady! Ces *Buggabos*, je veux dire ces honnêtes messieurs, « sont envoyés au service colonial, ils ne peuvent avoir rien à faire ici, rien avec nous! res- « pirez une ou deux bouffées pour vous remettre et essayez de vous tenir debout, ne serait- « ce que sur une jambe. »

Lord Hawkesbury, présentant à l'Angleterre sa lance émoussée et son bouclier brisé, la stimule de son mieux : « Oui, Lady, essayez de vous tenir debout, ou jamais nous ne pourrons marcher sur Paris. » — Fox, qui se cache la figure derrière son chapeau, se demande pourquoi la vieille dame a été prise d'une pareille frayeur : « Je déclare, dit-il, que je ne vois point de *Buggabos*. »

A terre gît le traité de paix déchiré (le traité d'Amiens).

Caricature de James Gillray, 14 mars 1803.

45. — **Les coqs politiques.** — Bonaparte, un coq armé d'éperons terrifiants, appelle, au delà du détroit, Pitt planté fièrement sur la couronne britannique et qui chante joyeusement victoire. Il lui dit : « Eh! maître Billy, si je pouvais seulement franchir ce ruisseau, je mettrais bientôt fin à votre chant; je vous précipiterais à bas de votre perchoir, je le jure par Mahomet, le Pape, et toutes les idoles que j'ai adorées. »

Pitt réplique : « Tuck-à-rootoo — cela, vous ne pourrez jamais le faire. »

Caricature de Ansell, 27 mars 1803.

46. — **Une tentative pour engloutir le monde.** — Bonaparte tentant un combat difficile, John Bull le toise en se contentant de faire cette remarque : « Je vais « vous dire, monsieur Boney-parte, lorsque vous arriverez à une petite tache que j'ai dans « mon œil, cela vous restera dans le cou, et vous serez tué. »

Caricature anonyme, 6 avril 1803.

47. — **John Bull tourmenté par un perce-oreille.** — Bonaparte, représenté en nain, est monté sur l'épaule de John Bull, et lui pique la joue avec sa petite épée. Cela ennuie le vieillard, qui regarde avec mauvaise humeur dans son pain (Ceylan), puis dans son fromage (Malte), et s'écrie : « Je vais vous dire, jeune homme, si vous ne voulez pas « me laisser manger mon pain et mon fromage en paix, je vous chasserai, vous pouvez « en être sûr. » Le perce-oreille répond : « Je veux avoir le fromage, j'ai un grand désir « de vous anéantir, vous, monstre aux proportions gigantesques. »

Caricature de West, 6 avril 1803.

48. — **Plus facile à dire qu'à faire.** — Bonaparte est assis devant une nouvelle mappemonde, essayant d'effacer les Iles-Britanniques. Un Hollandais, avec un flambeau allumé, lui dit : « Prends-les, pour les brûler. » De l'autre côté, un Espagnol lui suggère cette idée : « Voici, mon ami, prends le pinceau à colle, et plaque dessus un petit « morceau de ton drapeau tricolore » ; tandis qu'un Juif tenant une affiche sur laquelle on lit : « Souscription pour un nouvel emprunt, » observe : « Je crois que si je prête encore « un peu d'argent, à 30 0/0, cela les ruinera bientôt. »

Bonaparte réfléchit : « Je ne puis pas enlever les petites îles de la mappemonde. Quant « à votre plan, monsieur le Hollandais, nous essaierons de les brûler ; mais elles ne pren- « dront pas feu ; et laissez-moi vous dire, Don Diégo, elles ne seraient pas couvertes par « un drapeau aussi facilement que vous le pensez ! Je crois que le plan de Moïse est le meil- « leur ; une menace par-ci, par-là, ferait bien mieux l'affaire. »

Caricature de Isaac Cruikshank, 14 avril 1803.

49. — **Tentative pour ruiner John Bull.** — Bonaparte, debout sur des ruines, entouré de *territoires piochés avec impunité*, — Suisse, république Italienne, république Batave, — cherche à user de sa pioche sur John Bull, en disant : « Oh ! la pique est le meilleur « moyen, j'arriverai bien au petit compagnon, à trouver sa demeure, près des falaises blan- « ches. » John Bull est couché, l'épée en main, l'oreille contre terre, et il réplique : « Je « vous entends sous terre, mon camarade, mais vous ne réussirez pas. Aussitôt que votre « tête apparaîtra à la surface, vous serez salué par quelques coups de fusil de John Bull. »

Caricature de Roberts, 16 avril 1803.

50. — **Un obstacle à une enjambée sur le monde.** — Bonaparte en colosse, enjambant le monde, tandis qu'un petit John Bull, debout sur l'Angleterre, veut lui couper le pied avec son épée.

Bonaparte, en colère, s'écrie : « Qui ose ainsi arrêter ma marche ? — Eh ! c'est « moi, petit Johnny Bull, qui protège un petit coin de terre ; soyez maudit si vous avan- « cez plus loin. »

Caricature anonyme, 16 avril 1803.

51. — **Le gouverneur d'Europe arrêté dans sa carrière.** — Un énorme Bonaparte a essayé de mettre son pied sur la Grande-Bretagne, mais, cette fois, John Bull l'a coupé si bien que, dansant avec peine et perdant beaucoup de sang, il tire son épée et crie : « Ah ! maudit John Bull, vous avez interrompu ma danse, vous avez ruiné tous mes « projets. » John Bull, montrant son pays natal, se contente de répondre : « Je vous demande pardon, maître Boney, mais nous gardons cette petite langue de terre pour nous, allez danser ailleurs ! »

Caricature de Ansell, 16 avril 1803.

52. — **Un grand homme ivre de succès.** — Bonaparte, avec un air de protection, mais chancelant, s'adresse à son ami l'Anglais : « Ah ! Johnny Bull, comment vous « portez-vous, mon garçon ? Je vais rétablir l'esclavage ; je suis devenu très pieux. Je, je « vais doubler ma surveillance, je, je, je ne sais pas ce que je vais faire. — Eh « bien : soyez béni, mon camarade, vous me semblez avoir quelque peine à vous tenir « debout. Laissez-moi vous donner un conseil, faites un petit somme, un quart d'heure « seulement, vous n'avez nulle idée du bien que cela vous fera. »

Caricature de Woodward, mai 1803.

53. — **Bonaparte et le Quaker.** — L'attitude de Bonaparte est, ici, agressive : « Ainsi ce sont tous de grands hommes dans votre pays ; oui, mais je suppose qu'ils vous « ressemblent, — n'aimant pas beaucoup à se battre ; — n'est-ce point la vérité, maître « Quaker ? ».

Frère *Broadbrim* (allusion au chapeau à larges bords des Quakers) lui répond : « Petit « homme, ce n'est pas le cas : quant à moi, je ne pousse point à se battre, mais si toi ou « tes compagnons, vous osez traverser les mers, mes compatriotes vous transformeront « tous en Quakers (c'est-à-dire vous enlèveront l'envie de vous battre). »

Caricature de Woodward, mai 1803.

54. — **Bonaparte** (*un gros champignon*) **regardant John Bull avec une expression peu rassurante.** — John Bull, qui étreint le chêne britannique, s'écrie : « Vous

« pouvez avoir l'air en colère, maître champignon, mais c'est ici que s'élève le chêne « britannique, et par saint George et le Dragon, pas une de ses feuilles ne tombera à « terre. »

Caricature anonyme, mai 1803.

55. — **Un petit homme effrayé de son ombre.** — Bonaparte est représenté comme effrayé à l'idée de rompre avec l'Angleterre. Il est courbé, tremblant, et regardant son ombre, allongée sur le mur, s'écrie : « Quelle est cette grande stature? — Cela ne peut être que John Bull? — Non, non, ce n'est pas assez imposant pour lui. »

Caricature anonyme, mai 1803.

56. — **John Bull, écoutant les discussions sur les affaires de l'État.** — Bonaparte parle au chancelier d'Angleterre et dit : « Donc, si vous faites ceci, je ferai cela. » Le chancelier, effrayé, s'écrie : « Oh! oh! » pendant que le vieux John Bull écoutant, tous yeux et tout oreilles, les cheveux dressés, pense en lui-même : « Sur quoi peuvent-ils bien se quereller? Si j'étais seulement dans le secret? Mais si je demande de quoi il s'agit, il y a gros à parier qu'on ne me dira pas le vrai motif. »

Caricature de Rowlandson, 1er mai 1803.

57. — LE DOCTEUR SANGRADO SOIGNANT JOHN BULL DE SA PLÉTHORE; IL LUI PRATIQUE UNE SAIGNÉE AVEC L'AIDE DU PETIT BONEY. (Scène de *Gil Blas*.)

Sur les tasses qu'on présente au pauvre malade, on lit : « Eau chaude », et son siège porte ces mots : « Boîte pour la seringue de famille. »

De la saignée jaillit : les Indes occidentales, le cap de Bonne-Espérance, Malte, Ceylan, etc., toutes les possessions que l'Angleterre doit perdre dans la guerre avec la France, et que Bonaparte s'empresse de recevoir dans son chapeau.

* Le Dr Sangrado représente lord Hawkesbury, Addington aide à l'opération, tandis que Fox et Shéridan apportent les bols d'eau chaude.

[*Caricature de James Gillray*, 2 mai 1803.]

58. — **L'Angleterre réprimandant un méchant garçon.** — L'Angleterre, coiffée d'un casque, un bouclier au côté, lance et baguette de bouleau en mains, se tient debout, sur la côte, à Douvres. Au sommet de la falaise, une couronne déposée sur un coussin. Bonaparte, dans son costume habituel, avec le chapeau retroussé, se tient debout sur la côte opposée, à Calais, disant d'un ton lamentable : « Je suis fatigué de ce grand « chapeau, je veux avoir cette couronne. — Mais », réplique l'Angleterre, « restez où « vous êtes, mauvais petit drôle qui faites tant d'embarras; si vous traversez, vous rece- « vrez un bon coup de baguette. »

Caricature anonyme, 3 mai 1803.

59. — **Méditations lunaires.** — Bonaparte, monté sur un trépied, regarde la lune au travers d'un grand télescope, tout en pensant : « Je suis étonné que cette idée ne m'ait « pas encore frappé. La place serait, sans doute, facile à prendre et doit avoir, probable- « ment, de grandes ressources. En outre, on me ferait empereur, et alors, quel sort déli- « cieux que celui d'empereur de la pleine lune! Je vais envoyer chercher Garnerin (aéro- « naute, alors célèbre) et ses ballons, et mettre immédiatement le projet à exécution. »

John Bull, le regardant d'un air railleur et se tenant les côtes, lui dit : « Comment, vous « allez faire une révolution dans la lune, Boney! sûrement, vous parliez de faire une vi- « site à ma petite île : ce sont là deux projets aussi faciles à accomplir l'un que l'autre! »

Caricature de Ansell, 3 mai 1803.

60. — **Papier à rébus.** — Un officier français tient quatre ultimatums dans la main et présente à John Bull le n° 1. Derrière lui un domestique, portant un énorme sac tout rempli de ces provisions.

Le Français parle en ces termes :

« Monsieur John Bull, je viens de la part de la Grande Nation pour vous présenter un ulti- « matum. Si celui-ci ne vous plaît pas, je vous en présenterai un autre, j'en ai 73.000, et « il faut que vous acceptiez l'un ou l'autre; sinon prenez garde, je vous chasserai de « l'Europe. Mon valet les a dans un sac, et vous les laissera pour que vous puissiez les exa- « miner.

« Santé et Fraternité, citoyen Bull! »

John Bull lève son bâton en l'air, et son bull-dog grogne : « Prenez garde, monsieur « Lagrenouille! Je cherchais justement, dans ma poche, un morceau de papier à rébus et « vous êtes venu à mon aide; maintenant, vous n'avez qu'à vous en aller, ou bien je vous « chasserai de la vieille Angleterre! »

Caricature anonyme, 3 mai 1803.

* La grenouille, ou « monsieur Lagrenouille », ce qualificatif injurieux à l'adresse du peuple français, avait été déjà employé par les Hollandais dans leurs satires gravées contre Louis XIV : il ne faut donc point s'étonner de le voir repris, un siècle après, par les Anglais.

61. — **Ultimatum ou L'ambassadeur faisant une démarche décisive.** — L'ambassadeur anglais, lord Whitworth, monte dans sa voiture, prêt à partir, et présente un ultimatum à Bonaparte, en lui disant :

« Soyez prompt, ou je m'en vais! » Bonaparte paraît très affecté de cette attitude. Il pleure à chaudes larmes et se tord les mains, en criant à l'ambassadeur : « De grâce, attendez, et je consentirai à tout. »

Caricature de Isaac Cruikshank, 14 mai 1803.

62. — **L'os de la discorde sur lequel est écrit « Malte ».** — Bonaparte, le regard hautain, menace John Bull de son épée, en s'écriant : « Par le pont de Lodi! par les plaines de Marengo!! par tout ce qui est grand et terrible, je vous ordonne de rendre cet os!! » John Bull, qui a mis son pied dessus, se prépare à le défendre avec son bâton de chêne. Il répond laconiquement et suivant son habitude : « Soyez damné. »

Caricature anonyme, 18 mai 1803.

* Nombreuses seront les caricatures sur lesquelles l'on verra Bonaparte et John Bull, représenté en bull-dog, se disputer pour un os.

63. — HÉROS EN ARMES.

Apparitions militaires à Saint-Stéphen et à Saint-Cloud (c'est-à-dire en Angleterre et en France) au jour du Combat.

Au-dessous du titre cette petite note : « Nous ne voyons à travers le monde que deux héros, le grand docteur *A* (Addington) et le petit bruyant *B* (Bonaparte).

De la bouche du général anglais sort la légende suivante : « Diable! qu'est-ce qui a peur? O Seigneur! quel fougueux compagnon! Diable! qu'est-ce qui a peur? Que va devenir le roastbeef? ô mon cher! » Sur le papier placé dans sa poche on lit : « Qu'est-ce qui a peur, maintenant, de marcher sur Paris! »

De la bouche de Bonaparte : « Ah! ah! sacrédieu, qu'est-ce que j'aperçois là-bas! C'est d'un rouge bien engageant, je crois que c'est du roatsbeef de Londres; j'en mangerais, volontiers, un petit morceau. »

Dans le fond deux Anglais criant : « Qu'est-ce qui a peur, frère Hely? Qu'est-ce qui a peur, frère Bragg? »

* Le personnage au premier plan est Addington : assis derrière lui, lord Hawkesbury; les deux personnages dont on aperçoit les traits, dans le fond, sont Hely Addington et Bragg Bathurst, membres de la famille Addington, pourvus de postes importants par leur parent.

[*Caricature de James Gillray*, 18 mai 1803.]

64.— **Le Bâtard, ou Où est-ce que ce petit Boney habite?** — Devant une table, derrière laquelle siège l'énorme John Bull assisté d'un greffier, comparaissent Bonaparte, les mains liées, et une femme enceinte, auprès de John. Derrière la femme un constable, et derrière Bonaparte plusieurs personnages dont l'un tient le grand sabre et le gigantesque chapeau à plumes du Premier Consul.

Voici les réflexions mises dans la bouche des divers personnages :

« *Le constable de gauche au juge.* — Je l'ai attrapé, Votre Honneur, et l'ai amené devant vous, bien contre son gré, je vous affirme.

« *Bonaparte.* — Oh! malheur à moi, avoir vu ce que j'ai vu et voir ce que je vois!

« *La femme enceinte.* — S'il plaît à Votre Honneur, mon nom est Cléopâtre Applecard (charretée de pommes); j'étais domestique chez ce méchant Consul M. *Nappy-Bony,* qui est le père de mon enfant, s'il plaît à Votre Honneur : il est si méchant que personne ne peut vivre en paix à cause de lui. Je ne suis pas la première qu'il ait perdue : des Hollandaises, des Suissesses, des Italiennes et bien d'autres furent trompées par ses promesses, mais elles n'avaient pas un pays comme le mien (l'Angleterre) pour les protéger; aussi j'espère que Votre Honneur voudra bien le traiter en conséquence.

« *Le juge.* — Je vais envoyer ce coquin en prison; je vais mettre un frein à ses cabrioles. Au pain et à l'eau à perpétuité, avec de bons petits coups de fouet. »

Caricature anonyme, mai 1803.

65. — **FOLIE PERSISTANTE OU LE PETIT BONEY DANS UN DE SES ACCÈS DE FOLIE.**
D'après le récit d'une visite de lord Whitworth aux Tuileries.

Bonaparte, après avoir culbuté tout ce qui l'entoure, jusqu'à son siége consulaire, foule aux pieds différents pamphlets dirigés contre lui et les notes anglaises. Dessous la table renversée, les projets fantastiques si facilement prêtés au Premier Consul par les Anglais : « Liste des futures conquêtes; Expédition à la Lune; Pour mettre la Tamise en feu; Notes pour le *Moniteur* et pour la *Gazette de Hambourg!* »

Dans le fond, paraissant sortir de la cervelle de Bonaparte :

A droite : Oh! Égypte! Égypte! — Oh! Saint-Domingue! — Oh! la liberté de la presse anglaise! — Oh! les limiers anglais! — Wyndham! Grenville (1)! Pitt! Je suis massacré, je suis assassiné! — Les journaux anglais, oh! oh! oh! — Vengeance! vengeance! A moi l'incendie, la guerre et la famine! — Invasion! invasion! 480.000 Français! — Esclavage anglais et chaînes éternelles!

A gauche : Au diable les richesses, l'indépendance et le bonheur de la nation anglaise. — Malte! Malte! Malte! — Maudite liberté de la presse anglaise! Insolence du parlement anglais! — Traité d'Amiens! Malédiction! — Traités et commerce anglais! Oh! oh! — Journaux calomniateurs anglais! — Oh! Sébastiani! oh Georges! Arras! de Rolle! Dutheil! Oh! assassins (2)! — Trahison! trahison! — Haï et trahi par les Français! Méprisé par les Anglais! Devenu la risée du monde entier! — Oh! les journaux anglais!

[*Caricature de James Gillray,* 24 mai 1803.]

(1) Sur Wyndham l'annotation du n° 24. — Quant à William Grenville (1759-1834), ministre des affaires étrangères dès 1790, il s'était montré ennemi acharné de la France.

(2) Les personnages dont les noms sont mis ainsi dans la bouche de Bonaparte lançant ses imprécations, étaient le futur maréchal Sébastiani, envoyé alors dans les États Barbaresques pour préparer les voies à une attaque de l'Inde par l'armée d'Égypte, Georges Cadoudal, Pierre Nicolas Rolle, substitut du directeur de l'École polytechnique, Laporte-Dutheil, conservateur de la Bibliothèque nationale.

66. — **Bruin** (l'ours) **devenant un médiateur.** — L'empereur de Russie, représenté par un ours, joint les mains d'un bull-dog et d'un singe personnifiant l'Angleterre et la France et leur parle ainsi : « Je ne comprends pas, peuples civilisés, que vous ne puissiez « vous entendre sans vous adresser à moi, que vous avez ridiculisé et traité de Barbare; « mais je suppose que vous me jugez comme ayant plus de bon sens que vous, parce « que je viens de l'extrême Nord. » Le singe donne sa main au bull-dog, en disant : « Je « promets, foi de Français, de vous laisser paître tranquillement dans les parcs de Malte, « et de vous aimer de tout mon cœur, autant que j'aime la liberté de la nation française. » Le bull-dog réplique : « Bien! *Nappy* (cotonneux, fumeux, écumeux). Si vous voulez « abandonner vos extravagances, et ne plus songer à passer en Égypte, si vous voulez pro- « mettre également de ne pas vous occuper du Hanovre, je consens à me réconcilier. »

Caricature anonyme, juin 1803.

67. — **Lunettes vertes, ou lunettes à l'usage du grand Consul.** — Bonaparte est assis sur un rocher intitulé le *Pouvoir Usurpé*. Il porte une paire d'énormes lunettes spéciales aux gens qui louchent, à travers lesquelles il regarde avec envie la Grande-Bretagne, les Indes occidentales, les Indes orientales, Malte et l'Égypte.

Caricature anonyme, juin 1803.

68. — **L'arrivée de l'Épouvantail, ou L'honnête Pat** (sobriquet donné à saint Patrice, apôtre et patron de l'Irlande) **leur souhaitant une bienvenue irlandaise.** — Napoléon, en squelette, conduit une armée de squelettes qui passent la mer à gué. Le pied sur la côte il dit à ses troupes pour les encourager : « Maintenant nous allons effrayer M. Bull et le faire trembler comme les Italiens, les Suisses, les Hollandais et nos autres amis. » Mais un brutal Irlandais les accueille avec une pelletée de boue au visage, ajoutant que s'ils ne se jettent pas à la mer pour sauver leur vie, il les y jettera, lui, pour sauver la sienne.

Caricature de Isaac Cruikshank, 10 juin 1803.

69. — **L'invasion française, ou Buonaparte débarquant en Grande-Bretagne.** — Bonaparte et un fort corps de troupes ont atteint le rivage ; mais avant qu'ils aient pu escalader les falaises, quelques artilleurs, ayant pour tous canons deux fusils, les mettent en déroute. C'est un « sauve-qui-peut général ». Bonaparte jette son épée.

Caricature de James Gillray, 10 juin 1803.

70. — **L'Angleterre corrigeant un garçon indiscipliné.** — L'Angleterre a pris Bonaparte sur ses genoux et, lui baissant ses culottes, elle lui administre à l'aide d'une verge de bouleau, personnification du Royaume-Uni, une forte correction qui lui fait couler des flots de sang. Bonaparte, repentant, dit : « Oh! pardonnez-moi, je ne le ferai plus « jamais. » Mais la sévère matrone continue en disant : « Prends celui-ci, et celui-là, « et encore celui-là, et aie soin de ne plus provoquer ma colère ! »

Caricature de West, 13 juin 1803.

71. — **L'os de la discorde, ou Le Bull-dog anglais et le singe corse.** — Le singe, coiffé de son affreux chapeau, crie : « Eh! Bull-dog, pourquoi emportez-vous cet os? « J'étais venu pour le prendre et, n'étaient vos dents, j'aurais grande envie de vous taper « dessus. » John Bull, l'os (Malte) entre les dents, grogne avec colère.

Caricature de Ansell, 14 juin 1830.

72. — **Le mendiant corse montant le Diable.** — L'enfer est représenté par une énorme et grotesque tête de dragon, les mâchoires ouvertes et vomissant des flammes. Napoléon, sur un blanc coursier, poursuivi par cette idée : *Ils me feront sûrement empereur*, marche droit au but. Deux démons sont au comble de la joie. L'un dit : « Il va « venir et nous mettrons fin à son ambition. » L'autre ajoute : « Montre-lui le chemin ». L'Irlande demande à John Bull : « Eh! Johnny, quel est ce personnage? » Et John Bull lui répond : « C'est Boney qui court en poste, frère Pat. » Le coq gaulois, chantant sur son fumier, se contente d'observer : « Cela n'a rien de nouveau. »

Caricature de Ansell, 15 juin 1803.

73. — **Le roi Georges jouant à faire des bulles de savon.** — Le monarque assis devant un large tube rempli d'eau de savon, s'amuse à faire des bulles qui représentent : Napoléon, des bateaux à fonds plats, une invasion de petits vaisseaux... et il semble attacher peu d'importance à ces diverses créations.

Caricature de J. Smith, 25 juin 1803.

74. — LE ROI DE BROBDINGNAC ET GULLIVER.

Dans le haut de l'estampe on lit : « Mon petit ami Grildrig, vous avez fait un merveilleux panégyrique de vous-même et de votre pays ; mais ce que je puis conclure d'après votre récit et d'après les réponses que j'ai eu beaucoup de peine à vous extirper, c'est que vous êtes un des plus pernicieux et un des plus nuisibles reptiles qui rampent à la surface de la terre. »

[*Caricature de James Gillray*, 26 juin 1803.]

75. — **Amusement après dîner ou la fée corse montrant ses prouesses.** — Georges III et la reine Charlotte sont au dessert, frugal comme tout le reste du repas, et qui consiste en un blanc-manger dont le faite est formé d'une flotte; derrière, un ananas (*fruit des rois*, comme on l'appela lors de son introduction en Angleterre) surmonté d'une couronne.

Le couple royal est diverti par les bouffonneries de la fée corse (Bonaparte) qui fait le fanfaron autour de la table, affublée d'un énorme chapeau retroussé et d'une gigantesque épée, et dit, en montrant le blanc-manger : « Si je pouvais passer par-dessus, je ferais irruption sur l'ananas. »

Caricature de West, juillet 1803.

76. — **Un chimiste anglais analysant un ver de terre corse.** — Bonaparte est figuré par une retorte (terme de chimie) et George III, transformé en chimiste, l'examine à la loupe, tout en spécifiant ainsi son analyse : « Je crois pouvoir dire exactement de « quoi est composé cet insecte : Ambition, Suffisance, deux parts; une légère invasion « qui annonce à la surface une prodigieuse quantité de Mauvaises Passions, et de l'Ar- « rogance pour couronner le tout. »

Caricature de West, juillet 1803.

77. — **Pacification finale de l'Europe.** — Bonaparte est représenté suspendu à une potence, tandis que des postillons, revêtus des différents costumes nationaux, publient à son de trompe la bonne nouvelle pour la Russie, la Prusse, la vieille Angleterre, et la Suisse. — La Hollande est radieuse et témoigne son contentement par des cris d'allégresse.

Caricature anonyme, juillet 1803.

78. — **Petits bateaux ou L'inquisition de John Bull.** — Le Premier Consul est occupé à tailler des bateaux, jouets minuscules, dans des morceaux de bois. Il en a déjà rempli un grand panier et en a encore deux ou trois, devant lui, sur une table.

John Bull s'élance sur lui, un énorme bâton à la main, en disant : « Je vous demande pardon d'entrer, le chapeau sur la tête, sans frapper; mais entendant tout un peuple se battre à coups de poings, dans votre fabrique, j'ai pensé que je devais intervenir et voir ce que faisait notre aspirant. »

Bonaparte réplique : « Soyez sans crainte, Johnny, je fabrique seulement quelques petits bateaux pour mon amusement personnel. »

Caricature anonyme, juillet 1803.

79. — **Boney en possession de la meule.** — Bonaparte a autour du cou une énorme et pesante meule appelée Hanovre; il succombe sous ce fardeau trop lourd et s'écrie : « Quel poids maudit! J'aurais préféré que ce fût Malte. »

John Bull, habillé en paysan, se moque de lui en disant : « Comment, est-ce bien toi qui l'as pris? le diable t'en a fait cadeau. Vieux maître Chatham (Pitt) avait l'habitude de dire que c'était une meule autour de mon cou; peut-être me sentirais-je plus léger débarrassé de cet instrument? »

Caricature de Ansell, 5 juillet 1803.

* On sait que, dans la guerre de 1803, le Hanovre fut occupé par les Français et son armée dissoute : d'où la présente caricature qui est loin d'être isolée dans l'imagerie anglaise.

80. — **Pavillons de réalités et de fictions.** — Un Français et un Anglais. Le Français tient un drapeau tricolore et dit à Bonaparte : « Mon Grand Maître, ayez la bonté de lire la date », tout en lui remémorant ce qui est écrit sur le drapeau : « Le Citoyen « Premier Consul Bonaparte présente ses compliments et ses remerciements aux dames et « messieurs de la Grande-Bretagne qui l'ont honoré de leurs visites à Paris, et aura le plaisir « de leur rendre, en personne, leurs politesses aussitôt qu'il aura terminé ses arrange- « ments à ce sujet. »

John Bull réplique : « Est-ce que Votre Seigneurie a lu cela? » et il montre son drapeau « *The Union Jack* » sur lequel est écrit : « John Bull ne comprend pas exactement le lan- « gage du Consul en chef, mais suppose qu'il veut parler de l'Invasion; John Bull croit donc « nécessaire de faire observer que si Son Altesse osait attaquer des messieurs et des dames « sur ses côtes, il serait damné s'il ne l'anéantissait pas. »

Caricature anonyme, 10 juillet 1803.

81. — **Jeux Olympiques, ou John Bull présentant son nouvel ambassadeur au Grand Consul.** — Le petit Corse donne un soufflet à l'ambassadeur, disant : « Prenez « cela et dites à votre maître : Je frapperai quiconque osera s'attaquer à moi, je frap- « perai le monde entier. Je veux être damné, si je ne suis pas le roi de l'Univers. » L'ambassadeur étonné, s'écrie : « Ceci, c'est la loi du bâton, c'est l'argument de la force. » « Le petit homme est *dérangé* » (en français, sur la caricature). Ce que voyant, John Bull présente alors un boxeur comme son représentant, tout en disant à Bonaparte : « Voici, « mon garçon, un ambassadeur qui vous traitera selon vos habitudes, mais je vous « engage à être avec lui aussi doux que possible ». Le pugiliste toise son adversaire : « Comment, c'est avec ce petit qui brise et détruit tout que je dois me mesurer ! eh bien, je « crois que la première passe le réduira en mille petits morceaux. » — Pendant ce temps, l'ambassadeur autrichien, présent au conflit, déclare solennellement : « Le monarque que je « représente répondra à cette insulte, avec la dignité qui lui est propre. »

Caricature de Isaac Cruikshank, 16 juillet 1803.

* Cette caricature n'est pas seulement dirigée contre Napoléon ; elle contient, on le voit, une pointe à l'adresse de la politique obséquieuse suivie par le cabinet de Vienne.

82. — LA MORT DU RENARD CORSE (Dernière scène de la chasse royale.)

* Le roi d'Angleterre tient par le cou Bonaparte qu'il présente aux chiens de sa meute, sur le collier desquels on lit les noms de généraux et d'amiraux anglais : Nelson, Cornwallis, Saint-Vincent (John Jervis, lord Saint-Vincent, du nom de la victoire remportée par lui, en 1797, sur l'amiral espagnol, don Juan Cordova), Sydney-Smith (celui-là même qui avait été chargé d'incendier la flotte française dans le port de Toulon, en 1793, et qui prit part à la défense de Saint-Jean d'Acre, en 1799, contre Bonaparte), Gardner.

Dans le fond : la légende *Tally-ho!*, ce qui prête à un double sens, — soit, *Oh! Talley!* (Talleyrand, viens à mon secours) ! ou bien : *Taïau, Taïau* (le cri des chasseurs lorsqu'il s'agit de lancer les chiens.)

[*Caricature de James Gillray*, 20 juillet 1803.]

BUONAPARTE, 48 Hours after Landing! — Vide. John Bulls Home stroke, Armed en Masse.

83. — BUONAPARTE 48 HEURES APRÈS SON DÉBARQUEMENT.

Ceci a pour but d'informer chacun (les aventuriers Jacobins peuvent en faire leur profit !) que des bureaux de police sont, dès maintenant, ouverts à Lloyd.

Toute personne qui, dans l'un de ces bureaux, déposera une guinée, en recevra cent, si, 48 heures après avoir débarqué sur la côte anglaise, le meurtrier corse est encore vivant.

A droite de la tête de Bonaparte qu'un des volontaires ruraux tient sur une fourche on lit :
« Ah! mon petit Boney, que penses-tu maintenant de John Bull? Ah! toi qui voulais piller la vieille Angleterre, faire de nous des esclaves français; toi qui pensais ravir nos femmes et nos filles, quelle ridicule illusion tu te créais! O Seigneur! pouvais-tu croire que John Bull supporterait jamais que *ces joues décharnées* deviennent roi d'Angleterre, du Roastbeef et du Plum-pudding. »
Sur le chapeau du personnage représentant John Bull on lit : « Le coup du Brite (vieux Breton) ».

[*Caricature de James Gillray*, 23 juillet 1803.]

Il n'est pas inutile de faire remarquer que cette estampe est copiée sur les pièces, bien connues, de la Révolution qui représentaient les têtes des aristocrates, celle de Louis XVI lui-même, portées sur une pique.

84. — **Une enjambée monstrueuse.** — Bonaparte brandit son épée. Il a un pied sur la Turquie et la Pologne et essaie de mettre l'autre sur la Grande-Bretagne, mais il s'arrête net en présence de la flotte gardant les côtes d'Angleterre.

Au-dessous, on lit :

« Il va mettre son pied dedans, » — c'est à-dire, il va tomber dans l'eau.

Caricature de Isaac Cruiksank, 25 juillet 1803.

85. — **Comment on arrête un envahisseur.** — Bonaparte et son armée ont débarqué et ils demandent : « Quel est le chemin qui conduit à Londres? » — Un paysan, enfonçant sa fourche dans la poitrine du Consul, répond : « En passant au tra-« vers de mon corps, mais commençons d'abord par enfoncer cet instrument au travers « de votre poignet. »

Pendant ce temps, la femme dudit paysan lui verse dessus le contenu d'un ustensile domestique. Des bull-dogs sont mis en liberté, et achèvent la déroute de l'ennemi, secondés dans leur besogne par des boxeurs et des charretiers.

Caricature de Isaac Cruikshank, 28 juillet 1803.

86. — **Se préparant à l'Invasion.** — Bonaparte se verse une rasade et se parlant à lui-même : « Il me faut prendre un peu de courage hollandais, car je suis sûr que je « ne la tenterai pas de sang-froid. Lorsque John Bull m'a défié, je puis affirmer qu'il « était animé par l'ivresse. Diable, si je recule, tous mes soldats me traiteront de fanfa-« ron et de lâche, et si je pars, je risque fort d'être jeté dans la Tour (c'est-à-dire dans « la Tour de Londres) comme une bête féroce. »

Caricature de Isaac Cruikshank, 28 juillet 1803.

87. — **Conséquence de l'Invasion ou la récompense du héros. — Le brave mérite seul d'être beau. — Première tentative de la cavalerie des hallebardiers du roi.** — Un gros hallebardier, qui se donne des airs, tire son épée et porte une pique au bout de laquelle se trouve la tête de Napoléon : en dessous, il saisit quinze ou vingt têtes de Français, ruisselantes de sang.

La légende porte : « Vous voilà, vous voilà, coquins! Vingt de plus! tuez encore, tuez tou-« jours! J'ai détruit la moitié de l'armée avec cette seule épée. » Les femmes accourent de toutes parts pour l'embrasser et le serrer dans leurs bras. « Béni soit le guerrier qui « a sauvé notre virginité, » s'écrient-elles. « Ah! béni soit-il, il nous a sauvées de la mort et « des mauvais traitements. »

Caricature de Ansell, 1er août 1803.

88. — **John Bull offrant au petit Boney un agréable divertissement.** — On voit les côtes fortifiées du détroit, avec John Bull en matelot, la poitrine nue, prêt à l'action. Il va, à gué, jusqu'au milieu, pour défier son ennemi. « Arrivez donc, soyez « damné si vous voulez faire invasion chez nous! Pourquoi prendre cette route? petit « Boney, pourquoi ne sortez-vous pas? »

Pendant ce temps, Bonaparte, en sécurité derrière sa forteresse, et sa flotte à l'abri sur la côte, regarde par-dessus le parapet et s'écrie : « J'arrive, j'arrive. »

[*Caricature de Gillray*, 2 août 1883.

89. — **John Bull en lutte avec Boney.** — C'est l'anéantissement complet de la flotte française; John Bull, au moyen d'une corde passée autour du cou, attire Bona-

parte jusqu'à une potence, laquelle est entourée d'une quantité de personnes qui agitent leur chapeau en signe de joie.

Bonaparte, ce qui n'a rien d'étonnant, essaie de se reculer: « Ah! miséricorde, « miséricorde! Jean Bool, Jean Bool, la potence n'est pas faite pour les Français. » — Mais John continue à tirer avec vigueur, s'écriant : « Je n'ai pas besoin de mesurer la « corde, je sais qu'elle est assez longue pour une douzaine de vos semblables! »

Caricature de Isaac Cruikshank, 7 août 1803.

90. — **Résolutions à prendre en cas d'invasion.** — Estampe divisée en six parties, et montrant Bonaparte livré aux projets barbares de ses ennemis.

Un tailleur, ciseaux en main, dit : — « Je vais couper les pans de son habit. » — Un barbier : « Je vais lui savonner les moustaches. » — Un pharmacien, tenant un pilon et un mortier: « Je le pilerai. » — Un savetier: « Je donnerai des coups de tire-bottes à sa jaquette. » — Un cabaretier : « Je rafraîchirai son courage dans un pot de bière brune. » — Un épicurien : « Je le mangerai. »

Caricature de West, 8 août 1803.

91. — **Une tentation téméraire et une triste chute.** — Bonaparte se jetant sur la couronne britannique. « Mais quand il monta pour saisir la couronne », porte la légende, « elle le renversa avec le sceptre, il tomba dans le golfe profond, entraîné dans « un éternel tourbillon, à la grande joie de tous les démons. »

L'Angleterre est représentée, debout sur une falaise, la couronne dans sa main gauche, et le sceptre dans sa droite.

Caricature anonyme, 12 août 1803.

92. — **En observation sur des échasses.** — Bonaparte est monté sur une énorme paire d'échasses. Il regarde l'Angleterre, au travers d'un télescope, et dit : « Comme « tout me paraît petit du haut de cette élévation! Quel est ce petit homme, sur l'île, de « l'autre côté du fossé? Il semble observer mes mouvements. » John Bull, celui dont il est question, se sert, lui aussi, d'un télescope, et à la vue d'un tel personnage, il manifeste bien haut son étonnement : « Comment! cela ne peut être Boney, perché de cette façon. « Gare! S'il met une de ses perches par ici, je ne tarderai pas à lui alléger les membres. »

Caricature anonyme, 12 août 1803.

93. — **Invasion d'Arlequin.** — Bonaparte en Arlequin montre avec son épée de bois, « *Invincible* », la Grande-Bretagne entourée de bons vaisseaux de guerre. *Pantalon*, le pape, personnifiant l'Italie, est étendu mort, et la Hollande, en Pierrot, n'approuve pas les ordres de son maître, qui lui dit : « Puisque Pantalon n'existe plus, je veux que vous « vous joigniez à moi pour envahir cette petite île. »

La pauvre Hollande réplique : « Que je sois maudite si je le fais, Maître, car je n'aime « pas l'apparence de leurs petits vaisseaux; — ne pouvez-vous me laisser en repos, au lieu « de me faire aller de droite et de gauche? »

Suit une longue farce populaire, en vers, s'ouvrant par le boniment que voici :

« Mesdames et Messieurs, nous jouons, aujourd'hui, avec des scènes adoptées pour la circonstance, une grande pantomime nouvelle, intitulée l'*Invasion d'Arlequin*.

« Aucune pantomime comique n'a encore eu, jusqu'à présent, des trucs aussi surprenants, le héros fait des bonds inouïs sur l'Europe, mais, chut, le volcan se lève!

« Au premier coup d'œil, une petite île, où dort paisiblement un fils de paysan. Cette petite île est la Corse, ce fils de paysan est Bonaparte. »

Suivent ainsi vingt-huit couplets, relatant avec force clowneries, les exploits du Premier Consul, « héros comme n'en avaient pas encore vu païens et chrétiens, Turcs et juifs, héros dépassant Cromwell, Caligula, Néron, » et se terminant par une lettre ouverte de Bob Housem à M. *Bonypart*. Colombine, Sagrado et même une singulière personne dont le nom est *Anarchie*, apparaissent au cours du récit qui nous montre les vaillantes légions, détruites par un ouragan, — ce qui mit fin à l'invasion d'Arlequin.

Cette même ballade, alors fort populaire de l'autre côté du détroit, se trouve illustrée par une caricature de Woodward, représentant Napoléon coiffé et botté comme d'habitude, et John Bull crevant dans sa rotondité.

Caricature de West, 12 août 1803.

94. — LA MAIN ÉCRIVANT SUR LE MUR : MANE, THECEL, PHARÈS.

Bonaparte, festoyant, entouré de sa Cour et de ses grenadiers. Sur les plats on lit : *Prune Monsieur*, *Banque d'Angleterre*, *Saint-James* (le cabinet anglais), *le vieux roatsbeef de la vieille Angleterre* (c'est la tête du roi Georges), tandis qu'un des convives est en train d'avaler la *Tour de Londres*. En voyant l'inscription fatale, le Premier Consul laisse tomber le verre qu'il portait à ses lèvres et renverse les bouteilles qui étaient à ses côtés. Les autres convives continuent, comme si de rien n'était, à festoyer. Derrière Joséphine, en costume quelque peu léger, les trois sœurs de Bonaparte.

[*Caricature de James Gillray*, 14 août 1803.]

95. — **Boney à Bruxelles.** — Assis sur un trône, flanqué de chaque côté d'un mamelouck, armé d'un pistolet et d'une épée, il tient, en chaque main, une grande fourchette, avec laquelle il prend avidement le contenu des différents plats qu'on lui sert et ont été préparés de la façon la plus servile par toutes sortes de grands dignitaires. Sa bouche est pleine de « *Pétitions au Consul déifié* ». A une fourchette est piqué le morceau : « *A la déité du grand Consul* », l'autre est enfoncée dans « *Nous brûlons du désir de lécher la poussière de vos divins pieds.* » Un prélat le prie d'accepter les clefs du Ciel et de l'Enfer, tandis que d'autres plats sont ainsi étiquetés : « *Votre esclave le plus soumis, Terreur de la France et idole de nos cœurs, de nos intestins, de nos âmes et de tout le reste.* »

Caricature de Isaac Cruikshank, 14 août 1803.

* Caricature à propos du voyage à Bruxelles et dans les Côtes du Nord.

96. — **John Bull à bout de patience.** — En uniforme de cavalerie, à cheval sur le Lion britannique, il se dirige à la nage vers la France, criant : « Je vais vous poursuivre, mes garçons ; croyez-vous que je veuille rester chez moi, à vous attendre ? Pensez-vous que j'endosse pour rien mon uniforme ? » — Boney et son armée prennent la fuite, le premier disant aux siens : « Vous avez raison, mes amis, prenez vos jambes à votre cou, car voici ce damné de Jean Bool, qui arrive sur son Lion. »

Caricature de Roberts, 16 août 1803.

97. — **L'Angleterre faisant sauter en l'air l'escamoteur de bouteilles corse.** — Bonaparte est violemment lancé en l'air, de l'extrémité d'une bouteille sur laquelle on lit :

« Les esprits anglais respectent la vraie liberté, le courage, la capacité, la religion. » L'Angleterre est casquée, avec l'épée et le bouclier.

Caricature de Isaac Cruikshank, 17 août 1803.

98. — **L'insecte** (teigne) **corse.** — Bonaparte en insecte, coiffé du grand chapeau, se précipite contre la lumière d'une chandelle en disant : « Quelle flamme puissante! « je crois que je vais brûler mes ailes. » Georges III, qui regarde avec intérêt ce spectacle, se console ainsi : « Toi, petit insecte méprisable, je vais bientôt te voir flamber. »

Caricature de Woodward, 22 août 1803.

99. — **Un choc remue l'Océan, ou Bonaparte prenant congé des Français.** — John Bull, en pugiliste, a rencontré Bonaparte dans la Manche et, d'un coup bien dirigé, lui a fait faire un plongeon, ne laissant surnager de sa personne que ses bottes et son chapeau. Les Anglais sont dans la joie, mais les Français tordent leurs mains de désespoir. « Ah! miséricorde! pauvre Bonaparte! oh! ce terrible Jean Bool! »

Caricature anonyme, 24 août 1803.

100. — **Agitez la sonnette d'alarme** (satire parue dans une publication périodique). — Atrocités de « Brutus Napoléone Ali Buonaparté », qui prétend faire la guerre pour rétablir les chevaliers de l'ordre de Malte, et qui disait aux Égyptiens (juillet 1798) avoir été à Malte en vrai Musulman, pour en chasser ces chrétiens infidèles, les chevaliers!!!!

Caricature anonyme, 27 août 1803.

101. — **Trois fléaux d'Europe.** — Le turbulent Mr Qui combat tout, Bonaparte, — l'Honorable Mr Qui taxe tout, Pitt, — le respectable D^r^ qui prend tout, le Diable.

Caricature de West, août 1803.

102. — **Une entaille au sac de pommes de terre.** — Un Irlandais se rendant à Dublin, et portant sur le dos un énorme sac de pommes de terre, auquel Bonaparte a fait une entaille pour permettre au contenu de s'échapper. — Bonaparte lui offre une bourse d'or en échange du sac, mais l'Irlandais répond : « Vous pouvez couper quelques-« unes des pommes de terre qui ont poussé à l'intérieur, mais vous n'aurez jamais le sac « tout entier; reprenez donc votre argent et retournez chez vous. »

Caricature anonyme, août 1803.

103. — **Gulliver et son guide, ou Un obstacle tendu au Corse.** — Le roi Georges, comme roi de Brobdingnac, est assis sur une galerie, et regarde au travers de sa lunette Gulliver (Napoléon) qui monte une série d'échelons pour arriver jusqu'à lui, ayant autour du cou une corde, tenue par un marin armé d'une baguette de chêne. — Bonaparte voudrait bien voir comment la couronne irait sur sa tête, mais le marin, qui met un obstacle à sa marche, s'écrie : « Que mes membres soient maudits, si je ne vous fais pas « revenir en arrière, avant que vous ayez atteint votre but. Ainsi renoncez à ce petit « morceau de terre ferme de l'Océan. »

Caricature de Charles, août 1803.

104. — **John Bull débarque en France.** — Toujours en uniforme de cavalerie, et monté sur son lion, il poursuit les troupes françaises, qui ont pris la fuite.

« Je vais faire faire des sauts à votre cavalerie, » crie-t-il, « mais il me faudrait décou-« vrir votre chef! »

Bonaparte regarde ce qui se passe, du haut d'un tuyau de cheminée, tout en disant : « C'est un redoutable compagnon, mais je crois qu'ici, je suis à peu près en sûreté. »

Caricature de West, 29 août 1803.

105. — **La sauterelle corse.** — Bonaparte voltige autour d'une table servie, à laquelle un Anglais, un Irlandais et un Écossais prennent leur repas. L'Anglais fait remarquer que l'insecte voudrait bien un peu de roastbeef et de plum-pudding, l'Irlandais pense qu'il aimerait bien une ou deux pommes de terre, mais qu'il n'a pas l'intention de lui donner la moitié d'un pence. Quant à l'Écossais qui tient en main une terrine et une cuillère, il est assez rusé pour ne pas donner de son brouet à l'insecte.

Caricature de West, septembre 1803.

106. — **Un coup d'œil sur la féerie corse.** — Bonaparte est enchaîné à une table, et bouclé avec un cadenas qui représente la marine anglaise. — Un Italien, un Suisse, un

Hollandais, un Espagnol le regardent curieusement et font la remarque qu'ils ont déjà vu ce petit homme auparavant, en Suisse, en Italie; l'Espagnol le trouve un bizarre compagnon. — John Bull tient une friandise dans sa main (Malte) et il fait observer, à son tour, que le petit homme est un grand voyageur, mais qu'il ne faut pas trop l'approcher à cause de son caractère, qu'ils ont déjà eu ensemble un terrible conflit pour ladite friandise, ajoutant que, sans la chaîne et le cadenas, il serait impossible de le tenir tranquille.

Caricature anonyme, septembre 1803.

107. — LE JOUR DU RÈGLEMENT DES COMPTES DU BOUCHER CORSE.

Talleyrand empêche Bonaparte d'envahir l'Angleterre. L'ours russe vient le narguer à la porte, ce qui met le Premier Consul en furie.

Dans la niche, la Prusse placée là pour être engraissée. Dans la cage, sur laquelle on a mis l'étiquette *venant de Rome*, se trouve le menu fretin, celui qui ne vaut pas la peine d'être tué. Au premier plan, du boudin fait avec le sang allemand. Aux murs, sur les animaux saignés et accrochés, on lit : *Hollande, Suisse, sang espagnol, etc.* Le sang qui coule des personnages couchés sur l'étal, morts à Jaffa et autres lieux, sert à alimenter sa gloire. Dans le fond, sur son île, le bœuf anglais qui a l'air de se moquer du boucher corse.

[*Caricature de James Gillray*, septembre 1803.]

108. — **John Bull montrant le singe corse.** — Bonaparte assis sur un ours russe, muselé, est conduit en laisse par John Bull dont voici le boniment : « Mes amis et voisins:

« Ceci n'est pas un singe ordinaire, c'est un petit homme très irascible. J'ai eu beaucoup « de peine à lui apprendre à obéir, il aime particulièrement jouer avec les sphères et les « sceptres; aussi vous remarquerez que je lui en laisse toujours un, de chaque espèce, en « pain d'épices, afin qu'il puisse s'amuser sur la terre étrangère. »

Caricature de Woodward, 3 septembre 1803.

109. — **Récit complet et détaillé du procès de Napoléon Bonaparte instruit devant John Bull.** — Pièce remplie de longues légendes relatant toutes les accusations portées contre Bonaparte et dont le sens s'explique suffisamment par la simple reproduction du titre.

Caricature de Woodward, gravée par Cruikshank, 14 sept. 1803.

110. — **Bonaparte sur son âne.** — Il a traversé l'Italie, la Suisse, la Hollande, et il veut atteindre Malte défendue par le lion britannique; mais l'âne devient si insoumis qu'il a peur de ne pouvoir atteindre au but.

Caricature anonyme, 14 septembre 1803.

111. — **Le Corse Macheath** (fils des bruyères). — « De quel côté me dirigerai-je? Sur « quoi fixer mes projets? J'ai une envie démesurée de marcher à grands pas, mais faut-il « aller de ce côté ou de celui-là — et, où que ce soit, John Bull, toujours à son poste, me « recevra avec quelque pilule de sa façon!

Caricature de Woodward, 16 septembre 1803.

112. — **La légende des fagots, ou Bonaparte déjoué.** — Bonaparte se reconnaissant impuissant à rompre l'alliance des Brites. — Son pied repose sur un tas de fagots brisés représentant les nations conquises, mais la dernière tentative est au-dessus de ses forces, et il le confesse en ces termes : « Au diable, ils ne plieront ni ne céderont jamais! »

Caricature anonyme, 20 septembre 1803.

*La satire anglaise aimait alors à employer l'ancien qualificatif latin des Bretons, *Britones*, considérés dans leur ensemble, c'est-à-dire provenant soit de l'ancienne Angleterre, soit de l'Armorique. Dans le moment, cela avait un double sens, puisque c'était une allusion à l'alliance des Bretons avec les Anglais contre la République française.

113. — **Monologue de Bonaparte à Calais.** — Coiffé d'un chapeau, plus extravageant que jamais, Bonaparte est appuyé, les bras croisés, contre un poteau sur lequel on lit : « Route d'Angleterre ». Au-dessous tout un monologue, en vers, dont voici le sens :
« Aller ou ne pas aller, voilà la question.
« Savoir s'il est préférable pour moi de supporter le confort et la tranquillité de mon « rival que je hais, ou de prendre les armes contre ce peuple indomptable et de faire « irruption chez lui pour l'anéantir.
« Envahir, et penser que nous allons, par un combat décisif, mettre fin à l'envie qui « nous étreint et aux mille angoisses que nous subissons en ce moment; c'est un résultat « qui serait bien à désirer.
« Envahir, combattre, peut-être aussi être battu, ah! c'est là la difficulté, et ce qui rend « ma décision si pénible! » etc...

Caricature de Woodward, 21 septembre 1803.

114. — **Entrée triomphale du Grand Consul à Londres.** — Il est escorté par la cavalerie des volontaires et est assis, tête nue, les mains liées, le visage tourné vers la queue d'un cheval blanc (le Hanovre) et les jambes attachées sous lui. Le cheval est conduit par deux volontaires dont l'un porte un chapeau tricolore ayant, au sommet, le chapeau de Napoléon, avec ces mots : « *Pour saint Paul.* » — L'un des assistants s'écrie : « Merci à nos volontaires, pour cette glorieuse mise en scène. »

Caricature anonyme, 1er octobre 1803.

*Cette caricature fait allusion à une mascarade qui eut lieu à Londres et dans laquelle on traîna Napoléon, prisonnier et enchaîné, à travers les rues de la Cité.

The CORSICAN-PEST ;— or BELZEBUB going to Supper.

— Bonaparte they say, aye good lack a day!
With French Legions will come hither swimming,
And like hungry Sharks, some night in the dark
Mean to frighten our Children & Women. — Tol de rol.

— When these Gallic Foisters, gape wide for our Oysters
Old Neptune will rise up with Glee
Souse and Pickle them quick, to be sent to Old Nick,
As a Treat from the God of the Sea. — Tol de rol.

— Belzebub will rejoice, at a Supper so nice
And make all his Devils feast hearty
Put the little-tit-bit, on a Fork, he would spit
The Consular Chief Buonaparte! — Tol de rol

— And like a Lord Mayor in his Ebony Chair
Eager feasting while his Gutlers partake on't
Crack his Jokes with his guest, & to give it more zest
Cry presto! & make a large Jakes on't — Tol de rol

— Then each Devil suppose, closely stopping his Nose
And shrinking away from the Smell,
"By Styx" they would roar, "such a damn'd Stink before
"Never enter'd the Kingdom of Hell!" — Tol de rol

— Till rotten the Heart, of the said Buonaparte
Corrupted his Marrow and Bones,
French Evil o'erflows, from his Head to his Toes
And disorder'd his Brains in his Sconce! — Tol de rol

— His pestiferous Breath, has put Millions to Death
More baneful than a Mad dog's Saliva,
More poisonous he, all Kingdoms agree,
Than the dire Bohan Upas of Java! — Tol de rol

— By the favor of Heaven, to Our Monarch is given
The Power to avert such dire evil.
His Subjects are ready, all Loyal & Steady
To hurl this damn'd Pest to the Devil.

115. — LA PESTE CORSE OU BELZÉBUTH SE PRÉPARANT A DINER.

« Bonaparte, disent-ils, ah! hélas! arrivera jusqu'ici à la nage, avec ses légions, et, comme des requins affamés, cette nuit même, dans l'obscurité, ils viendront effrayer nos femmes et nos enfants.

« Pendant que ces puants de Gaulois soupirent après nous, le vieux Neptune se montre avec allégresse; il prépare la saumure et les pickles pour les envoyer à Satan, repas somptueux fourni par le Dieu de la mer.

« Belzébuth se réjouit d'un souper aussi fin; il le partage avec ses démons; et il embroche au bout d'une fourche le petit MORCEAU DÉLICAT : le consul en chef BONAPARTE!

« Et, comme un Lord-Maire, dans son fauteuil d'ébène, il festoie avidement avec les gourmands qui se joignent à lui; il plaisante avec ses convives, et, pour donner plus de piquant, il crie : « Presto! » et s'oublie sur sa chaise.

« Alors chaque démon, se bouchant le nez à la dérobée, se retire pour éviter l'odeur, criant : « Par le « Styx! jamais pareille puanteur n'est entrée dans le royaume de l'Enfer. »

« Bonaparte était corrompu jusqu'aux moelles; la corruption française qui, de la tête aux pieds, débordait en lui, déséquilibra son cerveau !

« Son haleine empestée, plus venimeuse que la salive du chien enragé, a mis à mal des millions d'hommes. Il était plus dangereux, tous les royaumes sont d'accord sur ce point, que le terrible Bohan-Upas de Java !

« Par la faveur du ciel, il a été donné à notre monarque de pouvoir détourner un aussi terrible mal ; ses sujets sont prêts, tous loyaux et braves, à envoyer cet être malfaisant au Diable !

[*Caricature de James Gillray*, 6 octobre 1803.]

116. — **La balance du pouvoir, ou L'issue du débat.** — La main de la Providence tient la balance, et John Bull qui a toutes les qualités, la justice, l'honneur, l'honnêteté, la fermeté, l'héroïsme, la vertu, les aptitudes commerciales même, l'emporte sans peine, — un petit chérubin qui plane au-dessus prend, du reste, soin de son sort, — tandis que le pauvre Bonaparte, malgré la lourde charge qu'il a sur son dos, — la Honte, la Cruauté, le Meurtre, le Pillage, l'Hypocrisie, — tombe à terre, et des flammes, vomies par l'enfer, sortent du sol pour le consumer.

Caricature anonyme, 11 octobre 1803.

117. — **Réflexions sur l'invasion, des deux côtés de l'eau.** — La côte anglaise est défendue par des volontaires. — John Bull, riant, est assis sur un siège, au-dessous duquel une corne d'abondance laisse échapper le blé, le vin, la viande et toutes sortes de provisions. Le vieillard ne peut s'empêcher de rire à la pensée de l'Invasion; mais « comme il faut s'attendre à tout d'un fou », il veut avoir ses côtes bien défendues, et il pense que 80.000 hommes comme lui, capables de manger tous les coquins Boney de France, sont suffisants, sans parler du specimen des bombes envoyées à Calais, sur la côte française. Boney, coiffé d'un bonnet de papier tricolore, dit : « Je voudrais bien « n'avoir jamais parlé d'invasion chez ce terrible John Bull; mais comment reculer, au- « jourd'hui, sans manquer à l'honneur? Ce bombardement de Calais me donne « les pa- « pillons noirs ». Derrière lui un papillon noir lui souffle : « Il faut marcher, Boney, aussi « sûr que je vous tiendrai à la fin. »

Caricature de Charles, 11 octobre 1803.

118. — **Talleyrand désapprouvant le projet d'envahir l'Angleterre.** — Pièce rappelant certains incidents du voyage de Gulliver et composée d'un long dialogue entre Bonaparte et Talleyrand.

Caricature anonyme, 18 octobre 1803.

119. — **La petite princesse et Gulliver.** — Gulliver (*Bonaparte*), la princesse Brobdingnagian (*Charlotte de Galles*). — Bonaparte ayant voulu prendre la couronne de son grand-père, la princesse le plonge dans une fontaine, en lui disant que son insolence a soulevé la colère et l'indignation de chaque fille du royaume.

Caricature de Ansell, 21 octobre 1803.

120. — **La sentinelle à son poste, ou Un coup d'œil de Boney sur le château de Walmer** (forteresse construite par Henri VIII, et résidence du lord-gardien des Cinq-Ports). — Bonaparte, dans un bateau chargé de troupes, arrive sur la côte anglaise, mais il est déconcerté par la sentinelle, Pitt, qui crie : « Qui vive ! » — Avec un air de frayeur que partage sa suite, le Consul s'exclame : « Ah ! mendiant, cet homme est encore vivant ! « — Retournez, citoyens, car il n'y a rien à faire, je connais ses ruses depuis longtemps. »

Caricature de Ansell, 22 octobre 1803.

121. — **John Bull gardant un magasin de jouets.** — Dans une vitrine remplie de jouets on voit la Maison Indienne, Saint-James, la Banque, la Douane, la Tour, le Trésor. Le petit Boney, son mouchoir sur les yeux, pleure et crie :

« Je vous en prie, monsieur Bull, laissez-moi prendre seulement ce petit jouet dans le « coin (*la Banque*). » Mais John Bull, en uniforme, armé de son fusil, répond assez vertement : « Je vous défends d'en toucher aucun; cessez de pleurer et aller vous faire pendre ailleurs. »

Caricature signée J. B., 29 octobre 1803.

122. — **Boney attaquant les ruches anglaises, ou Le Corse pris enfin dans l'île.** — Au premier plan, toute une série de ruches; le chef a une couronne royale et porte le nom de « *Ruche royale de Londres* ».

Bonaparte se prépare à les attaquer, l'épée à la main ; mais Georges III, debout, derrière les ruches, lui demande pourquoi il veut dérober leur miel aux abeilles industrieuses. Sur le conseil du roi, celles-ci se répandent en nuages autour de Bonaparte qui, sous la piqûre de leurs aiguillons, ne tarde pas à implorer grâce : « Je vous en supplie, bon maître « des abeilles, rappelez-les auprès de vous, et je jure sur mes trois dieux, Mahomet, l'infi- « dèle et le chrétien, que je ne troublerai plus jamais vos ouvrières. »

Caricature signée des initiales A. M., novembre 1803.

123. — **Boney arrivant à temps pour la procession du Lord-Maire.** — Il est introduit par un marin, enchaîné, et un collier autour du cou. Le marin raconte l'avoir trouvé sur la côte de Suffolk, et lui avoir dit qu'il arriverait à temps pour la procession du Lord-Maire. Celui-ci, le verre en main, lui parle en ces termes : « Ah ! vous « voyez comme nous vivons au bout de la ville, mais il n'y a pas de roastbeef pour vous, « maître Boney. — Qu'on lui donne, tant qu'il en voudra, de la soupe maigre, et, dans la « soirée, on le conduira à la salle de bal, pour amuser les dames. »

Caricature signée des initiales J. B., 5 novembre 1803.

* La procession du Lord-Maire est, on le sait, une sorte de mascarade archaïque durant laquelle le peuple s'en donne à cœur joie. Il était donc tout naturel que les caricaturistes missent à profit la circonstance pour ridiculiser Bonaparte devenu leur tête de Turc.

124. — DESTRUCTION DES CANONNIÈRES FRANÇAISES, OU LE PETIT BONEY ET SON AMI TALLEY ÉPROUVANT UNE GRANDE JOIE.

Voici ce que dit Bonaparte porté sur les épaules de Talleyrand et regardant ce spectacle au travers du « Plan pour l'invasion de la Grande-Bretagne ».

« O mon cher Talley, quel beau coup d'œil ! — Nous avons mis John Bull dans une belle colère. — « Ma bonne fortune ne me quitte jamais. — Je vais maintenant me débarrasser d'une centaine de mille « de ces cruels Français que je redoutais tant, ô mon cher Talley ! »

[*Caricature de Gillray*, 12 novembre 1803.]

* Encore une estampe où, cachant sa peur d'un débarquement français sous de nobles sentiments, le dessinateur anglais se complaît à représenter Bonaparte en tyran, en ogre.

Si la tentative n'a pas réussi contre l'Angleterre, elle ne sera pas sans résultat pour Bonaparte. Du moins, c'est ce que cherche à établir la légende de Gillray.

125. — **Voyage de Boney à Londres, ou La raison pour laquelle il met tant de temps à arriver, parce qu'il voyage comme un escargot, avec sa maison sur son dos.** — Il est dans une maison de bois, tirée par des soldats, que l'on fait marcher avec une arme en forme de knout. S'adressant à l'officier qui administre la correction, il leur dit : « Vagabonds, dépêchez-vous, sans cela je n'arriverai pas à Londres pour « la Noël, vous n'êtes pas dignes de la Liberté. »

Caricature de Ansell, 23 novembre 1803.

* Après la procession du Lord-Maire, les fêtes de Noël. Autres mascarades, autre occasion pour s'amuser aux dépens de Boney, ce « pauvre Corse » qui voudrait tant goûter au *roastbeef* et au *plum-pudding* de John Bull.

126. — **Plus qu'on ne comptait, ou C'en est trop pour Boney.** — Boney est représenté en âne portant sur son dos John Bull, la Russie, la Prusse et l'Allemagne. — Les puissances sont, toutes, sous les ordres de John Bull, qui est chargé d'éperonner l'animal.

Caricature anonyme, décembre 1803.

127. — **Le veilleur de Brobdingnac empêchant le débarquement de Gulliver.** — Georges III, en veilleur, dirige la lumière de la *Lanterne constitutionnelle* sur Bonaparte et ses compagnons qui veulent essayer d'aborder. Cela seul suffit à mettre l'ennemi en fuite.

Caricature de West, décembre 1803.

128. — **M. et Mme Bull donnant à Bonaparte une réception pour Noël.** — Bonaparte est attaché à un poteau, d'où il peut voir la fête, mais sans y prendre part. John Bull lui montre le bœuf et le pudding dont il n'aura pas, et Mme Bull boit à sa santé, lui souhaitant un joyeux Noël.

Caricature de West, décembre 1803.

129. — **Vendre la peau de l'ours avant de l'avoir tué, ou Dépecer le taureau avant de l'avoir abattu.** — Un taureau repose tranquillement sur la côte anglaise, tandis que, de l'autre côté, sur la terre française, on voit Bonaparte, Talleyrand, et plusieurs généraux.

Bonaparte, montrant le taureau, dit : « Je prendrai le milieu du corps parce qu'il contient « le cœur et les parties essentielles à la vie; Talley, vous garderez la tête, parce que vous êtes « habitué à prendre le taureau par les cornes ». Mais l'Angleterre, debout derrière le taureau, se dispose à donner l'éveil à un « poste d'alarme » sur la sonnette duquel on peut lire : « Courage britannique ». — « Quand ces messieurs auront arrêté leurs plans, pense-t-elle en elle-même, je réveillerai le taureau, et nous verrons, alors, qui sera mis en « pièce le premier. »

Caricature d'Isaac Cruikshank, 21 décembre 1803.

130. — **Embarcation hollandaise.** — Bonaparte, l'épée tirée, conduit de gros et solides Hollandais, chacun dans une canonnière à peu près large comme une coquille de noix. L'un dit : « Maudite soit la liberté et maudite soit une pareille flotte. Nous se- « rions aussi bien dans des coquilles de noix. » Mais Bonaparte réplique : « Venez tou- « jours, ne faites pas de réflexions, embarquez-vous pour détruire la Carthage moderne, « n'appréciez-vous donc pas la liberté dont vous jouissez, et n'admirez-vous pas la grande « flotte qui va vous transporter? »

Caricature anonyme, janvier 1804.

131. — **L'expédition funèbre ou L'invincible Armada de Boney.** — La flotte est formée de canonnières qui ont la forme de cercueils, tout l'équipement naval et militaire est revêtu de linceuls, et, à la pointe de chaque mât, on voit un crâne surmonté du bonnet rouge.

Caricature de Ansell, 6 janvier 1804.

The first Kiss this Ten Years! — or — the meeting of Britannia & Citizen François

132. — LE PREMIER BAISER DEPUIS DIX ANS OU L'ENTREVUE ENTRE L'ANGLETERRE ET LE CITOYEN FRANÇAIS.

« — Madame, permettez-moi de vous assurer de ma profonde estime pour votre séduisante personne et de sceller sur vos lèvres divines mon éternel attachement.

« — Monsieur, vous êtes certainement un gentlemen fort bien élevé, et quoique vous me fassiez rougir, votre baiser cependant est si doux que je ne puis pas vous refuser; mais, malgré cela, je suis persuadée que vous me tromperez à nouveau.

Dans le fond, les portraits des deux chefs de l'État, le consul Bonaparte et le roi Georges III.

[*Caricature de James Gillray*, 1er janvier 1804.]

* Une des nombreuses estampes publiées de 1802 à 1804 pour célébrer la réconciliation de la France et de l'Angleterre scellée par le traité d'Amiens (27 mars 1802).

· 133. — LE ROI DE BROBDINGNAC ET GULLIVER. — GULLIVER FAIT MANŒUVRER SON BATEAU DANS UN BASSIN EMPLI D'EAU.

« J'avais l'habitude de ramer pour mon propre divertissement, ainsi que pour celui de la reine et de ses « suivantes, qui s'amusaient beaucoup de mon adresse et de mon agilité. De temps en temps, je poussais « la voile et je montrais mon talent en naviguant à tribord ou à bâbord. Cependant, aujourd'hui, toutes « ces tentatives n'ont fait que soulever des rires bruyants que tout le respect dû à Sa Majesté n'a pas pu « étouffer. — Cela m'a fait réfléchir et j'ai compris combien il était difficile pour un homme de s'illustrer « au milieu de gens qui n'ont avec lui aucun point de commun. »

[*Caricature de James Gillray*, 10 février 1804.]

Allusion aux manœuvres de la flotte française à Boulogne.

134. — **Un alarmiste français, ou John Bull regardant la Grande Flotte.** — John Bull est sur la côte, accompagné de son bull-dog, armé d'une épée et regardant au travers d'un télescope. — Derrière lui, un Français dit : « Ah ! ah ! Monsieur, vous « voyez notre grande flotte, les grandes canonnières, vous les voyez s'embarquer pour la « grande attaque de votre nation, voici les bouches et les canons, vous voyez le grand Con- « sul en personne, à la tête de ses légions. » Ce à quoi John Bull répond : « Monsieur, de tout « cela, je ne vois rien, car rien n'est en vue. »

Caricature de West, mars 1804.

II. — NAPOLÉON EMPEREUR.

135. — **Un grand homme sur son cheval de bataille, projet d'une statue sur la place de la Liberté, à Paris.** — Napoléon monte le cheval du pouvoir, qui se cabre sur un globe. — Estampe se rapportant à la proclamation de l'Empire.

Caricature attribuée à Rowlandson, mai 1804.

136. — **Une nouvelle Fantasmagorie française.** — John Bull ne peut pas croire à la réalité de Napoléon devenant empereur et il le regarde avec impudence au travers d'une énorme paire de lunettes. — Il se demande ce qu'il a sur la tête et si ce n'est pas un nouveau caprice de sa part. — Bonaparte, en costume d'empereur, avec la couronne et le sceptre, étend la main et dit :

« Quoi! mon vieil ami, monsieur Bull, ne me reconnaissez-vous pas? »

Caricature de Rowlandson, mai 1804; gravée en 1805.

137. — **La grenouille et le bœuf, ou l'Empereur des Gaules dans son accoutrement usurpé.** — Napoléon, très petit, est représenté en costume impérial, avec une énorme couronne faite de monnaies, de poignards, et d'une coupe de poison; son sceptre est surmonté d'une guillotine.

George III le regarde au travers de ses lunettes. — Napoléon lui prédit qu'il sera bientôt aussi puissant que lui, mais le poids de sa couronne lui fait mal. Il rêve une entrevue comme celle de Henri VIII et de François Ier; le roi Georges lui répond : « Quoi! c'est de « quelques dollars volés que vous avez fait une couronne, et vous voulez nous la faire « passer pour authentique, cela ne prendra pas! » — Derrière le roi est un taureau; derrière Napoléon, une grenouille, qui essaie de se faire aussi grosse que le bœuf; John Bull remarque en riant : « On dirait qu'elle va éclater et, quoi qu'il arrive, elle ne « sera jamais aussi grosse qu'un de nos taureaux! »

Caricature de Ansell, 28 mai 1804.

138. — **Injection de sang royal ou phlébotomie à Saint-Cloud.** — Napoléon, à qui l'on vient d'infuser dans les veines le sang d'un tigre royal, dit : « Quelle opération « délicieuse! je sens la roture s'en aller par le bout de mes doigts.

« Donnez-en largement à toute ma famille, portez-en un plein seau à l'Impératrice! »

Caricature anonyme et sans date.

139. — **Le vrai possesseur.** — Louis XVIII apparaît à Napoléon et, lui montrant sa couronne, lui dit : « Elle m'appartient. »

Napoléon, qui est assis sur le trône, armé d'épées, de pistolets, de poignards, recule de colère, en s'écriant :

« Les anges et les ministres de la grâce me protègent! »

Caricature d'Isaac Cruikshank, juin 1804.

140. — **L'assassinat du duc d'Enghien, ou Le meurtrier de sang-froid.** — Le duc est attaché à un arbre, un soldat de chaque côté tenant une torche, tandis que Napoléon lui enfonce son épée dans le cœur. D'Enghien s'écrie : « Assassin, il n'était pas néces-« saire de me bander les yeux; je ne crains pas la mort, mais la vue d'un visage innocent « pourrait peut-être troubler votre âme avide de sang. » — Napoléon répond : « Le « monde entier connaîtra le courage du Grand Consul, qui peut tuer ses ennemis de nuit « comme de jour, dans l'obscurité comme en pleine lumière. » — Un bruit semble l'effrayer, mais c'est le vent : il faut oser, il deviendra peut-être Empereur des Gaules!

Des démons se réjouissent de cet exploit et lui apportent une couronne. Ils disent : « Ce « glorieux fait mérite bien une couronne, ainsi satisfaisons sa sauvage ambition, jusqu'à « ce qu'une main vengeresse l'amène en notre puissance. »

Caricature de Ansell, 2 juin 1804.

141. — **Une proposition du nouvel Empereur.** — Il va au-devant de John Bull et lui dit : « Cher cousin Bull, j'ai une demande à vous faire : le bon peuple que je gou- « verne a été si prodigue de ses faveurs envers moi qu'il ne m'a refusé aucun titre dans « mon empire, je voudrais que vous me fissiez, en plus, chevalier de Malte! » — John Bull réplique : « J'aime mieux vous voir damné, vous savez que je vous l'ai déjà dit. »

Caricature de Ansell, 9 juillet 1804.

142. — **Couronnement impérial.** — Napoléon est couronné par le Pape, qui prononce les paroles suivantes : *Peu de temps vous le verrez et dans peu de temps vous ne le verrez plus*, et il laisse tomber sur lui, avec fracas, la couronne suspendue à un gibet.

Le poids écrase Napoléon, sur la plate-forme où il était assis, et il s'écrie : « Talleyrand, « sauve-moi, mon trône chancelle, je crois que ses fondements sont pourris et demandent « de grandes réparations. »

Talleyrand répond : « Oh! maître, maître, la couronne est trop pesante pour vous! »

Caricature de Rowlandson, 31 juillet 1804.

143. — **Le dernier saut d'Arlequin.** — Bonaparte, en costume d'Arlequin, avec un énorme chapeau retroussé, des bottes, le visage noirci. Son épée est brisée, et il lève au ciel des mains suppliantes, s'écriant : « Sacré Dieu, John Bull est bien le vrai Diable! » — John Bull lui fait remarquer qu'il a souvent changé de rôles, mais que le saut de l'invasion sera le dernier, « car nous nous tenons tous étroitement, et c'est bien le diable si vous en sor- « tez. — Votre épée de conjuré a perdu son pouvoir, vous avez tellement menti que votre « visage en est devenu noir, et, désormais, vous porterez partout la marque de John Bull, « comme il convient à tout fanfaron. »

Caricature de Isaac Cruikshank, 23 août 1804.

144. — **Dessin d'une couronne impériale pour servir au couronnement du nouvel Empereur.** — Couronne formée d'une tête de mort, du masque de l'hypocrisie, d'épées comme instrument de persuasion, du turban, de la mitre, d'une bouteille de poison, entourée des serpents du mensonge et des chaînes qui ont étouffé la liberté gauloise; ayant, en plus, comme symbole du pouvoir, des canons et des obus et reposant sur le coussin de l'*Usurpation.*

Caricature de J. B. West, septembre 1804.

* Très nombreuses furent les allégories satiriques publiées dans cet esprit, genre alors fort goûté : on vit, sous toutes les formes, des couronnes et des armoiries impériales en attendant les têtes et les bustes hiéroglyphiques, les cartes géographiques à découpages physionomiques. Les caricaturistes se creusaient l'imagination pour trouver des combinaisons et des attributs comiques. On se complaisait dans l'arrangement de pièces compliquées et on se perdait en explications qui prenaient place au-dessous du sujet graphique.

145. — **Des Anglais remorquant la flotte de l'envahisseur.** — Des Anglais sont assis sur le dos de Français et de Hollandais qu'ils guident pour traverser la mer, dans la direction de l'Angleterre. Un marin, à cheval sur Boney, lui tire le nez.

Caricature anonyme, 25 septembre 1804.

146. — **Inquisition de Boney, autre spécimen de son humanité envers Madame Toussaint.** — Mme Louverture est représentée presque nue, liée à un poteau, pendant que trois Français déchirent sa poitrine avec des pinces rougies au feu. Un autre lui arrache les ongles. Elle s'écrie : « Oh justice! oh humanité! oh quel scélérat! c'est en « vain que vous avez essayé de flétrir le rôle des Anglais, mais leur courage a dompté votre « lâcheté. » — Un des bourreaux lui dit : « Pourquoi n'avouez-vous pas? »

Napoléon, sur son trône, regarde la scène avec satisfaction, en se disant à lui-même :

« Ceci, c'est de la luxure! Jaffa, Acre, Toulon et le duc d'Enghien n'étaient rien auprès « de cela! Ces pinces ne sont pas assez rouges, gardez ses ongles pour les mettre dans « mon coffret, et si elle meurt, nous ferons sa confession. »

Caricature de Ansell, 25 octobre 1804.

* Allusion aux mauvais traitements exercés sur la veuve de Toussaint-Louverture.

The Genius of France nursing her darling.

× False of Heart, light of Ear, bloody of Hand,
Fox in stealth, Wolf in Greediness, Dog in Madness,
Lion in Prey :- bless thy Five wits.

147. — LE GÉNIE DE LA FRANCE ÉLEVANT SON FAVORI.

Dans le haut, on lit : « C'est un petit roi qui aura un grelot et une couronne. — Que tes cinq sens soient bénis, mon enfant, et n'arrivent pas à te détrôner. »

Voici la traduction des vers qui figurent au-dessous de la légende : « Cœur faux, oreille inconstante, main sanglante. Il tient du renard pour le vol et du loup pour la voracité; il est, comme le chien, sujet à la rage et, comme le lion, n'épargne pas sa proie. — Que tes cinq sens soient bénis!!! »

* Ballade qui rappelle celle du *Roi Lear*.

[*Caricature de James Gillray*, 26 novembre 1804.]

148. — **La mort de « Madame République ».** — La République est étendue sur son lit de mort, tandis que Sieyès dorlote le nouvel Empereur.

John Bull, ses lunettes sur le nez, s'informe de ce qui lui est arrivé : « Je vous en prie, « monsieur l'abbé Sieyès, quelle est la cause de la mort de cette pauvre dame? Elle sem- « blait être, il y a quelque temps encore, en pleine santé? — Sieyès répond : « Elle est « morte, monsieur Bull, en donnant le jour à ce petit Empereur. »

Caricature Rowlandson, 14 décembre 1804.

149. — **Une nouvelle Fantasmagorie pour John Bull.** — Une lanterne magique au travers de laquelle on voit Napoléon traversant le détroit pour faire visite à John Bull, le drapeau tricolore d'une main, tandis que, de l'autre, il conduit Joséphine dont la robe est parsemée d'abeilles.

L'ours russe est sur un rocher, et John Bull sur un autre, l'épée hors du fourreau.

Joséphine annonce qu'elle vient avec le pavillon de la paix, mais John Bull lui dit : « Soyez damnée, vous et votre paix, je ne ferai rien sans consulter *frère Bruino* (la Russie) « et je l'entends qui grogne au large. »

Caricature de Woodward, 1er février 1805.

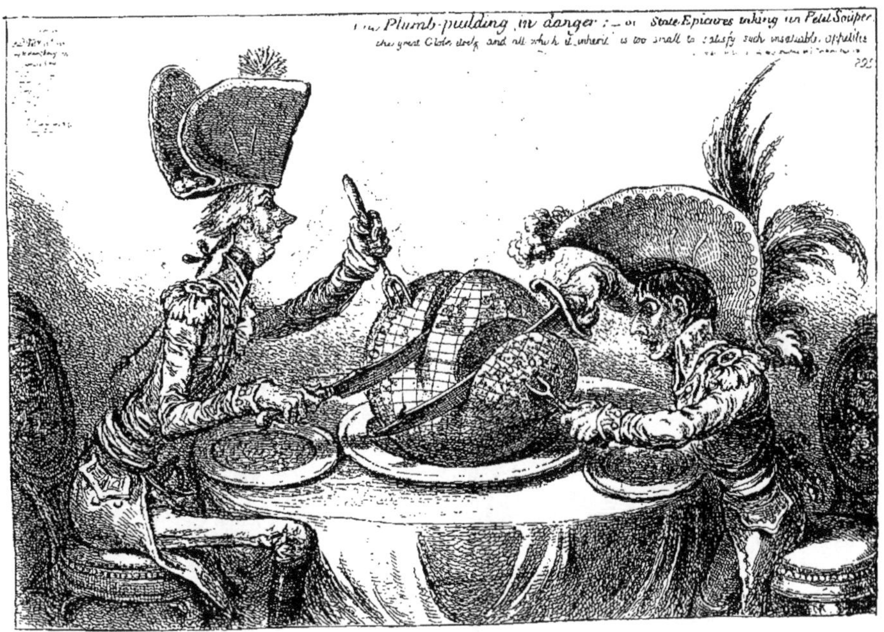

150. — LE PLUM-PUDDING EN DANGER OU L'ÉPICURIEN DE L'ÉTAT FAISANT UN « PETIT SOUPER ».

Au-dessous, on lit : « Le grand globe et tout ce qu'il renferme n'est pas suffisant pour satisfaire leurs appétits insatiables. »

* Le personnage qui aide ainsi Bonaparte à dépecer le pudding géographique est Pitt. Tandis que Bonaparte se découpe, avec une voracité non déguisée, la Hollande, la France, l'Espagne, l'Italie, le ministre anglais plonge dans l'Océan sa fourchette, en guise de trident.

[*Caricature de James Gillray*, 26 février 1805.]

151. — **Ci-devant occupations, ou Mme Tallien et l'impératrice Joséphine dansant nues, devant Barras, durant l'hiver de 1797** (*sic*). — Barras, assis dans son fauteuil directorial que surmonte un petit Bacchus coiffé du bonnet phrygien, regarde les danses lascives de ses deux maîtresses, Mme Tallien et Joséphine. Comme légende, on lit : « Barras, alors puissant et fatigué de Joséphine, promet à Bonaparte de l'avancement, s'il « parvient à l'en débarrasser. »

Placé derrière un paravent, le général en chef de l'armée d'Italie soulève un rideau pour mieux jouir du spectacle. Le dessinateur a donné libre cours à sa verve en semant ledit paravent de dessins amusants, notamment l'Amour monté sur un crocodile.

Caricature de James Gillray, 20 février 1805.

152. — **Saint Georges et le Dragon.** — Napoléon (un féroce dragon) a saisi la pauvre Angleterre qui laisse échapper sa lance et son bouclier; elle a les cheveux et les vêtements en désordre, les bras levés, et se débat pour échapper à son sort. Saint Georges (Georges III) à cheval, vient pour la délivrer et, frappant le dragon, fend sa couronne.

Caricature anonyme, 2 août 1805.

153. — **Tom Pouce aux abois, ou Apparition des souverains de la Forêt.** — L'empereur lilliputien, qui a jeté son sceptre et sa couronne, est poursuivi par un aigle à deux têtes, un ours et un sanglier; il va tomber entre les griffes d'un lion féroce.

« Comment m'échapper? Si j'évite l'ours et l'aigle, je suis pris par le lion. »

La Hollande, l'Espagne, l'Italie, ont, toutes, des chaînes au cou; mais, voyant la situation de Bonaparte, la Hollande enlève la sienne et la dépose sur le sol. L'Espagnol étonné s'écrie : « Quoi, vous enlevez votre chaîne. » Et l'Italien qui se préparait à en faire autant dit : « Je crois que le Hollandais a raison, et que le moment est venu d'enlever les nôtres. »

Caricature de Ansell, octobre 1805.

154. — **Le départ de la côte ou La fin de la farce de l'invasion.** — Napoléon, monté sur un âne, retourne tristement chez lui.

La couronne de fer chancelle sur sa tête ; son coursier est chargé de l'armée d'Angleterre, du campement de Boulogne et d'excuses pour l'inexécution de ses projets.

Le lion britannique, couché sur ses falaises, avance la patte pour lui faire ses adieux.

Napoléon s'écrie : « Quelle averse! Je serai transpercé avant d'atteindre le Rhin! »

Caricature de Rowlandson, 1er octobre 1805.

155. — LA CAPITULATION D'ULM, OU BONAPARTE ET LE GÉNÉRAL MACK ARRIVANT A UN COMPROMIS QUI POURRAIT SERVIR DE SPECIMEN POUR LES VICTOIRES FRANÇAISES : CONQUÉRIR SANS VERSER UNE GOUTTE DE SANG.

Sur le papier qui est à terre on lit : « Articles devant être livrés : 1 feld-maréchal, 8 généraux en chef, 7 lieutenants généraux, 36.000 soldats, 80 pièces de canon, etc., etc. »

Bonaparte est censé dire : « Voilà le prix de votre capitulation : dix millions, vingt! J'estime que ce n'est pas seulement dans mon armée que réside le moyen de conquérir; je hais la victoire obtenue par l'effusion du sang. »

Et le général Mack lui répond : « C'est bien mon avis. A quoi bon faire battre des milliers d'hommes lorsqu'il est si facile d'arriver à une *entente* par des moyens pacifiques? » Aux côtés de Bonaparte des grenadiers tenant des sacs sur lesquels on lit : 20 *millions de livres.*

* Charles, baron de Mack, commandant de l'armée autrichienne du Danube, subit trois ans de captivité au Spielberg pour s'être rendu à discrétion.

[*Caricature de James Gillray*, 6 novembre 1805.]

156. — **Nap. Buonaparte malade pour avoir appris par « la Gazette Extraordinaire » (1) la victoire de Nelson sur les flottes alliées.** — Napoléon est malade à la suite des nouvelles qu'il vient de lire, et le journal annonçant le terrible événement « dix-neuf vaisseaux pris par lord Nelson » tombe de ses mains tremblantes.

Quatre docteurs sont en consultation pour examiner le cas, dont il a ressenti les premiers symptômes lorsqu'il a dit au général Mack qu'il lui fallait « des vaisseaux, des colonies et du commerce ».

Caricature de Rowlandson, 13 novembre 1805.

157. — **Boney battant Mack et Nelson lui donnant une volée de coups, ou Les matelots anglais donnant à Boney ce que son cœur désire : vaisseaux, colonies, commerce.** — Mack est agenouillé en suppliant devant Bonaparte, qui frappe sur son épée captive et dit : « Je ne désire ni vos forts, ni vos villes, ni vos territoires, je veux « seulement vos vaisseaux, vos colonies et votre commerce. »

Pendant cette péroraison militaire, des messagers arrivent. L'un dit : « Puisse Votre « Majesté Impériale être satisfaite, ce damné Nelson prend tous vos vaisseaux (2), vingt « d'un seul coup, et si vous ne venez pas tout de suite, il n'en restera plus un seul pour « refaire la traversée. »

Caricature de Isaac Cruikshank, 19 novembre 1805.

158. — **John Bull échangeant des nouvelles avec le continent.** — Napoléon en crieur de journaux sont sur un rocher portant cette inscription : « Mensonge ». Le *Journal de l'Empire* dit que l'Archiduc Charles est mort de fatigue; le *Journal des Spectacles* annonce que l'Angleterre est envahie; la *Gazette de France* proclame la dispersion de la flotte anglaise et la *Publicité* ajoute que les flottes alliées sont envoyées à sa poursuite.

Des fausses nouvelles sont répandues partout, mais elles produisent peu d'effet sur John Bull qui, en crieur de journaux, se tient sur le *rocher de la Vérité* et brandit un journal, *Extraordinaire Gazette*, *Trafalgar London*, tout en criant dans un cornet : « Défaite « complète des flottes alliées de France et d'Espagne, » — et, à l'arrière-plan, on aperçoit, en effet, la reproduction vivante de cet événement.

Caricature de Woodward, 11 décembre 1805.

* Assurément les bulletins officiels et les articles rédigés sur les ordres du cabinet des Tuileries n'étaient pas toujours de la plus stricte exactitude. Souvent la vérité y était quelque peu altérée, mais de là à n'être qu'un tissu de mensonges, comme l'affirmaient les Anglais et leurs alliés, il y a loin; car toutes les victoires du premier Empire eussent été, alors, des défaites.

Quoi qu'il en soit, cette prétention à la vérité, à l'exactitude du récit, qui se fait jour dans toutes les estampes comme dans tous les pamphlets de l'époque, se perpétuera indéfiniment et sera encore revendiquée, de nos jours, par les nations étrangères contre la France toujours accusée de transformer les événements à sa guise.

(1) Titre d'un journal anglais, sur le modèle des feuilles d'actualité, publiées par la suite, qui donnait les nouvelles de la guerre.

(2) Allusion à la bataille de Trafalgar livrée le 21 octobre 1805, dans laquelle le vainqueur, l'amiral Nelson, trouva la mort, et dont les détails avaient été publiés le 6 novembre par les journaux anglais avec force éloges dithyrambiques du vainqueur, avec poésies de circonstance et chants de triomphe.

159. — TIDDY-DOLL, LE GRAND FABRICANT DE PAIN D'ÉPICE FRANÇAIS, PRÉPARANT UNE NOUVELLE FOURNÉE DE ROIS.

Bonaparte introduit dans le nouveau four impérial français, sous la forme de trois figures de pain d'épice, les rois de Bavière, de Saxe et de Wurtemberg, tandis que le balai corse pousse dans le foyer, pour alimenter le feu : les vieux sceptres, les vieux pouvoirs de l'Europe, les jacobins français et les cantons suisses, tout comme l'Italie, l'Espagne, l'Autriche, la Hollande. En costume mi-ecclésiastique, mi-diplomatique, Talleyrand, facilement reconnaissable à son pied-bot, fait le mitron, pétrissant dans son pétrin politique, la Turquie, la Hongrie, la Pologne; dans le coin, l'aigle de Prusse qui se jette avidement sur les morceaux de pâte ayant l'inscription : Hanovre. Sur la commode, dont les tiroirs portent les étiquettes : *rois et reines, sceptres et couronnes, lunes et soleils,* se trouve une série de petits bonshommes moulés, ainsi qualifiés : *Pâtes de vice-rois, à cuire pour la prochaine fournée.* Au premier plan, une corbeille emplie d'autres personnages; ce sont les *rois et les princes corses à l'usage de l'intérieur et pour l'exportation.* A côté, des pains d'épice prêts à entrer dans le sac, sur lequel on lit : « *Pains d'épice tout chauds qui vont entrer dans mon sac à bonnes fortunes.* »

[*Caricature de James Gillray*, 23 janvier 1806.]

160. — **Boney et le grand secrétaire.** — Napoléon, petit, disparaissant sous un énorme chapeau à plumes devant Fox (dont le portrait est ici fort ressemblant) taillé comme un colosse et lui montrant le poing.

Napoléon cherche à être aimable : « Comment allez-vous, maître Charley? vous êtes si « beau que c'est à peine si je vous reconnaissais; ne vous souvenez-vous pas de moi, du « petit Corse Boney, que vous êtes venu voir à Paris, et qui fut si gentil envers vous?

« Si vous venez de mon côté, je serais très heureux de vous voir, ma femme également, « ainsi que toute ma famille. Vous les trouverez, comme vous, un peu changés dans « leurs costumes. Nous serons charmés de prendre avec vous le repas de la « *Paix* », si « vous y êtes disposé. » — Mais Fox s'écrie : « Quoi! vous, petit reptile corse, comment osez- « vous approcher de l'Honorable C. J. F., l'un des principaux secrétaires du conseil de « S. M., membre du P. C.! Moi, aller *vous* voir! Petit homme impertinent, monsieur Boney, « si vous ne disparaissez pas à l'instant, je briserai vos os, afin de vous apprendre à « vous conduire d'une manière plus convenable, et à ne pas mettre le pied sur cette terre « bienheureuse, sans ma permission. »

Caricature de Argus, février 1806.

161. — **John Bull tourmenté par des insectes de toutes les parties du monde.** — Il est dans sa petite île, bien ferme, assis sur un tonneau de brandy. Dans une main il tient

un pistolet et, de l'autre, brandit un coutelas, tandis que d'autres armes sont encore à sa portée. Il défie les insectes, qui arrivent en nuées. Ce sont des mites de Westphalie, des frelons d'Amérique, des mouches bleues de Hollande, des papillons d'Italie, des guêpes de Turquie, des cousins de Danemarck et, le pire de tous, la demoiselle de France, sous les traits de Napoléon. John Bull dit : « Allez toujours, mes amis, mais laissez-« moi au large, je n'ai besoin d'aucun de vous. Toutes vos attaques ne me font pas plus « d'effet qu'un cousin sur un éléphant, ou une mouche sur M. Lambert, de Leicester. »

Caricature anonyme, avril 1806.

162. — **Roastbeef et potage français. Le mouton anglais et le tigre français destiné au repas de Daniel Lambert.** — Daniel, à l'âge de trente-six ans, pesait 50 stones (chaque stone équivaut à 14 livres) et il avait 3 yards 4 pouces de thorax, 1 yard et 1 pouce de tour de jambe, 5 pieds 11 pouces de hauteur.

Cet homme si volumineux est assis, découpant un quartier de bœuf à côté duquel se trouve un grand pot de moutarde, un énorme pain et un pot de bière écumante.

Napoléon, de l'autre côté de la table, prend un potage (nourriture peu commune chez les Anglais) et regarde avec stupéfaction le repas de son voisin.

Caricature de Ansell, avril 1806.

* Daniel Lambert, un de ces « paquets de graisse » dont les faits divers des gazettes relataient soigneusement les exploits, permit aux caricaturistes du jour de présenter sous une forme nouvelle leur vieux thème des gras et des maigres, tout en faisant place à l'actualité londonienne, ce qui avait le don de captiver les regards. Plus de quarante estampes popularisèrent ainsi les exploits de Daniel Lambert aux côtés du pygmée Napoléon.

63. — PROPOSITIONS DE PAIX OU LA FUITE DE SAINT-CLOUD. RÉPÉTITION AU DELA DU DÉTROIT D'UNE NOUVELLE ŒUVRE DRAMATIQUE.

A gauche, sur la loge royale, on lit : « Georges III toujours protégé par Dieu ».
Sur le grand papier que déroule et tient Talleyrand, et que montre Bonaparte, il est écrit : « Conditions

de la paix : — Reconnaissez-moi comme empereur, démontez votre flotte, dispersez votre armée, abandonnez Malte et Gibraltar, renoncez à tout rapport avec le continent, cédez-moi vos colonies pour un prix déterminé, engagez-vous à payer pendant sept ans à la « *Grande Nation* » un certain nombre de millions de livres sterling et accordez-moi, comme ôtage, la main de la princesse Charlotte de Galles avec dix dignitaires que je choisirai. »

Ce à quoi Georges III, qui lit avec une lorgnette, répond : « Ce sont vraiment des conditions amusantes et qui pourraient convenir aux nouveaux rois en pain d'épices; mais nous n'avons pas l'habitude d'abandonner vaisseaux, commerce et colonies, uniquement parce que le petit Boney se fâche pour les avoir. »

Sur la banderole que déroule le personnage situé derrière Bonaparte on lit : « Mon ami, rappelez-vous votre déclaration; nos politiques sont les mêmes. » — Devant les musiciens une foule d'attributions grotesques.

[*Caricature de James Gillray*, 5 avril 1806.]

164. — **En chair et en os** (1) **ou Un John Bull de condition modeste.** — Napoléon regarde ce phénomène et dit : « Je contemple cette merveille du monde et je regrette qu'avec tous mes domaines conquis, je ne puisse pas rivaliser avec cet homme : « Dites, Monsieur, « n'êtes-vous pas un descendant du grand *Joss*, de Chine? »

Lambert réplique :

« Je suis un vrai Anglais, du comté de Leicester. Une conscience tranquille, et une « bonne constitution alimentée par l'air pur de la Grande-Bretagne, voilà la source de la « prospérité de tout Anglais. »

Caricature gravée par Knight, 15 avril 1806.

165. — LE BIEN-ÊTRE SUR UN LIT DE ROSES. — EXPLICATION PAR CHARLEY (FOX) DU DISCOURS DE LORD C-STL-R-GH'S (2). SCÈNE NOCTURNE AUPRÈS DU CANON DE CLEVELAND.

Le canon duquel s'élance Bonaparte porte la mention : « Pour subjuguer le monde » et sur le drapeau français on lit : « Horreurs de l'invasion ». La légende placée au fond du lit doit se traduire ainsi : « Ré-

(1) *Bone* et *Flesh*; de nombreux jeux de mots seront également faits sur le *Bone-part.*

(2) Lord-Castlereagh, chef du ministère tory en 1805.

veille-toi, lève-toi, ou tu es à jamais perdu. » John Bull, en chien fidèle, se précipite pour dévorer Bonaparte tandis que, de dessous le lit, sort la Mort, son sablier en main, annonçant au ministre que c'est la punition de son intempérance et de sa vie dissolue.

Cette caricature fut publiée à propos d'un discours de lord Castlereagh dans lequel l'homme d'État anglais félicitait le ministère Fox de se trouver sur un lit de roses, ce à quoi Fox avait répondu qu'il y avait plus d'épines que de roses. Le couvre-pieds, comme on peut le voir, est, en effet, parsemé de plus d'épines que de roses : il y a la *rose indienne*, la *rose française*, la *rose de l'émancipation*, la *rose de la coalition* et la *rose des volontaires*. Le sommeil de Fox est très agité ; le bonnet rouge, allusion à ses opinions politiques, qui lui sert de bonnet de coton, est tombé : il est empoigné au col, d'un côté par le spectre de Pitt (ce ministre était mort en janvier 1806), de l'autre par Bonaparte, tandis que l'aigle prussien se prépare, lui aussi, à le saisir dans ses serres.

[*Caricature de James Gillray*, 21 avril 1806.]

166. — **Deux merveilles du monde, ou Spécimen d'une nouvelle troupe de chevaux légers du Leicestershire.** — Le fameux cheval *Monarque*, le plus grand du monde, dépasse 7 pieds et n'a que six ans.

Lambert est monté sur ce quadrupède extraordinaire, et, l'épée à la main, il se dirige sur le pauvre petit Boney qui s'écrie avec épouvante : « Parbleu, si c'est un spéci-« men des chevau-légers, que seront alors les *lourds*? Oh! je remettrai l'invasion à une « autre fois. »

Caricature de Ansell, mai 1806.

167. — LE MINISTRE MAGNANIME CHATIANT LA PERFIDIE PRUSSIENNE.

Le ministre Fox, qui venait de remplacer Pitt, s'exprime ainsi : « Ah! maraudeur prussien, je vous « ai donc enfin pris! Quoi, vous me regardiez comme ayant deux visages, comme un Talleyrand faux « et dissimulé! Vous croyiez que je vous ressemblais, vous qui paraissez aller d'un côté et vous dirigez « de l'autre! Parce que je prononçais des discours loyaux vous m'avez pris pour une girouette, renégat! « Ah! vilain francisé, je vous apprendrai qu'on ne dupe ni n'insulte pas ainsi mon très cher maître, je « vous prouverai que l'on ne s'associe pas impunément avec des coquins comme Boney et O'Connor! »
Le personnage à genoux répond : « Vraiment! vraiment! vraiment! je n'ai pu empêcher ce qui est ar-« rivé. » Derrière, Napoléon en train de lire sur le papier que tient le ministre anglais : « État de la « nation. »

* Le personnage à genoux est Haugwitz redevenu ministre en 1806. C'est sous son administration que la Prusse, mise en possession du Hanovre, fut forcée de prendre parti contre l'Angleterre. Il s'excuse devant Fox.

[*Caricature de James Gillray*, 2 mai 1806.]

168. — **Jupiter-Boney accordant un roi aux grenouilles de Hollande.** — Les grenouilles ont envoyé une députation à Jupiter pour avoir un roi. Il leur a expédié une cigogne qui les mange, comme dans la fable d'Ésope. Les Hollandais, mécontents, demandent pour chef suprême de leur République le prince Louis.

Napoléon, en Jupiter, assis sur un aigle (qui ressemble autant que possible à un diable), dit : « J'accède à votre désir et je proclame le prince Louis, roi de Hollande. Vous, Prince, « régnez sur ce peuple. »

Talleyrand, en Ganymède, demande à Jupiter une consolation pour les mécontents.

Caricature de Knight, 26 juin 1806.

169. — **Expériences à Douvres, ou La lanterne magique de maître Charley (Fox).** — Fox est assis au bord de la mer, faisant des projections sur la rive opposée. Il fait passer successivement dans la lanterne : Le Messager de Boulogne, — le Messager pour Paris, — Encore des dépêches, — et il montre ensuite Napoléon, en crieur de journaux, publiant avec son cor : « Les préliminaires de la Paix ». — Le dernier tableau représente un homme agitant son chapeau et criant : Hourrah !

Fox dit : « Vous voyez, monsieur Bull, que j'avais raison de dire que je vous ferais « une surprise : Préliminaires de Paix, — Hourrah ! »

John Bull croit qu'on lui cache quelque chose et n'est pas satisfait. « Oui, ce serait « très beau, si c'était vrai, mais je ne peux pas oublier ces damnées inscriptions pour les « emprunts de l'État, et, d'une façon comme de l'autre, il y a toujours des contradic- « tions.

« Je vais te dire, Charley, depuis que tu es devenu un grand homme, je pense quel- « quefois au fond de mon cœur que tu conspires. »

Caricature de Rowlandson, 21 juillet 1806.

170. — **Jeu des messagers, instructif et amusant, ou Divertissement d'été pour John Bull.** — Cette estampe représente la Manche, sur les deux rives de laquelle on joue un jeu animé, avec des raquettes qui lancent en l'air, entre les deux pays, des volants ayant la forme de messagers. Les messagers sont : « la Paix, l'Espérance, le Désespoir, pas de paix, des passeports, dépêches, la paix assurée, des créances. »

Du côté français, Napoléon et Talleyrand tiennent le jeu en activité. « Attention, Talley, « c'est très amusant, continuez aussi longtemps que vous pourrez, afin que nous puissions « préparer nos projets. » Shéridan, Fox et autres jouent sur la rive anglaise.

John Bull, simple spectateur, ne s'amusant pas beaucoup, sort de sa poche un journal sur lequel on lit : « Être très prudent pour la Banque du Commerce. »

Shéridan s'écrie : « Vous avez raison, mes amis, maltraitez-les. »

Fox demande à John Bull si ce n'est pas un joli jeu. Johnny répond : « Oui, cer- « tainement, ils volent monstrueusement vite, mais vous ne tirerez pas plus d'argent de « ma poche pour cela. »

Caricature de Ansell, août 1806.

171. — **Le barbier du continent.** — Boney bat Jemmy Wright, qui rase cependant comme tout le monde, mais pas tout à fait aussi bien. En sa qualité de barbier, il va raser le Grand Turc, et brandissant un rasoir en acier corse, il lui saisit la barbe. Naturellement le Turc résiste, en disant : « Par le saint prophète, je ne puis me séparer « de ma barbe, ou le peuple à Constantinople ne me reconnaîtrait plus pour son « grand maître. » Talleyrand, en aide, savonne le visage du Turc, et le persuadant : « Ne « faites pas tant d'embarras, il faut toujours que mon maître coupe, quand il a attrapé un « client dans sa boutique. » Boney crie : « Savonnez, Talley, savonnez. Je l'allégerai bien- « tôt de ce qu'il a de trop, pour le faire ressembler à mes clients chrétiens. »

Caricature de Argus, septembre 1806.

* Encore une célébrité londonnienne et une particularité anglaise, les femmes rasant : un rapprochement de plus entre les Anglais et les Bretons, comme le faisait remarquer, sous la Restauration, un voyageur observateur.

172. — NOUVELLES DE LA CALABRE! PRISE DE BUENOS-AYRES! L'AGRÉMENT D'UN DÉJEUNER A SAINT-CLOUD.

Talleyrand, porteur de mauvaises nouvelles, entre autres de la prise de Buénos-Ayres par les Anglais, est vivement secoué par Napoléon qui, dans sa fureur, renverse son déjeuner et lui crie : « Allez-vous-en, oiseau de mauvaise augure; vous n'apportez que des nouvelles de mort. »

Derrière Talleyrand on voit apparaître les représentants de toutes les nations malmenées par Napoléon et, sur les placets que chacun d'eux vient présenter, on lit : « Toute l'Allemagne levée et armée en masse. » — « La Hollande épuisée, mûre pour la révolte. » — « L'Espagne désespérée de la perte de ses colonies. » — « Saint-Pétersbourg refusant de ratifier les traités français. » — « La Suède se défiant, Charles XII *redivivus*(1). » — « La Prusse s'éveillant des transes de la mort. » — « L'Italie secouant ses chaînes. » — « La Sicile en feu comme l'Etna (2). » — « Les Suisses maudissant le joug français. » — « Le Portugal fidèle jusqu'au dernier soupir. » — « Le Danemark attendant une occasion. » — Derrière Napoléon, Joséphine, les princes et les sœurs de Napoléon toujours représentés de la même façon.

[*Caricature de James Gillray*, 18 septembre 1806.]

173. — **Quadrille politique.** — Deux camps jouent aux cartes, l'un est composé de Georges III, la Russie, l'Espagne et la Prusse; l'autre de Napoléon, l'Italie, la Hollande et l'Autriche. Georges III dit : « Je n'ai jamais eu de chance avec le *neuf de carreau* (ma-« lédiction de l'Écosse) en main; j'en ai maintenant toute une suite, mais sans le valet (coquin). » L'Espagne dit · « J'ai été obligée de jouer, mais c'était une *spadille forcée.* » La Prusse remarque » : Si je joue, je serai capot; si je ne joue pas, ils m'appelleront *gâteau prussien.* »

Dans l'autre camp, Napoléon observe : « Je crois que je puis commencer à jouer seul. Non, je puis appeler un roi, si j'en ai besoin, j'ai beaucoup de cartes de la même couleur. » L'Autrichien passe, l'Italien croit que le pauvre ponte sera bientôt nettoyé. La Hollande

(1) Le roi de Suède était alors Gustave IV Adolphe, ennemi acharné de Napoléon, qui devait être détrôné en 1809. Gustave III avait été assassiné en 1792, au moment où il projetait de se mettre à la tête de la coalition contre la Révolution française. C'est donc une allusion à son esprit qui semblait vouloir triompher à nouveau.

(2) La Sicile venait de passer sous la domination de Joseph Bonaparte, qui avait alors fort à faire avec les conspirations bourboniennes.

fait la réflexion qu'elle a eu un roi sans le demander, « mais », ajoute-t-elle, « je n'ai « pas d'atout et j'ai peur de perdre tout mon poisson ».

Caricature de Ansell, octobre 1806.

174. — **Matelots causant avec Boney sur le blocus de la vieille Angleterre.** — Napoléon fait le fanfaron derrière des fortifications, brandissant son épée sur laquelle on lit *la Terreur du continent*, et disant : « Par mon décret impérial, l'Angleterre est en état de siège. » Deux marins anglais sont dans un petit bateau appelé le « Nelson » et l'un crie à l'Empereur : « Quoi ! que voulez-vous? boire tout? Tom Pipes et moi, dans ce petit bateau, « nous vous bloquerons de manière à ce que vous ne puissiez pas découvrir un seul ruisseau. « Oui, bloqué ; vous êtes bien un compagnon à parler de faire un blocus. » Son ami ajoute : « Je suis étonné, Jack, que vous perdiez un temps précieux à parler à un tel paresseux. » John Bull, sa pipe à la main, est debout sur les falaises d'Albion, se tordant de rire, en présence des prétentions de Napoléon.

Caricature de Ansell, décembre 1806.

175. — **Bonaparte bloquant John Bull.** — Boney et son armée traversent la Manche, disparaissant sous leurs chapeaux retroussés. Napoléon présente son épée et son pistolet à John Bull en lui disant : « Je vais vous bloquer, coquin d'Anglais, vous entravez « tous mes projets; c'est vous, et vous seulement, qui osez résister à ma volonté. Plus un « seul de vos vaisseaux ne pourra bouger. »

John Bull, pris d'un accès de fou rire, lui réplique : « Ah ! vous voulez mettre en pièces « mes constructions. Ah ! ah ! ah ! Master Boney, vous avez l'air de Neptune traversant la « ligne équinoxiale (Equateur). Je suppose que la prochaine fois vous ferez le blocus de « la lune. »

Caricature de Sauler, décembre 1806.

176. — **L'entrée en Pologne, ou Une bonne bouche pour Boney.** — Les magnats polonais sont à genoux et s'écrient : « Quel beau jour pour la Pologne! » Le premier embrasse les pieds de Napoléon, qui lui dit : « Relève-toi libre et indépendant ; les Polonais auront « un roi et je serai son *vice-roi, au-dessus* de lui. » Derrière, un porte-étendard, avec un drapeau sur lequel figurent une paire de menottes, une guillotine, deux épées croisées, et la légende : « Secours pour les Polonais. » A côté de lui, un autre soldat francais vide un sac de chaînes.

Caricature anonyme, janvier 1807.

* Les dessinateurs anglais profitèrent des avances de Napoléon aux Polonais pour représenter à nouveau l'Empereur comme le pire ennemi de la Liberté.

177. — **Le géant du Commerce écrasant le blocus de Pygmée.** — Le commerce est représenté par un personnage symbolique.

Son chapeau est en marchandise de Wedgwood, son visage est en produit du Staffordshire, ses yeux sont en porcelaine de Derby, sa bouche en porcelaine de Worcester, son corps en laine, ses bras en calicot imprimé ; ses mains étant enfermées dans des gants de Woodstock. Il porte un châle de Norwège, etc...

Il est occupé à lancer des traits à Napoléon qui s'abrite derrière ses fortifications.

Ses armes agressives consistent dans les articles suivants : acier de Birmingham, un morceau de fer, des ciseaux, des fourchettes, des couteaux, du sucre, des boutons de Birmingham, et... un tonneau de porto anglais, ainsi que d'autres spiritueux.

Napoléon dit : « Je vous en prie, monsieur le Commerce, ne m'écrasez pas, et je lèverai « le blocus de la vieille Angleterre ».

Caricature de Woodward, 27 janvier 1807.

* De tout temps l'Angleterre fut fière de son industrie et de l'esprit commercial de ses enfants ; de tout temps, je veux dire depuis le dix-septième siècle, elle s'est plu aux allégories vivantes, dans le genre de celles qui figurent ici, et qui rappellent absolument les estampes françaises des Bonnart, ces représentations emblématiques des métiers qui obtenaient tant de succès sous Louis XIV. Avec Bonaparte, et plus encore sous l'Empire, elle opposa ainsi l'Esprit commercial, l'industrie, qui représentait pour elle les idées de paix, de travail et de progrès, à l'esprit diabolique, infernal, de la guerre, de la conquête et du rapt incarné en Napoléon. Et, naturellement, le commerce anglais prit les allures d'un géant devant Bonaparte-Pygmée.

BONEY and his ARMY in WINTER QUARTERS.

178. — BONEY ET SON ARMÉE DANS LEURS QUARTIERS D'HIVER.

A l'arrière-plan est une prison d'État pour prisonniers de guerre. Sur le devant, l'ours russe étreignant le pauvre Boney et s'apprêtant à le jeter dans la rivière.

Boney supplie Talleyrand de ne pas révéler sa situation à ses fidèles sujets.

Talleyrand, un pied dans la Vistule et l'autre sur terre ferme, répond : « Laissez-moi le soin d'une publication », et il applique ses lèvres à l'embouchure d'une trompette d'où sort un vrai et un faux rapport.

Le vrai : 4.000 prisonniers, 3.000 noyés, 12 aigles prises, 12.000 hommes tués, s'évanouit en fumée, tandis qu'on peut lire, dans tous ses détails, le « Grand Bulletin pour Paris » par lequel l'auguste Empereur informe la nation, ses fidèles et chers sujets, qu'ayant opéré des merveilles en Russie, il termine sa campagne pour cette saison, et se retire dans ses quartiers d'hiver.

[*Caricature de Ansell*, mars 1807.]

179. — **Politique triomphante (ou politique à cheval).** — Le coursier blanc de Napoléon butte contre une pierre sur laquelle est écrit : « Insatiable ambition ».

Benningsen (1) est à sa poursuite. Il saisit les rênes et jette Napoléon à terre. Dans sa chute, celui-ci perd son épée « Oppression » et crie plaintivement : « Arrête, arrête, bon « Benningsen, ne tuez pas un pauvre diable! L'armistice, l'armistice, j'ai des proposi- « tions de paix à vous faire ».

Le Russe, sans pitié, se prépare à lui passer l'épée au travers du corps. « Coquin, « meurtrier, incendiaire, violateur! Vous pensiez, avec votre couronne de fer, régner sur le « Nord comme sur le Midi; mais apprenez, tyran, que les fils du Nord vous sont supé- « rieurs ».

John Bull l'encourage, en criant : « Bravo! bravo, braves Russes! Encore un coup, et « adieu Maître Boney. »

Caricature de Sauler, 10 mars 1807.

* Le Nord contre le Midi, cette idée se trouvera souvent développée sur les compositions graphiques du jour.

(1) Théophile, comte de Benningsen (1745-1826), général de l'armée russe, qui venait de perdre la bataille d'Eylau.

180. — LA NOUVELLE DYNASTIE OU LE PETIT JARDINIER CORSE PLANTANT UN POMMIER ROYAL.

L'arbre que l'on est en train d'abattre est *le chêne royal* anglais dans le haut duquel se trouve, en effet, une couronne. Sur des glands, on lit : *Intégrité des Lords. — Foi protestante. — Indépendance des Communes. — Liberté de la Presse.* (Allusions aux partis dont la hache sape dans ses fondements, la monarchie traditionnelle.)

Dans le pommier que plante Napoléon et qui a, à sa racine, le nom de « Guillaume, le Conquérant normand », chaque fruit porte une inscription : « Henry de la Pole, décapité, 1538. — Duchesse de Clarence, condamnée à mort, 1453. — Henri Plantagenet, décapité, 1415. — Edmond, quatrième fils de Henri II, décapité. » Ce sont les fastes de la royauté anglaise pour avertir Napoléon du sort qui l'attend.

Dans le fond, tous les pommiers plantés par le Corse, c'est-à-dire toutes les monarchies créées ou renouvelées par lui. Sur le devant, dans un panier, les boutures qui doivent servir à de nouvelles plantations. Les têtes représentent sir Françis Burdett, Cobbett, Horne Tooke (1).

Le jardinier qui aide Bonaparte à planter son pommier est Talleyrand. Sur le sabre de Bonaparte on lit : « Le greffoir Corse ».

[*Caricature de James Gillray*, 25 juin 1807.]

181. — **Boney étreignant l'empereur de Russie d'une manière exagérée : « Mon cher frère, recevez cette accolade fraternelle, en dehors de toute affection sincère »**. — (Caricature sur l'entrevue de Tilsitt.) — Le Russe trouvant que le radeau oscille terriblement et n'aimant pas ce genre d'effusion, s'écrie : « Frère, vous allez m'étouffer, et le radeau, ce me semble, enfonce bien rapidement ». — Le pauvre roi de Prusse se débat dans l'eau et sa couronne nage loin de lui : « Ah! j'ai eu bien tort de l'écouter, je crains de ne jamais pouvoir la rattraper ». Quant à la couronne de l'empereur de Russie, elle tombe sous le coup de l'étreinte « cordiale » que lui donne Napoléon.

Caricature de Ansell, juillet 1807.

182. — **La bonne bouche Impériale ou Le repas de Tilsitt.** — Napoléon, entouré de ses gardes, est assis d'un côté de la table, l'Empereur de Russie lui faisant vis-à-vis. Ce dernier a une assiette vide, et devant lui, du poivre de Cayenne, tandis que Napoléon a la bouche remplie de tranches de Continent, sans compter des biscuits d'Austerlitz, du pâté

(1) Sir Francis Burdett, ami de Fox, dont il a été déjà question plus haut; sir William Cobbett qui, en 1815, devait défendre Napoléon contre Castlereagh; John Horne Tooke, également partisan de la Révolution française, qui, dans plusieurs circonstances, fit l'éloge de Bonaparte.

de Friedland, et du flan d'Eylau qu'il se prépare à découper. Il dit à son Empereur : « Mon cher frère, vous ne mangez pas, qu'avez-vous? regardez quel bon repas est en « train de faire notre cher frère et cousin, avec les miettes qui tombent de la table » (le roi de Prusse, à genoux, ramasse, en effet, quelques fragments d'un gâteau prussien). — L'empereur de Russie, son couteau et sa fourchette en l'air, regarde avec confusion son voisin et répond : « Comment pourrais-je manger, lorsque vous gardez tout pour vous? »

Caricature de Ansell, juillet 1807.

183. — **Honneurs réciproques à Tilsitt, ou Le Singe, l'Ours et l'Aigle.** — Napoléon est représenté en singe, assis sur un tambour, et portant sur sa poitrine une plaque « Ordre de Saint-André à notre fidèle, etc... mensonge. »

L'ours est décoré de la Légion d'honneur : « A notre cher cousin... mensonge. »

Le pauvre ours a un bonnet d'âne et des grelots, il est muselé, et son cou est enserré dans un collier qui porte l'inscription ironique : *Collier d'Indépendance*. Napoléon lui dit : « Vous n'avez jamais été aussi beau de votre vie, vous ne pouvez pas vous figurer combien « la médaille, le bonnet, les grelots, vous vont bien ».

Mais l'ours rumine avec chagrin : « Je serais vraiment honteux de retourner pareille- « ment affublé dans ma confrérie; que dirait mon vieil ami le lion? »

L'aigle prussien est également décoré de la Légion d'honneur, mais il est dans un état pitoyable, une de ses têtes est tranchée, et la couronne de l'autre à moitié brisée. Ses ailes sont coupées et il ne cache point qu'il se trouvait bien mieux auparavant.

Caricature de Ansell, août 1807.

184. — **L'Angleterre déplorant la perte de ses alliés et demandant conseil à John Bull.** — Napoléon est assis sur son trône, tous les souverains d'Europe rampent à ses pieds. Au premier plan l'Angleterre disant à John Bull : « Donnez-moi votre « avis : que dois-je faire? tous mes alliés m'ont abandonné et sont aux pieds de l'usur- « pateur; la Russie même les a rejoints ».

John Bull, une grosse baguette de chêne en main, répond : « Ce que vous devez faire, « vous appuyer sur moi, votre vieil et fidèle allié, qui ne vous abandonnera jamais ».

Caricature de Ansell, août 1807.

THE MODERN ATLAS asking a favor of JOHN BULL.

185. — L'ATLAS MODERNE DEMANDANT UNE FAVEUR A JOHN BULL.

* Napoléon le monde sur ses épaules, — ce continent qu'il voudrait posséder tout entier, — arrive chez John Bull et lui tient le langage suivant : « Vous n'ignorez pas, monsieur Bull, que je suis parti avec l'intention de conquérir le monde ; j'ai réussi en partie, mais il y a tellement de fentes et de crevasses qui demandent à être remplies, qu'il me serait impossible d'accomplir mon projet à moins que vous ne vouliez bien me donner accès dans votre cabinet réservé. Et alors, Johnny, nous serions ensemble dans les meilleurs termes. »

A ces avances, John Bull, qui fume paisiblement sa pipe, se contente de répondre suivant son habitude : « J'aimerais mieux vous voir damné. » Sur le coffre-fort dont les bonnes munitions font cligner de l'œil à Napoléon, on lit : « Grande-Bretagne, Irlande, Écosse, Empire des mers, cap de Bonne-Espérance, Gibraltar, Indes orientales, Indes occidentales, Malte, Flotte danoise », c'est-à-dire toutes les richesses, tous les trésors enviés.

[*Caricature anonyme*, septembre 1807.]

186. — **Le pâté glacé ou Les résultats de la paix de Tilsitt.** — L'empereur de Russie et Napoléon découpant un énorme pâté. Le souverain russe remarque que jamais pâté ne lui parut aussi bon. Arrive la pauvre Prusse qui observe humblement : « Vous m'aviez promis, autrefois, de ne pas y toucher ; maintenant vous m'avez réduite « à la pauvreté, j'ai une jambe de bois, et vous ne m'en donnez même pas une bouchée, « c'est vraiment bien cruel ! »

Napoléon se tourne vers son frère, l'empereur, et lui dit : « Donnons-lui un petit mor- « ceau de croûte, juste pour l'empêcher de se plaindre ! »

Caricature anonyme, 10 septembre 1807.

187. — **Gulliver remorquant la flotte vers Lilliput.** — L'amiral Gambier nageant vers l'Angleterre, et remorquant les vaisseaux capturés. George III, du haut d'une tour, regarde la scène au travers de son télescope. Sur le continent, Napoléon est furieux, et les peuples qui sont sous sa domination prennent des attitudes de désespoir.

Napoléon s'écrie : « Que cet individu soit maudit ; arrêtez-le, Talley ; mais enfin, est-ce « que personne ne l'arrêtera ? Nous n'envahirons jamais l'Angleterre, tous nos projets « sont déjoués. »

Sur la côte de Zélande, un matelot explique à un indigène : « Tenez votre langue, vous « saviez comment vous y prendre pour piller nos ancêtres, et vous vouliez aider ce singe « français à faire la même chose, mais cela ne prend pas. »

Caricature de Isaac Cruikshank, 16 octobre 1807.

188. — **Coups d'œil d'envie sur John Bull et ses satellites, ou Un nouveau système planétaire.** — Au centre est assis John Bull, fumant gaiement, et buvant un broc de *bon ale d'octobre* (la bière d'octobre et la bière de mars sont, on le sait, les plus appréciées). Il est entouré de la marine anglaise, et d'une auréole de gloire.

Une comète corse francisée se dirige vers lui, ayant à ses côtés un ours à deux têtes, enchaîné. Une souris danoise, un lévrier d'Italie, un fromage suisse, une grenouille hollandaise et d'autres constellations, plus petites, sont groupées tout autour avec des airs envieux.

Caricature de Ansell, 21 octobre 1807.

189. — **Blocus contre Blocus, ou John Bull matchant avec Boney.** — John Bull, entouré de toutes sortes de victuailles, dit : « Eh bien ! maître Boney, nous allons voir « lequel résistera le mieux, mon mur ou le vôtre. Ah ! ah ! je puis regarder jusqu'à vous, « j'ai laissé une fente, je crois que vous serez bien aise de changer bientôt votre soupe « maigre contre mon roastbeef. »

Napoléon, une assiette de soupe devant lui, a l'air très déconfit. « Qui aurait pu croire « qu'il construirait une pareille muraille ? j'aurais mieux fait de le laisser seul. D'une ma- « nière comme de l'autre, je n'aime pas beaucoup cette nourriture. »

Caricature de Ansell, novembre 1807.

* Encore une allusion à la nourriture maigre des Français, à propos du décret de Hambourg établissant le blocus de l'Angleterre.

190. — **Dans le port et hors du port.** — Napoléon est assis sur un tonneau de vieux porto. John Bull fume, ayant à ses côtés un pot de bière et un énorme sac de guinées, murmurant son éternel : « Qu'il soit damné, lui et son port. »

Caricature de Woodward, 10 novembre 1807.

191. — **John Bull observant la comète.** — La tête de George III, en soleil, jette ses rayons au delà du détroit et éclaire la flotte anglaise qui sillonne les eaux. La tête de Bonaparte, coiffée d'un chapeau retroussé, à plumes, représente une comète qui fait de vains efforts pour se mettre en travers de l'astre du jour.

John Bull a planté son télescope sur les côtes du détroit et son œil suit la course du météore.

« Ah! ah! maître comète, vous pouvez atteindre votre périhélie, mais, croyez-moi, vous « n'arriverez jamais jusqu'au soleil. »

Caricature signée: Woodward del., Rowlandson sculp., 10 novembre 1807.

192. — **L'arsenal maritime du continent.** — Une misérable construction intitulée: « Magasin gaulois pour vaisseaux anglais », quoique ne contenant, en fait, aucun navire de cette nationalité. Les vaisseaux qu'on y voit sont, en effet, intitulés : le *Yaw Mynheer*, le *Don Diego*, le *Suédois*, le *Danois* et le *Napoléon* auquel travaillent un grand nombre de constructeurs sous la direction de Napoléon, l'épée en main.

Celui-ci dit au maître charpentier :

« Veillez au grain; travaillez comme le diable, car il nous faut anéantir John Bull. » — Le contre maître répond : « Vraiment, mon Grand Empereur, nous n'y pouvons rien, il « s'en empare aussi rapidement que nous les construisons. » On voit, en effet, dans le magasin de réserve de John Bull, une grande quantité de vaisseaux capturés à l'amirauté française, *Portobello*, *Camperdown*, *Saint-Vincent*, *Nil*, *Trafalgar*. John Bull et un groupe de marins anglais se réjouissent à cette vue. Il leur dit : « Je vois, mes amis, que si cela con-« tinue ainsi, nous serons encombrés. » Et un marin remarque : « Il y a vraiment des gens « qui se donnent bien du mal pour rien! »

Caricature de Woodward, 27 novembre 1807.

193. — **L'Ours, le Singe, le Dindon et le Taureau, ou La véritable cause de la guerre de Russie.** — Napoléon, en singe français, conduit en laisse l'ours russe et lui parle ainsi : « Si vous voulez faire la guerre contre cet énorme taureau, vous aurez « une tranche de ce fin dindon, et, en plus, l'étoile de l'Orient. » Le dindon a l'air de se dire en lui-même : « Je voudrais bien être en dehors de leurs griffes, mais j'ai peur d'être « pris, à la fin. » L'étoile d'Orient apparaît à l'horizon et représente les Indes. Un taureau, sur la côte oposée, dans une pose menaçante, mugit : « Vous feriez bien de prendre « garde; rappelez-vous le vieux proverbe : Quand on joue avec un taureau, il faut se « méfier de ses cornes ».

Caricature de Isaac Cruikshank, 20 décembre 1807.

194. — **John Bull rafraîchissant la mémoire de l'Ours.** — John Bull ouvrant un énorme volume, son journal, s'adresse à un ours couronné qui porte un collier, avec l'inscription : « Cet ours appartient à Napoléon », et qui regarde le livre au travers d'une gigantesque paire de lunettes :

« Ainsi, vous dites, maître Bruin, que ma visite en Danemark n'a pas son égale dans « l'histoire; soyez donc assez bon pour diriger vos lunettes vers cette page et pour ra-« fraîchir votre mémoire. » Et il indique une page de son journal, sur laquelle est écrit : « La grande, la magnanime Catherine de Russie, s'empara d'un tiers environ du royaume « de Pologne, et le garda pour elle. Les Danois, pacifiques, ont pris la ville de Ham-« bourg. »

Caricature de Isaac Cruikshank, 20 décembre 1807.

*Cette caricature fait allusion au bombardement de Copenhague par les Anglais, en 1807; — on sait que le même événement s'était déjà produit en 1801, — qui fut vivement blâmé par la Russie. Le Danemark payait cher son alliance avec la France.

195. — **Boney tout à fait fou, ou encore Des bateaux, des colonies et du commerce!** — On voit la flotte sur le Tage, et l'amiral anglais (sir Sidney Smith) criant, dans son porte-voix : « *Bonjour, Monsieur;* si vous aviez envie de faire un voyage au Brésil, « je vous y conduirais avec grand plaisir; peut-être désireriez-vous, en chemin, vous ar-« rêter à Madère? » Ceci s'adresse à Talleyrand sur lequel Bonaparte déverse sa rage, lui donnant des coups de pied et lui arrachant sa perruque, en disant : « Arrêtez, arrê-« tez! meurtre, incendie! — Pourquoi ne vous êtes-vous pas plus dépêché, coquin? Main-« tenant, toutes mes espérances sont évanouies, ma revanche est impossible; monstre, « vagabond, coquin!! »

* L'explication de cette caricature est que, lorsque l'armée française marchait sur Lisbonne, la famille royale de Portugal s'embarqua pour le Brésil, le 29 novembre, sous l'escorte de l'escadre anglaise. C'est donc avec une intention narquoise qu'on demande à Talleyrand s'il a envie d'en faire autant.

Remarquons également, à ce propos, que l'Angleterre était sans cesse hantée de l'idée que Napoléon jalousait sa marine, ses colonies et son commerce, ce qui était à moitié vrai, en ce sens que Napoléon avait prévu et cherché ce qu'on appellera, par la suite, « l'expansion coloniale ».

Caricature de Isaac Cruikshank, 1er janvier 1808.

THE CORSICAN TIGER AT BAY!

196. — LE TIGRE CORSE AUX ABOIS.

Napoléon, en tigre ou plutôt en léopard, met ses pattes sur quatre lévriers anglais, tandis qu'une meute de *lévriers patriotiques* se précipite sur lui.

Au premier plan, dans le coin à droite, la grenouille hollandaise fumant sa pipe; de la fumée sortent les mots suivants : « Ce sera mon tour, la prochaine fois, de lui donner un soufflet. »

En haut, John Bull en train de viser Napoléon, tout en sifflant une chanson d'enfant : « Il était un petit homme qui avait un petit fusil et ses balles étaient de plomb. — Que je sois damné si, entre nous, nous n'arrivons pas à le mettre à la raison. »

Dans le fond, l'ours russe et les aigles autrichiens enchaînés : « Frère Bruin, » disent ces derniers, « il est temps de briser nos chaînes. »

[*Caricature de Rowlandson*, 8 juillet 1808.]

197. — **Boney embarrassé, ou Une rencontre inattendue.** — Boney, toujours coiffé de son immense chapeau à plumes, ayant traversé le monde de part en part, et ressortant de l'autre côté, plante son pied sur les Indes orientales, au Bengale; mais, à sa grande surprise, il y trouve John Bull, armé de son redoutable bâton de chêne : « Comment, vous ici, monsieur Bull, vous saviez donc que j'allais venir? » John Bull, en réponse, tire de sa poche un rouleau sur lequel on lit : *Intelligence secrète.* « Certainement, je le savais, pour déjouer votre ruse. Je suspectais vos intentions, et j'ai apporté mon bâton de chêne avec moi; ainsi, vous n'avez qu'à repartir. »

Caricature de Ansell, 9 juillet 1808.

198. — **Billingsgate (1) (c'est-à-dire le langage de la halle) à Bayonne, ou Le dîner impérial.** — Les membres de la famille royale d'Espagne, attirés dans un piège, à Bayonne, prennent part à un repas mouvementé.

La reine s'est levée de table et, fort en colère, en un langage digne de la halle, elle crie à son fils Ferdinand :

« Je vais vous le dire en face, et devant mon cher ami Boney, — vous n'êtes pas le fils du roi; — ainsi vous n'avez qu'à vous taire. » Mais celui-ci répond :

« Madame, je connais vos ruses, ainsi que celles de votre prince de la Paix. »

Les Infants d'Espagne encouragent le fils du Roi, en lui disant : « Frère, ne l'écoutez pas; nous, les Infants, nous vous reconnaissons pour souverain. » Un personnage d'allure peu commode, portant, sur le dos de son siège, l'emblème de la royauté, fait des menaces du poing et dit : « Ne suis-je pas le grand? Voulez-vous rester tranquilles. »

Charles, qui, sur l'ordre de Bonaparte, avait abdiqué en faveur de son fils Ferdinand, s'écrie : « Je voudrais bien qu'on laissât un pauvre roi jouer tranquillement du violon. »

Quant à Napoléon, assis au haut de la table, sur un trône élevé, en rapport avec la dignité impériale, il affecte d'être très en colère en voyant cette dispute générale qu'il a su habilement préparer, et il s'écrie : « Si vous continuez à mener pareil vacarme, à ma table, le diable m'emporte, je vous envoie tous au corps-de-garde. »

Caricature de Rowlandson, 10 juillet 1808.

199. — COMBAT DE TAUREAUX ESPAGNOLS, OU LE MATADOR CORSE EN DANGER.

Dans le haut de l'estampe on lit : « Le taureau espagnol est remarquable comme intelligence; si le matador ne le frappe point à mort du premier coup, le taureau parvient toujours à le tuer. »

Les spectateurs de ce « théâtre royale de l'Europe », pour respecter l'orthographe de l'artiste anglais, sont les monarques européens eux-mêmes: tous fort intéressés par le spectacle qui se joue devant eux ; on voit également, parmi eux, l'hospodar de Pologne, le sultan de Turquie et le bey d'Alger. Le pape tient, devant lui, une bulle d'excommunication contre « l'usurpateur corse ».

Le taureau espagnol secoue sa chaîne, il a déjà donné le coup de grâce à Joseph Bonaparte et il envoie promener Napoléon avec son « plan pour asservir le monde ». Les taureaux expirants dans l'arène personnifient l'Allemagne, la Prusse, le Danemark.

[*Caricature de Gillray*, 11 juillet 1808.]

(1) Le marché au poisson de Londres.

* Très nombreuses sont les caricatures relatives aux affaires d'Espagne, dans lesquelles le taureau occupe la première place. Certaines même mettent en présence le taureau anglais et le taureau espagnol, « ces deux défenseurs de la liberté de l'Europe avec frère Bruin ». — « Et si ces nobles animaux haïssent tant Napoléon, » nous apprend la légende d'une estampe de 1808, « c'est parce qu'il est couvert de sang, et que les taureaux ont, on le sait, une antipathie répulsive pour le rouge. Voilà qui devait être concluant. Voilà qui devait fixer définitivement le peuple français sur les sentiments de l'Europe à l'égard de son « tyran ».

200. — **L'araignée corse dans sa toile.** — Napoléon est représenté en grosse araignée, de l'espèce « Ambition illimitée », engloutissant une mouche espagnole. Il a déjà beaucoup de mouches dans sa toile, Autrichiens, Hollandais, Portugais, Étruriens, Prussiens, Hambourgeois, Italiens, Vénitiens, et nombre de petits moustiques. La mouche *papale* s'est embarrassée et craint d'être prise. La mouche russe a touché la toile fatale. Deux seules sont encore libres : la mouche turque, qui a peur que son tour ne vienne bientôt, et la mouche britannique, qui s'écrie gaiement : « Oh! vous pouvez regarder, maîtresse araignée, mais je ne me laisserai jamais prendre dans votre toile. »

Caricature signée : Woodward del., Rowlandson sculp., 12 juillet 1808.

201. — **La nourrice corse endormant les Infants d'Espagne.** — Napoléon sert de nourrice aux prétendants rivaux d'Espagne, mais il n'a quitté ni son uniforme, ni ses bottes, ni, non plus, l'indispensable chapeau retroussé.

Il est en train d'endormir toute la famille royale : avec un pied il balance le berceau impérial qui contient le bon vieux roi et son aimable compagne, tandis que don Carlos et Antonio, tous deux emmaillotés, un cadenas autour du cou, sont assoupis sur ses genoux. De son autre pied, le fieffé séducteur fait aller un second berceau impérial dans lequel repose l'inconscient prince d'Autriche.

Caricature signée : Woodward del., Rowlandson sculp., 12 juillet 1808.

202. — **La bête, comme elle est décrite dans l'Apocalypse, chap. XIII, ressemblant à Napoléon Buonaparte.** — La bête qui vient de Corse est dessinée avec sept têtes; on lit sur les couronnes : Autriche, Naples, Hollande, Danemark, Prusse, Russie. La septième tête, celle de Napoléon, est séparée du tronc et vomit des flammes.

Dans le lointain, des villes en feu sur lesquelles la terrible bête a semé la destruction.

Sur le corps, on lit : 666 qui est le total des nombres trouvés dans le nom de Napoléon en prenant *a* pour 1, *e* pour 10, *b* pour 100, et ainsi de suite.

L'Espagne est représenteé comme le champion qui a eu le courage d'opposer une résistance victorieuse au monstre. Le héros, armé d'un sabre de « *vrai Tolède espagnol* », s'écrie : « Le véritable patriotisme subjuguera la monstrueuse bête et étouffera la folie de la guerre. » Son bouclier représente la « Catalogne »; son casque est une mitre, « Saint-Pierre de Rome ». Le patriotisme espagnol a donné le coup décisif par son bras droit, « Les Asturies »; son baudrier est Madrid; ses jambes « Cordoue »; avec son pied, « Cadix », il terrasse un serpent.

Sur la mer, la flotte de l'amiral Purvis; « l'Espérance » va s'abaisser pour prendre les couronnes de France, d'Espagne et de Portugal arrachées du front de la bête mutilée.

Caricature de G. Sauler-Farnham, Rowlandson sculp., 22 juillet 1808.

* Cette estampe est un des nombreux spécimens de l'iconographie apocalyptique, si l'on peut s'exprimer ainsi, qui tient une place si considérable dans l'arsenal des satires gravées et des pamphlets dirigés contre Napoléon. C'est, du reste, en Angleterre, qu'elle a pris naissance, pour, de là, se répandre dans les autres pays ligués contre l'Empire français et, plus particulièrement, dans la protestante Allemagne. Tandis que les uns torturaient en tous sens les prophéties de Nostradamus pour y trouver l'annonce des fléaux qui ravageaient l'Europe, les autres s'escrimaient à donner le « vrai portrait », le « vrai profil » de la bête de l'Apocalypse. Craignant même que l'allusion ne fût pas suffisamment claire, un dessinateur populaire avait poussé le soin de la ressemblance jusqu'à coiffer la « bête corsicale » du fameux chapeau à plumes de général révolutionnaire.

203. — **La fin du quadrille auquel prenaient part les monarques européens.** — L'Espagne se lève soudain et saisit Napoléon au collet, l'accusant de tricher : « Vous « êtes un coquin et si vous ne me rendez pas mon roi que vous venez de voler à l'autre

204. — APOTHÉOSE DU PHÉNIX CORSE.

« Lorsque le Phénix est fatigué de la vie, il se construit un nid sur une montagne, le plus haut possible dans les airs; puis il se couche dedans, après y avoir mis le feu, et périt ainsi au milieu des flammes. — De la fumée et de ses cendres renaît un nouveau Phénix destiné à éclairer le monde. »

Sur les ailes de l'oiseau qui plane au-dessus des nuages on lit : « Paix sur la terre. » — Sur le globe terrestre qui sert de nid à Bonaparte, figurent les mots : France, Italie, Turquie, Germanie, Algérie, Portugal, Espagne, c'est-à-dire les noms des nations bouleversées par lui. La terre repose sur un faisceau d'armes et le mont élevé est les Pyrénées. — Allusion aux affaires d'Espagne.

[*Caricature de James Gillray*, 2 août 1808.]

« table, je jure de vous étrangler, foi d'honneur espagnol. » Napoléon, tremblant, répond qu'il l'a seulement emprunté pour compléter son jeu.

Le pape est renversé, le solide Hollandais pense qu'il serait peut-être temps de se montrer.

A l'autre table, on prend grand intérêt à la dispute. Georges III se lève en apercevant le jeu de Napoléon; il estime, lui aussi, que le moment est venu de donner un coup de main.

La Russie, l'épée à la main, cherche à se faire pardonner son échec à Tilsitt, la Prusse se prépare à tirer avantage de cette situation et l'Autriche, voyant que le jeu se termine tout autrement qu'elle avait pensé, songe à ne pas rester inactive.

Caricature de Ansell, août 1808.

205. * **Du pupitre au trône, ou Enjambée rapide de Joseph Bonaparte.** — Au couronnement de Napoléon, ses frères avaient été créés princes, et Joseph avait été fait roi de Naples, avant l'intrigue espagnole.

D'après la gravure, Joseph Bonaparte a un pied sur la barre, devant le pupitre où il était assis, peu de temps auparavant, tandis que, de l'autre, il essaie de toucher Madrid sur la carte. Sa plume est tombée de son oreille et il fait de nombreux efforts pour attraper les insignes de la royauté espagnole qui sont au-dessus de sa tête.

Un papier épinglé au mur nous apprend que cette ambition extraordinaire s'est révélée dans l'étude d'un notaire public à Bayonne.

Ses compagnons clercs, leurs plumes en l'air, étonnés de cette ambition subite, font diverses réflexions à ce propos; l'un dit : « Quoi, Joseph, où vas-tu? — Où? » répond le clerc ambitieux, « mais remplir une haute destinée, et, comme mon noble frère, diriger le sceptre d'un autre. »

Ses collègues estiment qu'il paiera de sa tête cette ambition sans pareille et font la remarque qu'il y a bien des faux pas entre la coupe et les lèvres.

* Allusion aux commencements de Joseph Bonaparte que se destinait au barreau.

Caricature de Sauler-Farnham, Rowlandson sc., 18 août 1808.

206. — **Le roi Joseph quitte Madrid.** — L'occupation du trône d'Espagne n'a pas été une sinécure de longue durée. — Le roi Joseph abandonne à toutes jambes sa nouvelle dignité, laissant tomber la couronne, dans sa fuite. Les drapeaux du fugitif et les Légions d'honneur sont en loques, mais les mains des Français ne sont pas vides : le roi, les officiers, les soldats sont tous chargés de sacs d'or et d'argent.

Les soldats espagnols sont sous les armes et les prêtres les encouragent à la poursuite, tandis qu'ils font pleuvoir des balles sur les envahisseurs terrifiés.

« Arrêtez les voleurs! » crient-ils, « ils ont volé l'argenterie du Palais! »

Joseph a peur et il en appelle à son grand petit frère : « Pourquoi ne vous arrêtez- « vous pas? les Philistins nous poursuivent. »

De sa voiture, descendant une colline avec toute la rapidité que le cocher peut demander aux chevaux, Napoléon répond : « Je ne puis pas, frère Joé, je suis moi-même très pressé. »

Caricature signée : Woodward del., Rowlandson sc., 21 août 1808.

207. — **Le four en feu, ou La dernière fournée de Boney entièrement perdue.** — Napoléon est à genoux, les bras étendus en signe de consternation, car en mettant Dupont sur une pelle, dans le four, — lequel est, ici, figuré par l'Espagne et le Portugal, — il voit sortir des flammes sur lesquelles on lit : « Légions asturiennes, armée de Portugal, Biscaye, armée de Catalogne, armée de Galicie, armée d'Andalousie, armée de la Vieille et de la Nouvelle-Castille, armée et marine anglaises, armée de l'Estramadure, armée de Léon, de Valence, de Murcie, armée de Grenade. » Au centre des flammes apparaît la légende : « Un peuple uni ne peut pas être vaincu ».

Le pauvre Dupont s'écrie : « Oh! Nap., Nap., qu'est-ce que cela? Au lieu d'un roi, vous « m'avez fait un Dup (é) ont? »

Quant à Napoléon, il est censé murmurer : « Je serai écrasé par cette flamme patrio- « tique. Je croyais qu'il ne restait pas une seule étincelle, et je vois un feu que tous les en- « gins de France seraient impuissants à éteindre. » Talleyrand, qui est à côté de son pétrin sur lequel on lit *Prison d'État*, reste tranquille, se contentant de murmurer : « Ah! ah! je vous disais bien que vous alliez vous brûler les doigts avec cette fournée de pain d'épices; je n'en suis point cause. »

Caricature de Isaac Cruikshank, 26 août 1808.

208. — **Le boucher politique, ou L'Espagne découpant Buonaparte au profit de ses voisins.** — L'Espagnol a mis des manches et un tablier de boucher. Le corps du « perturbateur de la paix de l'Europe » est étendu sur une table de dissection, et l'opérateur découpe le Corse avec une véritable ardeur professionnelle.

Soulevant la tête de son ennemi, il la montre aux autres puissances qui sont venues pour prendre leur part du dépeçage et leur tient ce langage : « Maintenant, mes amis, il y a « pour tous des os à ronger. La viande, fraîchement tuée, sera un peu ferme, mais je la « déclare d'une saveur exquise. C'est du vrai veau corse, regardez la tête. »

L'aigle impérial d'Autriche se précipite sur ce morceau : « J'ai longtemps désiré en- « foncer mes serres dans cette tête, j'espère y arriver maintenant. »

L'aigle prussien, estropié, se lamente de ne pouvoir prendre plus grande part au festin : « Oh! quel délicieux morceau pour un aigle; mais mes ailes coupées ne peuvent me porter « si haut; cruel Boney, pourquoi me les avoir coupées si courtes! »

Le lévrier italien étudie un nouveau concerto intitulé : « Si vous ne voulez pas quand « vous pouvez, vous ne pourrez plus quand vous voudrez »; harmonie par l'Espagne et le Portugal.

Le chien danois prend toute la chair laissée sur le bras : « Le plus près de l'os, meil- « leure est la viande, mais, » faisant allusion à la présence de l'Angleterre, « plus John « Bull est près, moins je puis manger. »

Le bull-dog anglais, qui s'est déjà régalé d'une vraie pièce de viande, digère tout en pensant : « Je voudrais bien avoir cette tête, car elle doit être quelque peu écervelée. »

L'ours russe lèche les bottes de Napoléon et commence à avoir grande envie d'attraper un os et le reste; mais la Turquie est un bien beau jardin et il trouve que pareille acquisition ne serait point à mépriser.

La Suède, un chien à poils blancs, donne un bon conseil à son voisin : « Un oiseau « dans la main vaut mieux que deux dans le buisson. »

La grenouille hollandaise est assise sur un poêle de Hollande, à côté d'un baril de « cordial somnifère ».

Quant au roi Louis, il fume, tout en réfléchissant à l'avenir : « Si j'étais sûr que les « affaires dussent tourner ainsi définitivement, je prendrais volontiers un os, c'est certain; « mais la sagesse nous recommande le doute, la prudence défend de se hâter : je tirerai « donc une autre bouffée. »

Dans le lointain, à l'abattoir, on voit les cadavres de Murat, Dupont, Junot et autres, suspendus par les talons.

Caricature de G. S. Farnham, Rowlandson sc., 12 septembre 1808.

209. — **Le Renard et les raisins.** — Le renard Corse tourne le dos à certaines vignes succombant sous le poids de magnifiques raisins espagnols. Il essaye de persuader au coq gaulois que le raisin auquel il ne peut atteindre ne vaut pas la peine d'être cueilli. « Croyez-moi, » lui dit-il, « vous ne les trouverez pas à votre goût, ils m'ont paru si « acides que je n'ai pas pu les toucher. » Le coq répond : « Mais, mon ami, vous m'aviez « promis des raisins d'Espagne et des prunes de Portugal. Où sont ils? »

Caricature signée: Woodward del., Rowlandson sculp., 15 septembre 1808.

210. — **La prophétie expliquée.** — Le sujet de cette estampe est emprunté aux prophéties de saint Jean (chap. XVII, verset 10) : « Et il y a sept rois, cinq sont déchus, l'un est, l'autre n'est pas encore venu, et quand il viendra son règne sera court. »

Les cinq souverains déchus sont les rois de Wurtemberg, de Saxe, de Hollande, de Bavière, de Prusse, et ils sont tombés *dans un bourbier de disgrâce et de ridicule*.

Celui qui est, c'est Napoléon : celui qui a régné un court espace de temps, c'est Joseph, chassé au delà des Pyrénées et dont la couronne a été arrachée violemment.

Caricature de Rowlandson, 17 septembre 1808.

211. — **Napoléon le Petit en colère contre l'aigle français.** — Napoléon, l'épée hors du fourreau, tourne sa colère contre son frère Joseph, qui, sous le déguisement d'un aigle couronné, boite terriblement, ayant une jambe bandée : « Bouleversement et destruc- « tion! Qu'est-ce que je vois! Ne vous avais-je pas ordonné de ne point revenir avant d'a-

« voir étendu votre aile victorieuse sur toute la nation espagnole? » Et le pauvre oiseau répond humblement :

« C'est charmant à dire, Napoléon, mais si vous aviez été à ma place, peut-être n'au-« riez-vous pas été autrement enchanté. Les *cormorans* (1) *espagnols* m'ont tellement pour-« suivi, qu'ils n'ont pas seulement mis une de mes jambes hors de service, et que j'ai « manqué y laisser toutes mes plumes. Et puis, la chaleur n'était plus supportable. »

Caricature de Rowlandson, 20 septembre 1808.

212. — **Un passage difficile, ou Boney jouant de la basse sur le continent.** — Il est représenté jouant de la basse-de-viole, avec du bois taillé lors de la conquête de l'Espagne et du Portugal. Sa tâche semble difficile. « Le Diable m'emporte, je n'ai jamais « rencontré passage pareil, mais si je puis passer par-dessus les bémols (*flat*, qui veut dire « aussi bas-fonds), cela ira bien, parce que le ton change (ici le texte anglais a un calem-« bour assez difficile à traduire, le mot clé voulant dire aussi « levée en pierre le long d'une rivière »). L'ours russe, muselé, essaye de jouer du cor français et dit : « Quoi! frère Bo-« ney, c'est assez facile, quoique ce cor français me semble quelque peu dérangé. »

Caricature de Sauler Farnham, gravée par Rowlandson, 24 septembre 1808.

213. — **LA VALLÉE DE L'OMBRE DE LA MORT.**

Napoléon opère bravement sa descente aux enfers, malgré les monstres et les spectres qui se précipitent de toutes parts sur lui. Il est pris entre l'ours russe encore enchaîné, le terrier de la Sicile et le lion britannique qui rugit furieusement. Sur les côtés, le loup portugais; la Mort, coiffée d'un chapeau à plumes, enfourchant l'âne espagnol, au lieu du cheval pâle de l'Apocalypse. Le roi Joseph se noie dans le Styx. Au premier plan, dans les eaux du Léthé, la confédération germanique des rats affamés rampant sur le limon, les grenouilles hollandaises, le serpent à sonnettes américain, l'aigle prussien. Dans le fond, les ombres de Junot (tombé en disgrâce, on le sait, pour avoir signé, en 1808, la convention de Cintra avec les Anglais), et de Dupont (condamné en 1812 à la dégradation et à la détention dans une prison d'État, pour avoir signé la capitulation de Baylen). Au ciel, le météore romain lançant les foudres du Vatican, la nouvelle lune d'Orient se levant sanglante, partagée entre l'influence française dans l'ombre et l'influence anglaise dans le quartier lumineux : l'ombre de Charles XII et l'aigle impérial allemand émergent des nuages.

[*Caricature de James Gillray*, 24 septembre 1808.]

(1) Cormoran, au figuré, veut dire « ogre, glouton ».

214. — **Napoléon et son associé Joé** (Joseph, roi d'Espagne). — Quelques Espagnols et Portugais réunis poussent les deux frères dans la gueule d'un monstre mystérieux vomissant des flammes.

Caricature de Rowlandson, 29 septembre 1808.

215. — LE GÉNÉRAL NAP. DEVENU PRÉDICATEUR MÉTHODISTE.

(Une nouvelle tentative pour duper les crédules, dédiée à M. Whithead.)

Napoléon, en robe noire, occupe la chaire, il a dans sa main un fusil à baïonnette sur lequel est un moulin à vent : dans sa perruque, se trouvent plantés une croix, le drapeau tricolore surmonté du bonnet de la liberté et un croissant. Dans la sacristie sont accrochés un uniforme, une mitre épiscopale, une chasuble, un costume turc, une bouteille d'arsenic pour les pauvres malades de Jaffa, un mousquet comme épouvantail et un poignard ensanglanté.

Un général remplit les fonctions d'assistant, les tuyaux d'orgue sont des canons, et l'assistance est assise sur des tambours. Au-dessous, un texte imprimé donnant le sermon du nouveau prédicateur.

« Chers et bien-aimés frères ! Honneur, patrie, liberté, tel est l'ordre du jour ; loin de nous toute idée « de conquête, de guerre et de sang. La religion et la vraie philosophie doivent toujours nous servir « de maximes ; la liberté, une constitution libre, pas d'impôts, tel est notre programme. Point de « commerce d'esclaves, l'humanité frissonne à ce seul mot ; les braves, les excellents Anglais le dé- « testent. Nous serons tous heureux. — Le commerce, l'abondance seront notre partage. Bons Jaco- « bins, levez-vous et usez de vos droits. Et vous, braves soldats, honneur de la France, le pillage et « le meurtre seront, encore une fois, votre ambition. — Vous serez tous généraux, membres de la Légion « d'honneur. — Les aigles domineront le monde. — Le moment est venu de détruire la Grande-Bre- « tagne, cette nation traîtresse qui a toujours cherché notre ruine. L'honneur et la victoire nous condui- « ront. Chers compatriotes, sans foi il n'y a pas de lien dans le monde. Chers Jacobins, nous ne recon- « naissons aucun Dieu. — Qu'on allume les autels et que les orgues jouent la *Marseillaise,* cet air

« sacré qui enflamme le cœur de tout Français! Je jure, par cette croix sainte que je tiens en mes « mains, et dans ce lieu saint, que vous êtes tous libres, que mes intentions sont pures, que je « ne désire que la *Paix*, le *Pillage*, et la *Liberté!* Amen!! »

[*Caricature anonyme*, octobre 1808.]

216. — **Napoléon et ses amis dans leur gloire.** — Napoléon, son frère Joseph, la Mort et le Diable festoient ensemble. Napoléon se lève pour porter un toast : « Venez ici, « amis, il y a de la danse pour le pillage et le massacre. » Les Espagnols n'ont pas voulu se soumettre, mais il retournera à la charge, bien décidé à les battre.

La Mort déclare qu'elle a trouvé dans Boney un ami sincère, et que le Diable se joindra volontiers à eux.

Le Diable approuve et promet qu'aussitôt les Espagnols écrasés, Joseph sera nommé roi.

Mais Don Joé (Joseph), qui les a déjà vus, ne les aime point. — « Ils chérissent trop la « Liberté, dont ils ont fait leur guide, déclare-t-il, et du Diable si je deviens jamais leur « roi. »

Caricature de Rowlandson, 1er octobre 1808.

217. — **Apollyon, le généralissime du Diable, haranguant ses légions.** — Napoléon aux pieds fourchus, tenant en main un drapeau sur lequel la Mort à double tête remplace les aigles, harangue ainsi des troupes qui ont l'allure de vrais bandits :

« Légions de la Mort! Après avoir volé, tué, pillé, sur les rives du Danube et de la Vis- « tule, je vais vous faire traverser la France, sans prendre un instant de repos. — J'ai « des occasions pour vous, la redoutable présence de *la Religion* et de *la Loyauté* souillant « le continent espagnol et portugais. — Que votre présence les en chasse, et portons nos « aigles victorieuses jusqu'aux portes du Ciel : car, là aussi, nous avons à nous venger « d'une injure. Vous avez surpassé tous les meurtriers modernes; vous pouvez marcher « de pair avec les plus féroces cannibales. Guerre éternelle, vol et pillage seront la récom- « pense de vos efforts; je ne jouirai pas du repos avant d'avoir vu la mer couverte de « votre sang. » — L'armée entière se livre à la joie en criant : « Du sang, encore du « sang!!! »

Caricature de Isaac Cruikshank, 7 octobre 1808.

218. — **Charlatans politiques, ou La co-association d'Erfurt commençant ses affaires.** — Napoléon est en empirique sur un tréteau, ayant, à ses côtés, un ours muselé qui distribue des annonces et prononce le petit boniment suivant :

« Mesdames et Messieurs, je suis fier de le dire, autant que ma muselière me le permet, « j'ai une grande part dans l'affaire. »

Derrière Napoléon sont assis les différents patients, tandis que la Mort, regardant à travers un rideau, s'écrie : « Tuez ou guérissez. »

Napoléon a dans la main une de ses fameuses pilules dites *boulet de canon*, dont chacune représente une dose; plusieurs, répandues à terre, portent les noms de : Égypte, Lodi, les Alpes, la Suisse :

« Messieurs et Mesdames, observez les patients rangés derrière moi. A ma droite, un Prussien, qui était affligé de différentes maladies jusqu'à ce que je l'aie guéri en lui administrant quelques *bolus plombés;* à côté de lui, un Autrichien entièrement guéri par ma potion d'Austerlitz, ensuite un Espagnol, dont le cas est douteux, aussi je n'en parlerai pas. Laissez-moi attirer particulièrement votre attention sur le grand ours russe, qui fut une fois un vaillant animal, mais muet comme tous ceux de son espèce : après avoir pris une simple dose de mes pilules de Friedland et une application de ma poudre de Tilsitt, il peut parler comme tout autre. »

Talleyrand, lui aussi en scène, s'écrie en s'adressant à l'Angleterre : « Ah! maître Bull, « êtes-vous au milieu de la foule? Vous et votre ami Suédois feriez bien mieux d'entrer dans « la baraque, et de prendre deux des pilules de mon maître. » — Mais John Bull décline l'invitation, en répondant suivant son habitude :

« Nous voulons d'abord, vous et votre maître, vous voir damnés tous les deux. »

Caricature anonyme, novembre 1808.

* Cette caricature vise l'entrevue de Napoléon et d'Alexandre à Erfurt, en présence des rois de Prusse, de Saxe, de Bavière, de Wurtemberg et de Westphalie, des princes d'Anhalt-Cobourg, Saxe-Weimar, Darmstadt, Bade, Nassau et Mecklembourg.

219. — **Les progrès de l'Empereur Napoléon.** — Il est représenté par un paysan corse déguenillé; ensuite, étudiant le *mal* à l'Académie royale de Paris, — modeste

enseigne dans les troupes républicaines, — recherchant une place dans l'armée anglaise. — Ensuite général républicain, athée, ordonnant à ses hommes de tirer sur les Parisiens. — Plus tard : Turc au Caire, — fuyard d'Égypte, — catholique dévot, — et, finalement, « Empereur sur un trône d'iniquités » où se lisent les inscriptions suivantes : « Meurtrier, — duc d'Enghien, — Prisonniers de Jaffa, — Palm, — Pichegru, — Cahon, — Toussaint, — Innombrables brigandages. »

Caricature de Woodward et Rowlandson, 19 novembre 1808.

* Ce sont, comme on le voit, toujours les mêmes accusations, toujours les mêmes reproches.

220. — **Le pont de Boney détruit** (1). — Un général âgé, le chapeau retroussé à la main, s'adresse à Napoléon : « Avec tout le respect que je dois à Votre petite Majesté, ce « sont les bateaux incendiaires autrichiens qui ont détruit le pont. » Napoléon se retourne avec fureur de son côté et, montrant le pont détruit, s'écrie : « Ah ! qui ose me contredire, « j'ai dit que c'étaient des bois flottants et la crue du fleuve qui avaient causé ce déplorable « accident. » L'armée autrichienne, sur la rive opposée, chante une paraphrase de la chanson : « Le pont de Londres est abattu. »

Caricature de Rowlandson, 12 juin 1809.

* Ansell a donné une autre version de ce même événement. On voit l'archiduc d'Autriche, la pioche en main, ayant détruit le pont et chantant, tandis que Napoléon, de l'autre côté, s'écrie : « Coquin, comment avez-vous osé abattre mon pont? si je pouvais traverser, « mon bras invincible vous ferait repentir de votre témérité. » Dans le lointain, un officier s'adresse à l'armée : « Invincible armée, retire-toi, le pont est abattu, et nous ne saurions pas « comment nous enfuir. »

221. — **Le soleil levant ou une vue du Continent.** — Le soleil levant « Espagne « et Portugal » donne de vives inquiétudes à Napoléon qui dit : « Le soleil levant m'a « mis sur des épines (2). » Il est occupé à balancer un berceau, dans lequel repose paisiblement l'Ours russe, muselé avec « les promesses de Boney ».

Derrière, la Suède brandissant son épée et criant : « Réveille-toi, paresseux, avant que « le coup fatal soit frappé, et que toi et ton exécrable allié vous disparaissiez dans un « éternel oubli. »

La Hollande est endormie profondément, appuyée contre Napoléon. La Pologne est figurée par une ombre, et le Danemark porte un énorme éteignoir sur la tête. La Turquie est étendue à terre, mais l'Autriche entre en jeu, disant : « Tyran, je te défie, toi et ton « armée maudite. »

La Prusse est représentée par un fou, avec des pailles dans les cheveux, portant un habit très étroit et qui, regardant dans le vide, chante : « Fiddle diddle dee, fiddle, diddle, « dee. La souris s'est mariée avec l'humble abeille, et moi je suis empereur de la Lune. »

Caricature de G. Sauler-Farnham, gravée par Rowlandson, août 1809.

222. — **Bonaparte excommunié.** — Le pape et ses légats ont passé chez l'Empereur, avec cierge et clochette pour produire plus d'effet. Le chef de l'Église est appuyé sur des béquilles françaises et sa triple couronne est brisée.

« Il a fendu ma couronne, renversé mes dignités temporelles, mais je suis si entravé « par ces béquilles que je ne puis pas le suivre comme je voudrais; cependant, mes chers « cardinaux, lisez-lui l'excommunication, cela le fera trembler sur son trône. »

Les cardinaux procèdent à la lecture de la bulle d'excommunication. L'Empereur, qui tient à la main un « Essai sur l'Église de Rome », parmi d'autres papiers de rebut, se retourne sans aucune émotion : « Miséricorde, je n'ai jamais rien entendu d'aussi terrible. Lorsque « vous aurez fini avec ce papier, Messieurs, je me ferai un plaisir de vous remercier. »

Caricature de Rowlandson, 3 septembre 1809.

(1) Allusion aux ponts jetés sur le Danube durant la campagne de 1809.

(2) Le Portugal, enlevé à la maison de Bragance, le 27 octobre 1807, par le traité de Fontainebleau, s'était soulevé contre l'occupation française, dès le mois de juin 1808, et s'était ligué avec l'Espagne, soutenue, dans sa tentative, par l'Angleterre.

223. - LA PARTIE CHARNUE (l'Angleterre). LA PARTIE OSSEUSE (Napoléon).

[*Caricature publiée par W. Heat*, 5 avril 1810.]

* Ces estampes comparatives qui fournissent un nouveau chapitre pour l'histoire des gras et des maigres, obtenaient, s'il faut en croire le récit de voyageurs de l'époque, un succès considérable auprès du public anglais, persuadé que si Napoléon et tous les soldats de la Révolution apparaissaient aussi maigres et efflanqués, c'était parce que leur nourriture laissait à désirer, comme quantité tout au moins. Ici la chair; là les os; ici, la ménagère aux graisses débordantes; là, le Bonaparte de l'armée d'Italie, car on sait que Napoléon avait pris du ventre et que les pommettes saillantes du jeune général étaient venues se fondre dans un visage parfaitement rond. Mais la masse était censée ne point connaître ce détail, et, du reste, peu importait, pourvu que la maigreur de l'ennemi de John Bull pût s'étaler partout.

224. — **Trois semaines après le mariage, ou le grand petit Empereur lançant des regards furtifs**. — Cette caricature représente les relations conjugales supposées exister entre Napoléon et l'Impératrice. Celle-ci est dans une violente colère, et ayant renversé à terre Talleyrand, lui frappe la tête avec son sceptre ; lui, pendant ce temps, gémit : « Gare, elle nous donnera à tous le coup final. Je ne me relèverai plus. »

Elle a arraché sa couronne et va la jeter sur l'Empereur, qui se retire furtivement derrière un fauteuil en criant : « Oh! Tally, Tally, lève-toi et viens à mon secours. »

Elle déclare fièrement : « Je jure, par la tête de Jupiter, que je le hais plus que la fa-
« mine ou la maladie. Que sa famille périsse; qu'une haine invétérée s'élève dès à pré-
« sent entre nos familles, et que, à chaque rencontre, il y ait du sang versé. »

Quelqu'un, probablement un des maréchaux, s'est retiré derrière un rideau pour plus de sûreté, et s'écrie : « Morbleu, quelle impériale commère! »

Caricature de Rowlandson, 15 mai 1810.

* Caricature publiée peu après le mariage avec l'archiduchesse Marie-Louise. Cet événement, dont les résultats pouvaient être désastreux pour la politique anglaise, avait mis en émoi tous les burins londoniens. D'où une quantité d'estampes visant à ridiculiser, à traîner dans la boue le nouveau ménage Impérial.

CONGRATULATION a la FRANCOIS

225. — COMPLIMENTS A LA FRANÇAISE.

Les corps de l'État venant complimenter l'Empereur et l'Impératrice à propos de la venue prochaine du roi de Rome. Napoléon leur répond : « Mon brave et loyal peuple, voyez ce que j'ai fait pour vous. Et si ce n'avait été Joséphine, la France aurait depuis longtemps un héritier du trône. » Sur l'adresse à l'Empereur on lit : « Votre Impériale et Royale Majesté a rempli nos cœurs de la plus vive émotion, « la France a vu s'accomplir le vœu qu'elle formait; elle est heureuse de contempler la brillante étoile « de Napoléon éclairant le berceau qu'entourent les lauriers de la Gloire et les palmes de la Vertu. « Combien de fois, Sire, n'avons-nous pas songé d'avance au plaisir de vanter vos exploits dans le champ « de Vénus comme dans le champ de Mars. Notre vœu se réalise.... »

[*Caricature anonyme*, décembre 1810.]

* Pour la première fois Napoléon apparaît, ici, autrement qu'en Bonaparte général de la Révolution française. Le fait doit être noté, car il ne s'est pas souvent reproduit, les Anglais n'ayant jamais pu se faire à l'idée d'un Empereur et Roi, autre que le souverain de droit divin. Cette estampe a été conçue, du reste, avec la même pensée caricaturale que la précédente. Napoléon n'est plus féroce, il est béat, tandis que Joséphine étale sur le trône des charmes démesurément roturiers. Par l'attitude générale des personnages, par le soin qu'on a eu de chercher à ridiculiser, à rendre grotesque ceux qui en imposaient, si ce n'est d'eux-mêmes, du moins par les côtés extérieurs d'une Cour solennelle, on peut dire que cette composition serait digne de prendre place dans une *Histoire tintamarresque* de Touchatout. Après Joséphine et Bonaparte, Marie-Louise et Napoléon; le ménage impérial ne devait pas être mieux traité que le ménage consulaire.

L'arsenal satirique des caricaturistes anglais employait, on le sait, toutes les armes contre la France et Napoléon. Si ce dernier était un tyran, un « tigre altéré de sang », le peuple français était, sans cesse, représenté comme « un peuple d'esclaves baisant les pieds du Maître ». Les monarchistes anglais, les sujets respectueux des souverains de l'Europe se faisaient ainsi un malin plaisir de reprocher aux fiers républicains de 1792 leur asservissement et leur aplatissement devant un conquérant « sans foi, ni loi », alors qu'ils avaient brisé, quelques années auparavant, les liens traditionnels qui les attachaient à la famille royale de France. On cherchait, de la sorte, non seulement à rendre Napoléon odieux, mais encore à « ouvrir les yeux du peuple français », — ce sont les propres termes d'un pamphlet anglais, — sur son inconséquence et sur les suites de sa soumission aveugle aux volontés et aux moindres désirs de « l'ogre Corse ».

226. — LE MEURTRIER UNIVERSEL DU BONHEUR DOMESTIQUE OU LE TYRAN FRATERNEL.

Voici ce que dit le messager de l'Empereur envoyé auprès de Lucien Bonaparte : « Votre serviteur, monsieur Lucien!!! Votre Impérial Frère est résolu à vous faire grand et heureux : voici les conditions; » et il lui présente une missive sur laquelle on lit : « Lucien, chassez votre femme et vos enfants; je vous ferai épouser une princesse, vous deviendrez roi de Rome. Accommodez-vous de cela, ou vous aurez à redouter la vengeance de votre frère Napoléon. »

La femme de Lucien, qui s'appuie sur son épaule, s'écrie : « Ah! mon cher Lucien! voici la fin de notre bonheur domestique. » — Du groupe des enfants s'échappent deux banderoles dont voici la traduction : « Allons en Angleterre, père, car c'est le seul pays où l'honneur et la vertu trouvent des partisans, » et « Ma sœur, est-ce un ami de mon oncle? »

* Lucien Bonaparte fut, on le sait, marié deux fois : 1° avec Christine Boyer dont il eut deux enfants; 2° avec Alexandrine Laurence de Bleschamp, veuve de l'agent de change Jouberthon, dont il devait avoir neuf enfants. En 1810, date de la présente caricature, quatre étaient déjà nés; son premier mariage n'ayant pas été autorisé par Napoléon Ier, la princesse Charlotte, premier enfant, fut exclue de la famille Impériale. Son second mariage déplut également à l'Empereur, qui lui avait fait offrir la couronne d'Espagne au prix d'un divorce.

[*Caricature attribuée soit à Ansell, soit à Williams*, 18 décembre 1810.]

* Cette caricature, faisant allusion aux propositions de l'Empereur, était donc destinée à montrer que Napoléon était « cruel et sans principes », à l'égard des siens comme avec les étrangers, ainsi que le déclaraient tous les jours, bien haut, les pamphlets et les gazettes de Londres, vantant, en même temps, l'honneur et la vertu britanniques.

Personnellement, Lucien Bonaparte, grâce à son caractère indépendant, fut peu en butte aux attaques des crayons anglais, mais cela ne devait pas empêcher le gouvernement britannique, en cette même année 1810, alors qu'il partait pour les États-Unis, de le capturer en mer, et de lui assigner, dans le Nouveau Monde, la résidence de Ludlow comme séjour. Du reste, les tiraillements domestiques, les luttes intestines étaient un sujet particulièrement cher aux pamphlétaires et aux caricaturistes d'outre-Manche. Toutes les discussions, avec Louis, Joseph, Lucien, avec la mère et les sœurs de l'Empereur, donnèrent lieu à des estampes particulièrement acerbes, quelquefois même parfaitement inconvenantes : malgré le *kant* national, il fallait ridiculiser, tuer le « tyran » sous toutes les formes, faire contre lui flèche de tout bois. Aux libelles, aux livres orduriers sur la Cour et les mœurs intimes du nouveau César, se joignait ainsi l'illustration de ses faits et gestes.

BONEY THE SECOND OR THE LITTLE BABBOON CREATED TO DEVOUR FRENCH MONKIES.

227. — BONEY II (LE ROI DE ROME) OU LE PETIT BABOUIN CRÉÉ POUR DÉVORER LES SINGES FRANÇAIS. (Sur le berceau, on lit : « Le bien-aimé du Diable ».)

EXPLICATION DES LÉGENDES. — *A gauche* : « Réjouissez-vous, ô Français, car j'ai donné le jour à une image de moi-même. Au nom de l'amour que je porte à mon pays, je transmettrai à mon noble rejeton les mêmes principes de mensonge, de tromperie, de meurtre et de pillage, ainsi que tous les autres actes de folie pour lesquels je suis, aujourd'hui, admiré et encensé. »

A droite : « Le hibou, de mauvais augure, pousse des cris perçants à ta naissance, la corneille de nuit prédit des temps de malheur, les chiens hurlent, d'effroyables tempêtes secouent les arbres; les pies babillardes crient en désaccord. »

A côté du lit sur lequel repose, convalescente, l'Impératrice Marie-Louise, la légende suivante : « Oh! malheureuse que je suis! d'avoir vu ce que j'ai vu et ce que je vois! »

Napoléon est en train de sécher les langes de son enfant bien-aimé aux flammes d'un feu sur lequel cuit une marmite de sang français. Celui-ci est destiné à être versé dans la saucière qui porte l'inscription : « Coupe amère ». Dans le fond, la chaise percée du jeune Boney.

[*Caricature de Rowlandson*, 9 avril 1811.]

228. — **Élevant le rejeton d'un tyran.** — Marie-Louise tient sur ses genoux son fils, un horrible moutard, la figure mauvaise, la bouche prête à mordre qui la menace d'un poignard, tandis que l'autre main tient le globe impérial. De la bouche de l'Impératrice sortent les imprécations suivantes : « Il n'y existe sûrement pas de position « plus horrible que la mienne. Jour et nuit, dorloter un pareil monstre! — cet enfant de « génie grogne même en mangeant! — voyez comme le sang afflue à son horrible visage; « quelle méchanceté sur ce front! La colère et la vengeance brillent sur ses joues, por- « trait vivant de son père. Maintenant que je le regarde mieux, c'est l'image frappante de « son grand-père, le Diable! »

Napoléon, à moitié caché derrière un rideau, paraît écouter ce discours avec plus ou moins de plaisir.

Caricature de Rowlandson, 14 avril 1811.

229. — **Les députés du Corps législatif rendant hommage au roi de Rome, dans la nursery de Saint-Cloud.** — Sa gouvernante, Mme de Montesquiou, le présente aux députés, qui s'agenouillent et l'embrassent, disant :

« Madame la gouvernante, ce n'est pas sans le plus vif intérêt que chacun de nous

« contemple cet auguste enfant, sur lequel reposent tant de destinées, et dont l'âge et « les qualités charmantes inspirent les plus tendres sentiments à la nation française et « aux peuples environnants. »

La dame répond : — « Messieurs, je vous remercie des éloges que vous m'adressez, je « vous remercie au nom du jeune Prince, dont les charmes sont infinis, et je regrette « qu'il ne puisse joindre son impression personnelle aux sentiments que j'exprime, en ce « moment, au Corps législatif. » — Dans une autre partie de l'estampe on aperçoit le linge souillé de l'impérial rejeton qui a été lavé et pendu pour mieux sécher.

Caricature anonyme, 20 août 1811.

230. — LE PREMIER GLORIEUX EXPLOIT DE L'INVINCIBLE FLOTTILLE DE BOULOGNE. — LE DIABLE AU MILIEU DES BATEAUX PLATS, OU BONEY ENTRANT DANS L'EAU CHAUDE.

Une prame, ayant sa carcasse et ses voiles criblées et des cadavres à bord, occupe la droite de l'estampe. De la bouche de l'officier qui tient son chapeau à la main et qui commande le bâtiment s'échappent ces paroles : « Eh bien, mon Empereur, vous nous aviez dit que ces Jacks anglais étaient des hommes; mais, pardieu, nous trouvons que ce sont des diables ».

A la gauche, une chaloupe où se trouve l'Empereur, le sabre à la main, accompagné d'un officier général (qui paraît être le maréchal Ney) et d'un officier de marine qui tient le gouvernail. Ce dernier dit : « Très vrai, monsieur Ney, ces diables de Jacks Bulls vendent l'eau chaude dans toutes les parties du monde. »

L'officier général placé entre l'Empereur et l'officier de marine parle ainsi : « Ma foi, prenez garde, Votre Majesté va se trouver dans l'eau chaude jusqu'au menton. »

L'Empereur furieux crie au commandant de la prame : « Coquin! comment, vous osez prendre la fuite lorsque vous êtes 27 contre 5? je vais donner l'ordre aux batteries de vous couler bas, tous, tant que vous êtes. »

Une tête ayant un collet blanc et un col noir (uniforme de la marine anglaise) traîne après elle une longue queue de comètes d'où partent des foudres au milieu desquels on lit : Souvenez-vous de Nelson,

Sur le deuxième plan, à droite, la frégate *La Nayade* abordant la prame et une autre prame fuyant toutes voiles déployées.

[*Caricature anonyme*, 20 septembre 1811.]

231. — LES ASTROLOGUES GAULOIS ATTIRÉS PAR LA COMÈTE IMPÉRIALE.

* Quantité de pièces furent publiées sur la comète de 1811, à l'étranger comme en France. L'image, loin de voir dans cet astre le signe précurseur de grands malheurs, le considéra, au contraire, comme un indice nouveau de la puissance impériale. Les Anglais, naturellement, raillèrent cette prétention; d'où la caricature de Elmès montrant les astrologues aux pieds de Leurs Impériales Majestés.

[*Caricature de G. Elmès*, 24 septembre 1811.]

* Cette caricature est dans la note grotesque qui plaisait tout particulièrement à John Bull : on y retrouve, en effet, au plus haut degré, cette familiarité, ce sans-gêne avec lesquels on espérait porter atteinte à la grandeur impériale, et cette platitude, cette obséquiosité que l'on aimait à reprocher aux Français. La comète impériale, c'est le petit roi de Rome, et la façon dont ce dernier est dessiné, partout, est un précieux document pour l'arsenal du rire. Le chapeau à plumes et le coq gaulois ne s'étaient pas encore trouvés en posture aussi comique.

232.—**Bienvenue anglaise, ou Une visite de Bantam au lion.** —Napoléon se sauvant devant les Anglais. « Quoique Boney-Bantam batte des ailes », porte la légende, « cependant « nous pouvons être assurés de ceci, c'est qu'il agitera sa queue et se sauvera chaque fois « qu'il rencontrera l'Angleterre. »

Et Napoléon se retire effectivement, en disant au lion britannique : « *Excusez-moi, monsieur le lion* (en français, dans l'original), mais je suis pris de très fortes coliques. »

Caricature anonyme, septembre 1812.

* Bantam qui apparaîtra, quelquefois, dans les caricatures de l'époque, est une sorte d'animal diabolique, ayant le corps et la queue du renard corse, la tête et les ailes du *Devil*, c'est-à-dire du Diable classique. Plus les événements marchaient, plus l'on éprouvait le besoin de multiplier les épithètes et les comparaisons diaboliques à l'égard de Napoléon. Boney ne suffisait plus : c'était devenu un petit sobriquet innocent, presque un terme *d'amitié*; il fallait, maintenant, les qualificatifs sanglants et terribles.

233. — JACK FROST (LE FROID) ATTAQUANT BONEY EN RUSSIE.

Un monstre effrayant, monté sur l'ours du Nord, poursuit Napoléon et le bombarde d'énormes boules de neige, tandis que, de ses yeux, sortent des rayons enflammés qui sont censés représenter la lumière du Nord. Dans le fond, au milieu, l'Empereur Alexandre chaussé de bottes immenses, recourbées comme des chaussures à la poulaine, et derrière lui toute une armée de Cosaques.

Napoléon ayant des patins et tenant son pauvre nez gelé, tandis que la bourrasque lui enlève son chapeau, s'écrie : « Ah! monsieur le Froid, c'est une réception plus glaciale que celle à laquelle je « m'attendais; je n'avais pas encore fait l'expérience d'un pareil bombardement. Il faut que je fasse « attention à mon nez, aussi bien qu'à mes orteils. Je vous en prie, pardonnez-moi, pour cette fois, et « par saint-Denis, je jure de ne jamais remettre le pied sur votre domaine. »

Jack Frost lui répond : « Quoi, maître Boney vous ai-je enfin pris? » !

Les soldats français se réchauffent au feu des incendies allumés à Moscou.

[*Caricature de Elmès*, novembre 1812].

234. — **Armoiries de Napoléon-Buonaparte, devenu Empereur par lui-même, autrefois le Corse, et maintenant l'effroi de l'Europe.** — Les armoiries représentent le monde mis à feu, à l'exception de la Suède et de l'Angleterre, par le Corse incendiaire. La tyrannie, l'hypocrisie, la barbarie sont ses étendards; on les aperçoit au travers de la fumée, et ils ont presque enveloppé le monde.

Les supports sont le Diable français et le Diable corse.

Le Diable français ou le *Diable boiteux*, c'est-à-dire un noble et un prêtre (on devine aisément que lui et Talleyrand ne forment qu'une seule et même personne), montre, sur un sablier, que le temps passe et que la chute de Boney approche. — Le coq gaulois, renversant la religion, est son emblème.

Le Diable corse, ivre d'une ambition sans limites, porte une couronne de fer, ornée d'épines; il renverse le bonnet de la liberté, parce que la tyrannie est son idole. Le serpent et la hyène sont les vrais emblèmes de sa conduite et de son caractère infâme.

Description des armoiries divisées en huit quartiers :

1. Le champignon sur un fumier dénote sa basse origine.

Le crocodile exprime ses fausses transactions en Égypte, son apostasie et sa désertion.

La main sanglante, la guillotine et un cœur si vil ne peuvent appartenir qu'à un monstre.

II. Le second quartier représente la fusillade de 800 prisonniers turcs sans défense, près de la ville de Jaffa, commandée froidement par le monstre Boney.

III. Le troisième quartier montre l'empoisonnement, sur ses ordres, de ses propres soldats, malades à l'hôpital de Jaffa.

IV. Le quatrième quartier représente une scène, — inconnue jusqu'alors dans le monde civilisé, — *le meurtre insensé* du duc d'Enghien (on ne peut l'appeler autrement, quoique Boney s'en excuse devant sa cour martiale supposée).

V. Ici, le monstre force le Pape à venir à Paris et à assister à un sacre impie où Boney agit sans cérémonie aucune avec le Saint-Père.

Boney prend lui-même la couronne de fer, d'une main, tandis que, de l'autre, il cherche à ravir à l'Église catholique son chef.

VI. Autre scène horrible : le bon patriote anglais Captain Wright, est mis à mort pour n'avoir pas voulu trahir sa patrie et son roi.

VII. Massacre à Madrid, le 2 mai 1808, de citoyens sans défense.

VIII. Emprisonnement du roi Ferdinand VII, parce qu'il ne veut pas renoncer à la couronne d'Espagne, ni épouser la nièce de Boney.

Caricature anonyme, décembre 1812.

Boney Hatching a Bulletin or Snug Winter Quarters!!!

235. — BONEY DICTANT UN BULLETIN, OU CONFORTABLES QUARTIERS D'HIVER.

A l'exception d'un Français qui a des morceaux de planches, en guise de snowboots, Napoléon et toute son armée sont enfoncés dans la neige jusqu'au cou. Un général en piteux appareil lui demande : « Que « dirons-nous dans le Bulletin? » Napoléon répond : « Dites que nous avons trouvé de confortables quar- « tiers d'hiver, que le temps est très beau, et durera sans doute encore ainsi, une semaine. Dites que « nous avons beaucoup de *soupe maigre*, beaucoup de viande hachée ; que l'ours grillé est un plat exquis. « — Dites que nous serons revenus dans nos foyers pour la Noël ; assurez ma bien-aimée de mon affec- « tion ; ne laissez pas apprendre à John Bull que j'ai été vacciné (la vaccine des boulets) ; dites un bon « mensonge à propos des Cosaques. — Bref, dites tout, sauf la vérité. »

[*Caricature de George Cruikshank,* décembre 1812.]

* Allusion au « Bulletin de la Grande Armée », dont le rédacteur comparait le climat de la Russie au climat de Fontainebleau.

French Generals Retreating.

236. — RETRAITE DES GÉNÉRAUX FRANÇAIS.

Gelés, harassés de fatigue, les vêtements en lambeaux, coiffés de casquettes et même de chapeaux de femme, les généraux sont entassés pêle-mêle dans un traîneau tiré par des chevaux qui ne veulent plus marcher.

[*Caricature de George Cruikshank*, décembre 1812.]

237. — **Le général le Froid rasant le petit Boney.** — Napoléon en vain demande grâce : « Je vous en prie, frère général, ayez pitié, — ne m'accablez pas avec votre *élément* « *blanchâtre,* vous m'avez tellement égratigné que mes dents claquent. — Je suis presque « entièrement gelé. » Mais l'impitoyable général le Froid lui répond : « Envahissez seulement « mon pays; je vous raserai, je vous gèlerai, je vous enterrerai sous la neige, petit singe. »

Caricature anonyme, 1er décembre 1812.

238. — **La diète au milieu du désert français.** — Napoléon embroché rôtissant devant un énorme feu sur lequel saute une poêle pleine de grenouilles. Un ours westphalien tourne la broche et raille la pauvre victime. Napoléon est arrosé, à grand jus, par un Russe gigantesque, une énorme cuillère dans une main, tandis que, de l'autre, il saisit un tisonnier rougi en fer de Russie.

Ce Cosaque féroce s'écrie, tout en fonctionnant : « Je veux vous rôtir, — vous arroser, — « vous servir dans un plat, et vous dévorer! — Il fume, frère Bruin, encore un tour, et il « sera à point. »

Le pauvre Napoléon, agonisant, s'écrie : « Cette situation peut vous amuser, monsieur « l'Ours, mais je lui préférerais de beaucoup la mort. »

Caricature anonyme, 8 décembre 1812.

239. — **Le passage étroit, ou Le grand saut de Boney à la Grimaldi.** — Cette estampe satirique a trait à un incident de la campagne de Russie raconté par les gazettes de la coalition. Napoléon ayant mis pied à terre venait d'entrer dans une pauvre maison, pour se réconforter, lorsqu'un gros de Cosaques fit irruption à sa suite, prêt à enfoncer la cabane. L'un d'entre eux apparaissait déjà à l'ouverture d'une fenêtre : « Vite, courez, « mon Empereur, ce diable de Cosaque, pourrait emporter votre dîner », lui crie un des hommes de sa garde. Et si, immédiatement, l'Empereur n'avait pas sauté par la fenêtre avec l'agilité d'un arlequin (*sic*), pendant que ses fidèles soldats combattaient pour lui donner le temps de fuir, « on aurait vu probablement la fin de cette *grande bulle d'air*, l'Empire français. »

Caricature de George Cruikshank, 1813.

240. — BONEY, FATIGUÉ DES PÉRILS DE LA GUERRE, ALLANT SE METTRE EN SURETÉ DANS LES BRAS DE SA BIEN-AIMÉE.

Voici la traduction des légendes qui figurent au-dessus des personnages.

L'impératrice dit : « Venez dans mes bras, mon héros, et contez-moi tous les secrets de votre glorieuse campagne. »

Le roi de Rome demande : « Nounou, est-ce que papa a effrayé les Russes comme les Anglais nous ont effrayés? »

La nourrice répond : « Non, Votre Majesté, les Russes ont combattu comme des taureaux, et leur héroïsme prouve que c'étaient des patriotes convaincus. »

De la bouche de Napoléon s'échappent ces paroles : « Ma réputation est perdue pour toujours; je dois songer à la paix. *Infandum, regina, jubes renovare dolorem.* »

Au-dessus du diable, qui porte le souverain sur ses épaules, on lit : « Conduisez-le au lit et dégelez-le : je suis presque pétrifié pour l'avoir aidé à fuir du théâtre de la guerre. J'espère que, chaque soir, il chantera mes louanges. »

[*Caricature de George Cruikshank*, janvier 1813.]

241. — **Retour de Russie, Boney couvert de gloire, et laissant son armée dans de confortables quartiers d'hiver.** — Napoléon, avec un de ses généraux, est en pleine retraite dans un traîneau et il a abandonné son armée poursuivie par les Russes. Le sol est jonché d'hommes et de chevaux morts. Le général demande : « Votre Majesté veut-elle « écrire le Bulletin? — Non, » répond Napoléon, « écrivez-le vous-même. Dites que nous « avons laissé l'armée en bon état, bien disposée, dans d'excellents quartiers, avec une grande « quantité de provisions; que nous voyageons en *grands seigneurs*, que nous sommes « reçus partout avec des acclamations et que j'aurai bientôt assuré le repos de l'Europe. »

Caricature anonyme, 1er janvier 1813.

* Les événements d'Espagne avaient déjà bien mis en joie les crayons londoniens, mais ils n'avaient pas pris, devant l'estampe, l'importance de la retraite de Russie. Malgré cela, il faut constater que cette série de pamphlets graphiques manque de variété, car ce sont presque toujours les mêmes sujets et les mêmes légendes. Dans leur immense joie, les artistes anglais ne savaient plus quoi trouver; et ils revenaient toujours au traditionnel « Boney, couvert de gloire, laissant son armée dans de confortables quartiers d'hiver ».

242. — LE BARBIER IMPÉRIAL.

A gauche, l'Angleterre représentée par le prince de Galles, régent du royaume depuis 1811. De sa bouche sort cette légende : « Je continuerai à porter mes favoris, comme cela me plaît, en dépit de toutes les oppositions. »

Au milieu, Napoléon en barbier, savonnette en main, et s'écriant : « Je ne puis pas arriver à raser les favoris de ce vil Régent à cause de la cuvette d'eau qui est entre nous (allusion à la Manche). »

Dans le fond encore, recevant un formidable coup de pied du Russe, et happé en certain endroit par l'ours, Napoléon, le rasoir en main : « Ah! foutre, l'ours! Pendant que je brandis mon rasoir, on me donne des ruades et je ne puis m'en aller. » Le Russe, s'écrie : « Non, Monsieur! par saint Alexandre Newsky, vous ne raserez point ici. »

Assis dans le fond et faisant piteuse mine, le roi de Prusse et l'empereur d'Autriche. L'un dit : « Je suis rasé d'assez près », l'autre : « Je ne suis rasé que d'un côté. Quand est-ce que mon terrible gendre achèvera sa besogne? »

[*Caricature de W. H. Brooke* (*Ekoorb*), 1er février 1813.]

243. — **Le retour du Héros.** — Napoléon, en fort triste état, n'ayant plus ni nez, ni oreilles, ni doigts, ni orteils, fait son entrée, soutenu par deux mamelouks, et à cheval sur un autre de ses fidèles qui marche à quatre pattes.

L'Impératrice s'arrache les cheveux et pleure abondamment, pendant qu'une demoiselle d'honneur lui fait respirer des sels. Une autre suivante a saisi le roi de Rome qui pousse des cris d'horreur à la vue de son père. Son chien même aboie, et la consternation est générale.

Un Oriental, courbé à terre, tient un flacon dans lequel se trouve le nez de Napoléon, tandis que, derrière lui, trois autres personnages, debout, portent d'autres flacons contenant les doigts, les orteils et les oreilles de l'Empereur.

Caricature de George Cruikshank, 22 février 1813.

244. — **Bonaparte devant le Corps législatif, après son retour de Russie.** — Ici encore, l'Empereur vaincu est dans un triste équipage. Son habit est en loques, ses culottes couvrent à peine une partie de ses jambes, ses orteils sortent de ses bottes, et il essaie vainement, avec son mouchoir, d'arrêter les larmes qui coulent en abondance le long de ses joues. Il dit : « Je suis entré moi-même en Russie, les armées russes ne pou-
« vaient pas se maintenir devant nos troupes, les Français étaient constamment victorieux.
« Une foule de Tartares tournèrent leurs mains parricides contre les plus belles provinces
« de ce vaste empire qu'ils avaient été appelés à défendre.

« Mais la rigueur excessive et prématurée de l'hiver amena une terrible calamité sur
« mon armée. En quelques nuits, tout changea. — Les malheurs produits par l'intensité du
« froid apparurent dans toute leur horreur. — J'eus à subir de grandes pertes, et elles

« auraient brisé mon cœur, si dans de telles circonstances j'avais pu être accessible à tout « autre sentiment qu'à ceux de l'intérêt, de la gloire et de la future prospérité de mon « peuple. — J'ai signé, avec le Pape, un Concordat qui met fin à toutes les dissensions qui « s'étaient élevées au sein de l'Église. La Dynastie Française règne, — et règnera en Espa- « gne, — je suis satisfait de tous mes alliés, je n'en abandonnerai aucun.

« Les Russes peuvent retourner dans leur horrible climat. »

Caricature anonyme, dessinée le 1er décembre 1812, publiée le 24 février 1813.

245. — **Les Badauds de Paris, ou chute de Nap. le Grand.** — « L'événement « qui a le plus contrarié Napoléon, ce sont les badauds de Paris, qui avaient pris des chiens « et leur avaient attaché des casseroles à la queue, avec l'écriteau suivant autour du cou :

« Fuite de Moscou ».

« Quand on les lâchait, ils couraient avec furie, dans toutes les directions, au grand amuse- « ment des Parisiens. » (*Courier*, 1 mars 1813.) — Ce fait, qui fut alors relaté, avec une joie non déguisée, par tous les journaux de la coalition, sert de légende explicative à la caricature.

Caricature anonyme, 6 mars 1813.

* On peut voir, par l'estampe reproduite ci-après (page 132), que cet incident fut souvent interprété par l'image. En peu de temps, toutes les devantures des imagiers, londoniens et autres, se couvrirent de limiers corses traînant une casserole à leur queue.

246. — COUR MARTIALE ASSEMBLÉE POUR JUGER UN DESERTEUR DE LA GRANDE ARMÉE

Caricature publiée avec texte français et anglais. Le titre de ce dernier porte : *A court Martial on the Cowardly Deserter from the Grand Army.*

*Cruikshank suppose, dans cette estampe, qu'à la suite d'une revolution, la populace de Paris a eu le dessus, qu'un savetier a été nommé empereur, à la place de Napoléon, et que Boney est amené devant ce nouveau souverain jacobin, par un boucher féroce, pour avoir à rendre compte de ses crimes. Entre le cuivre anglais et le cuivre français il y a quelques différences de légendes. Sur l'estampe anglaise on voit, en plus, le roi de Rome qui demande : « Où est mon père? »

[*Caricature de George Cruikshank*, 6 mars 1813.]

The CORSICAN BLOODHOUND, beset by the BEARS of Russia.

247. — LE LIMIER CORSE POURSUIVI PAR L'OURS DE RUSSIE.

Le premier ours crie à ses compagnons : « Avancez, mes amis, pas de grognements — *Kap* l'avait flairé, — pas de pattes à sucer, cet hiver, voici de quoi nourrir les ours de toutes les Russies. »

D'autre part, le limier fait les tristes réflexions que voici : « Quel horrible climat ! — ma seule chance pour échapper aux griffes de ces affreux cannibales est de prendre mes jambes à mon cou. — « Encore une fois, je ne parviendrai pas à me débarrasser de cette vieille casserole, — jusqu'à ce que ma queue parte avec. » Sur les papiers qui s'échappent de la casserole, on lit : « Destruction, Famine, Froid, Mort, etc. »

[*Caricature de W. Elmès*, 7 mars 1813.]

248. — **Napoléon passant en revue la Grande Armée, ou La conquête anticipée de la Russie.** — Pendant le défilé, montrant ses soldats, il dit à deux de ses généraux : « Avec cette armée je vais anéantir ces Russes barbares et faire trembler toutes les « nations sous mon courroux. »

Un général, enthousiasmé, s'écrie : « Parbleu, avec cette armée nous ferons la conquête « du Ciel ! » L'autre, un anglophobe évidemment, ajoute : « Et de l'enfer également, afin de « pouvoir y envoyer tous ces damnés Anglais. »

Caricature anonyme, avril 1813.

249. — **Boney et le joyeux peuple de Paris faisant le plan de la prochaine entrée triomphale à Moscou.** — Napoléon et ses généraux sont réunis en conseil. Ces derniers ont été, tous, plus ou moins maltraités par les intempéries de la dernière campagne ; les uns ont perdu leur nez, les autres ont les pieds enveloppés de bandelettes, tous ont cruellement souffert des atteintes du froid.

L'un d'eux montre une carte géographique et dit : « Sire, nous ferions bien d'aller en « même temps jusqu'à Pétersbourg ». A quoi Napoléon réplique :

« Nous pourrions aussi aller en Sibérie, afin de délivrer les exilés qui se joindraient à « nous, avec joie, heureux d'échapper à leur tyran. »

Deux généraux, causant ensemble, ne paraissent pas approuver le plan. L'un remarque : « Sacré Dieu ! je n'aime pas les campagnes de Russie ; j'ai, dans la dernière, perdu mon « nez, mes doigts et mes orteils. » L'autre répond : « Eh bien, nous y laisserons tout ce qui « nous reste. »

Caricature anonyme, avril 1813.

250. — **La séparation d'Hector (Nap.) et d'Andromaque, ou La Russie menacée.** — Le cheval de Napoléon attend son maître et les fenêtres du palais des Tuileries sont garnies de dames qui veulent assister au départ. Napoléon tombe en extase à la vue de son fils que Marie-Louise tient en l'air, dans ses bras.

Le jeune roi de Rome brandit une épée en déclarant : « Je tuerai le peuple comme mon « père. » — Sa mère lui dit : « Embrasse ton père, il te rapportera quelques méchants Russes « à tuer. » — Napoléon s'écrie : « Adieu, je pars, je vais voir, je vais conquérir. — A mon « retour, j'accueillerai mon fils avec un nouveau titre. »

Caricature attribuée à George Cruikshank, avril 1813.

251. — REVUE DES TROUPES FRANÇAISES AU RETOUR DE LA MARCHE DE SMOLENSK.

Toujours les mêmes troupes en déroute, vêtues de haillons et souffrant du froid, tandis que Napoléon, lui-même, a la goutte au nez. Et l'on renvoie le lecteur, pour plus amples explications, au *Hamburg Correspondent* du 14 mars 1812.

[*Caricature de George Cruikshank*, 27 mai 1813.]

252. — **Glorieux retour de Napoléon, ou La fin de la campagne de Russie.** — Marie-Louise se prépare à se mettre au lit, et Madame Lætitia, mère de Napoléon, lui enlève ses bas. « Oh! l'esprit, l'esprit de mon Nap. ! », dit l'Impératrice-mère devant un spectre en haillons. L'Impératrice, effrayée, s'écrie : « Jésus, Marie! quelle est cette lugubre ap- « parition? Ce ne peut être mon mari, il m'avait promis de revenir en triomphateur, ce « doit être son esprit! » Le roi de Rome, lui non plus, ne reconnaît pas son père. Il va se mettre au lit, il a déjà son bonnet de nuit, mais il s'enfuit épouvanté, en criant : « Ce n'est pas mon Papa, il m'avait promis de m'apporter quelques Russes à tailler en « pièces. Je crois que ce sont eux qui l'ont mis en morceaux ». Pendant ce temps, Napoléon apparaît en personne, dans un état pitoyable, ses orteils passant au travers de ses bottes, son épée et son fourreau brisés, le visage souillé.

« Me voici! Votre pauvre Nap. a échappé aux Cosaques. J'ai sauté par une fenêtre, pour « conserver la vie, et maintenant, je vais sauter dans mon lit, auprès de ma femme. »

Les suivantes ont disparu, mais l'une, ayant oublié la bassinoire dans le lit, celui-ci prend feu, et flambe avec éclat.

Caricature anonyme, juin 1813.

253. — **Napoléon furieux rompt l'armistice.** (Il s'agit de l'armistice signé entre Napoléon et les armées alliées, le 4 juin 1813.) — Deux messagers lui présentent leurs

rapports. L'un est ainsi conçu : « Les Anglais sont près de Bayonne, levée en masse, dans « le midi de la France, de 200.000 hommes, sous l'étendard des Bourbons, révolte à Tou- « lon, mécontentement à Paris, toute l'Espagne évacuée, pertes considérables. »

L'autre messager dit à l'Empereur furieux : « Diable! votre grande armée d'Espagne « est complètement en déroute : 180 canons, 400 wagons de munitions, tous les bagages, « 9.000 têtes de bétail, et la caisse militaire remplie d'argent, tout cela est devenu la proie « de l'ennemi. Votre frère, le roi Joseph, s'est enfui à cheval, le Diable sait où! M. Jour- « dan a perdu sa perruque et sa canne, et l'ennemi les poursuit dans toutes les directions. »

Dominé par la colère, Napoléon brandit un tisonnier, et donnant un coup de pied au dernier messager, il lui dit d'une voix menaçante : « Allez-vous-en, vils serviteurs, encore « de nouveaux tourments! Lâche Joseph! Traître Jourdan! Maudits Anglais! Je ferai « trembler le ciel et la terre; mais tout cela ce ne sont que mensonges, vils mensonges. « Donnez-moi mon cheval, et en route pour l'Espagne! pour l'Angleterre! Wellington! « Et l'Enfer! afin de renverser Lucifer de son trône, pour lui apprendre à m'avoir trahi! »

Caricature anonyme, juin 1813.

Boney receiving an account of the Battle of Vittoria — or, the Little Emperor in a Great Passion!

254. — BONEY RECEVANT LE RÉCIT DE LA BATAILLE DE VITTORIA, OU LE PETIT EMPEREUR DANS UNE GRANDE COLÈRE.

Un postillon qui vient de faire diligence, — il est permis de le dire quand on voit son état de maigreur et de délabrement, — monté sur le dos d'un personnage à genoux, non moins déguenillé, ayant des éperons à ses pieds nus, déroule un long papier, — la dépêche officielle, — sur lequel on lit : « Le roi Joseph a été battu par Wellington et a subi une perte de 151 canons, 415 wagons de munitions, des bagages, des provisions. — Il reste aux Français un très joli petit obusier. — Un quart de l'armée a été tué, un autre blessé, un troisième quart fait prisonnier et les Anglais jouent au diable avec le reste. »

Napoléon, devant son trône, frappe du pied, s'arrache les cheveux et brandit son épée à la grande terreur de son mameluck Rustan. — Il s'écrie avec rage : « Oh! Enfer et Diable! — Nation damnée, ce maudit ennemi, John Bull, me rendra fou! — C'est un mensonge, c'est aussi embrouillé, aussi noir que l'enfer! arrière ce rouleau de papier, il brûle mes yeux. Je le déchirerai en dix mille morceaux. — Je vais, tous, vous envoyer au Diable. »

La Russie, la Prusse et l'Autriche sont là en spectateurs.

La Russie dit : « Le moment est arrivé »; la Prusse, qui partage cette opinion, demande à l'Autriche : « Maintenant ou jamais, ne voulez-vous pas vous joindre à nous! »

[*Caricature de George Cruikshank*, 8 juillet 1813.]

255. **Épisode après la bataille de Vittoria, ou Nouveaux trophées pour Whitehall.** (1) — Le duc de Wellington, à cheval, reçoit les drapeaux conquis que les officiers déposent à ses pieds. Il est évidemment satisfait du résultat, car il s'écrie : « Il y en a pour trois jours d'illumination. » Un officier lui présente un bâton en lui disant : « Voilà le rouleau de pâtissier du maréchal Jourdan. »

Un autre, apportant un étendard capturé et désignant un groupe qui escorte l'artillerie, dit : « Et voici leur dernier canon qui arrive. »

Caricature de George Cruikshank, 10 juillet 1813.

* Après les affaires de Russie, les affaires d'Espagne. Pour les premières, c'était toujours le Froid, pour les secondes ce sera toujours, sous une forme plus ou moins grotesque, la grande colère du petit Empereur. Cette dernière caricature fait allusion à la nouvelle donnée par le n° 255, la perte par le maréchal Jourdan de son bâton de commandement.

256. — MÉDICATION BREVETÉE DE JOHN BULL.

Napoléon. — Docteur, cet air ne peut pas convenir à ma constitution.
Le Docteur. — Ce n'est pas étonnant, Boney ; le remède de Wellington vous remettra bientôt sur pied.

* Napoléon a mal au cœur et rend ses couronnes (2). Sur son lit les remèdes qui doivent le guérir : *mixture Wellington, huile russe, emplâtre cosaque, pilules prussiennes.*

[*Caricature anonyme*, 28 août 1813.]

* John Bull, médecin, est une des nombreuses incarnations du personnage qui représente habituellement l'Angleterre. Le Dr John Bull a, sur certaines estampes, un cabinet très achalandé, c'est le grand praticien de l'Europe, et si Boney avait voulu suivre plus tôt ses conseils, il se serait évité bien des chutes et des rechutes.

(1) Whitehall, palais où les Anglais accrochent les trophées et drapeaux pris sur l'ennemi.

(2) Allusion aux royaumes perdus par lui à la suite des campagnes d'Espagne, de Russie et d'Allemagne ; Wellington venait, à ce moment, de reprendre l'offensive en Espagne.

257. — L'APOTHÉOSE ANTICIPÉE DE NAPOLÉON, OU LES SAVANTS DE LEIPZIG ENVOYANT BONEY AU CIEL AVANT QUE SON HEURE NE SOIT VENUE.

Au-dessous, l'explication suivante :

« L'Université de Leipzig, a décrété que la constellation appelée « Ceinture d'Orion » porterait à l'avenir le nom de Napoléon en l'honneur du héros; on demande si les sages de Leipzig ont eu l'intention de

l'honorer ou bien de faire une allusion à son esprit turbulent, la constellation d'Orion étant généralement accompagnée de tempêtes, raison pour laquelle Orion est représenté une épée à la main. »
Orion tire à lui l'Empereur à l'aide de la ceinture qu'il lui a passée au cou. Napoléon proteste en disant : « Qu'allez-vous faire? je vous dis que j'aime mieux rester là où j'étais. »
Le premier, personnage à droite, porte à la main un papier sur lequel est écrit : « Résolution des savants de Leipzig ». — Le deuxième pense : « Orion paraît le recevoir mieux que je ne l'attendais. » — Le troisième : « Ce fut une sublime idée. » — Le quatrième, observant avec une lunette : « Je crois que nous nous sommes immortalisés. » — Le cinquième lorgnant : « Il monte d'une belle manière. » — Quant au septième personnage, il est muet et se contente de faire la moue.

[*Caricature de Woodward*, 15 septembre 1813.]

* Caricature dirigée contre les sympathies napoléoniennes des Allemands. Les promoteurs de cette proposition étaient les professeurs Hindenburg et Rüdiger. (Voir, à ce sujet, la très rare plaquette : *Das Jahr* 1807.)

258. — **Tom Pouce et le géant, ou Marche forcée vers Francfort. Les rois sont ses sentinelles** (vide *le discours de Shéridan*). — Une lettre de Stralsund relate que Napoléon, en route pour Paris, envoya un courrier au roi de Wurtemberg, avec l'ordre de gagner Francfort-sur-le-Mein, où il irait le rejoindre : c'est ce que montre la caricature. Tom Pouce-Napoléon, à cheval, dit au roi de Wurtemberg d'aller l'attendre à Francfort, et le pauvre et énorme souverain, tout en sueur, s'écrie piteusement :

« Je vais aussi vite que possible. — Quelle besogne pour un homme de mon importance (c'est-à-dire de ma grosseur)! « Est-ce pour me faire faire un pareil métier que vous avez mis une couronne sur ma tête? »

Caricature anonyme, octobre 1813.

259. — **Divertissements cosaques, ou La chasse de Platoff, à cor et à cri, après le gibier français.** — A l'arrière-plan, on voit Leipzig et le fleuve l'Elster dans lequel plongent les Cosaques, courant après le renard corse. L'hetmann Platoff leur crie : « En avant, mes garçons, en avant, il est en vue. Le voilà, Tally ho! »

Sa fille (promise en mariage à celui qui lui apporterait la tête de Napoléon) est au milieu du courant, fouettant son cheval et criant : « Hi! ho! Tally ho! — Pour un mari! »

Une armée de grenouilles françaises essaie, en vain, d'arrêter les Cosaques, mais elle est mise en déroute et prend la fuite.

Caricature anonyme, 9 novembre 1813.

* L'hetmann Platoff s'était fait tout particulièrement remarquer par son acharnement. De nombreuses images popularisèrent ses traits et lui décernèrent les qualificatifs les plus enthousiastes. Il devint, pour les Anglais, un héros de la délivrance. Vers ce moment, du reste, les magasins d'estampes se remplirent de gravures grossièrement enluminées représentant des gros de cosaques, brisant et arrachant les étendards français, poursuivant, au pas de charge, les débris de la Grande Armée.

260. — **Pourvoyeurs. Boney accommodé. Une bonne bouche pour l'Europe.** — Les souverains de l'Europe sont assis autour d'une table, au centre de laquelle se trouve Napoléon, sur un énorme plat, entouré de ses maréchaux, assis les mains attachées derrière le dos. Les différents monarques émettent, à tour de rôle, leur opinion sur le plat qui leur est servi. La Russie dit : « Je pense, frère d'Autriche, que ce plat sera recherché par « toute l'Europe. » — « Et je pense, frère de Russie, que l'on admirera la garniture. » « Laissez le Wurtemberg prendre place dans le plat! Et la Bavière, s'il vous plaît! ». — La Pologne dit : « C'est trop assaisonné pour mon goût, mais c'est français! » — Les Suisses affirment que Guillaume Tell n'inventa jamais meilleur plat, et ils espèrent venir en goûter. — L'Italie jure par le Dieu de l'Amour que c'est préférable aux macaronis.

Avec des larmes dans les yeux, un malheureux monarque se lamente : « J'espère qu'ils « n'accommoderont pas ainsi le pauvre roi de Saxe. »

La Prusse fait remarquer à l'Angleterre qu'il faudrait diminuer la quantité des condiments, avant de pouvoir le vanter comme un mets accompli.

« Qu'en dites-vous, maître d'hôtel? » Et le cuisinier, qui n'est autre que l'Angleterre, répond : « Je suis de l'avis de Votre Eminence, John Bull préfère la modération. »

Caricature anonyme, 10 novembre 1813.

261. — **Le Geai dépouillé de ses plumes d'emprunt.** — Des oiseaux de toutes sortes, des aigles principalement, dépouillant le pauvre geai, Napoléon.

L'aigle à deux têtes (Russie) le dépouille, avec un bec, de la Légion d'honneur, et, de l'autre lui enlève sa couronne. L'Autriche, la Prusse, la Suède lui arrachent violemment ses plumes d'emprunt, tandis que l'Espagne, la Pologne et la Bohême voltigent à l'entour. A l'arrière-plan, un Cosaque embroche sur sa lance des fuyards français.

Caricature anonyme, 10 novembre 1813.

262. — **La fête du taureau à Norwich, ou Gloire et gloutonnerie.** — Le succès obtenu par les armées alliées sur Napoléon et ses troupes, ainsi que la succession des désastres français, donnèrent lieu à de nombreuses réjouissances dans tout le Royaume-Uni, pour célébrer la chute supposée de l'Empereur corse, l'ennemi traditionnel de l'Angleterre, comme le peuple avait été habitué à le considérer.

D'après la gravure, Norwich fut le théâtre de réjouissances désordonnées : un jeune et énorme taureau est rôti sur la place du marché et débité dans toutes les rues, la foule en délire s'en arrache les morceaux; en même temps, un baril de bière et un fût de liqueur sont distribués gratuitement, de là tumulte général; dans la soirée, illuminations et feux d'artifice.

L'effigie de Napoléon fut promenée dans les rues, puis on la pendit et on la brûla au milieu d'un feu de joie; sur des drapeaux, on pouvait lire : « Chute du Tyran, Paix et Abondance. »

Caricature de Rowlandson, 22 novembre 1813.

263. — **Un long tirage, un fort tirage et tous réunis pour le tirage.** — On voit les vaisseaux alliés flottant librement sur l'Océan, le soleil de la tyrannie se couchant à l'horizon. Les alliés emploient toutes leurs forces pour faire sortir du Texel les vaisseaux que les Hollandais les aident à lancer.

Napoléon et son frère Joseph sont en arrière, le premier sautant avec frénésie et criant : « Oh! frère Joseph! je suis sur le gril. Ma passion me dévore. Des malheurs inattendus « tombent sur moi et déjouent tous mes artifices, je ne puis plus le supporter.

« Mes oreilles bourdonnent, mes yeux voient trouble, un tremblement nerveux agite « tous mes membres. »

Joseph, dont la couronne est tombée, dit : « Oh frère Nap., il ne nous restera pas à « chacun une demi-couronne. »

Caricature de Rowlandson, 25 novembre 1813.

264. — **Exécution de deux célèbres ennemis de la vieille Angleterre et leurs dernières volontés.** — Représentation d'un « *Feu de joie* » à Thorpe Hall, près de Louth (Lincolnshire), 5 nov. 1813, donnée par le Rév. W. C. à un garçon du séminaire de Louth, à l'occasion de la nouvelle de la défaite décisive de Nap. Bonaparte et de ses alliés, à 11 heures un quart; les cloches de Louth sonnèrent toute la nuit.

Guy Faux, habillé comme un ancien veilleur de nuit, est accroché à une potence, et Napoléon, dans son costume traditionnel, se balance, lui aussi, à une autre potence au-dessous de laquelle brûle un « feu de joie ».

Hommes, femmes et enfants se réjouissent tout à l'entour.

Dernier speech de Guy Faux : « Moi! Guy Faux, méditant la ruine de mon pays, par les « moyens diaboliques et clandestins de la conspiration des Poudres, je fus heureusement « découvert, et appelé à être puni par la Vieille Angleterre; ici, je déplore mon sort. »

Dernier speech de Napoléon Buonaparte : « Moi! Napoléon Buonaparte, traité d'invincible « par toute la nation française, j'ai cruellement, et comme un enfant, tenté de soumettre « le monde. J'ai perdu mes flottes, j'ai perdu les plus grandes et les plus belles armées « dont on eût jamais entendu parler et je suis devenu un sujet d'indignation pour le « monde entier, un sujet de moquerie et de raillerie pour les garçons. Si je n'avais pas « dédaigné la sagesse de l'honorable M. Pitt, j'aurais pu assurer une paix honorable, et « gouverner la plus grande des Nations; mais hélas! mon ambition m'a perdu, et les pro- « jets de Pitt ont achevé ma ruine. »

Caricature de Rowlandson, dessinée le 5 nov. et publiée le 27 nov. 1813.

* Très souvent la caricature anglaise avait eu recours, à propos de Napoléon, à des comparaisons prises dans l'histoire de la Grande-Bretagne. On a pu voir, plus haut, deux estampes conçues dans cet esprit. La même tendance se reproduisit à propos des processions patriotiques et feux de joie dont les défaites de 1813 donnèrent partout le signal. Napoléon fut même souvent transformé en une sorte de Cromwell, d'un genre particulier.

265. — LE CRAPAUD CORSE SOUS UNE HERSE.

* Caricature faisant allusion à la défection de la Hollande. Le personnage qui est censé représenter Napoléon, et qu'on écrase sous la herse, s'écrie : « Oh ! que ce Hollandais est lourd ! j'avais déjà bien assez à porter auparavant!!! » Toutes les nations coalisées se sont mises à tirer la herse : le cosaque pousse à l'arrière-garde avec sa lance.

[*Caricature de Rowlandson*, 27 novembre 1813.]

266. — **Cauchemar hollandais, ou L'accolade fraternelle rendue avec une pression hollandaise.** — Napoléon, couché sur un lit de parade, parsemé d'abeilles, et dont les montants sont figurés par des faisceaux de licteurs, est en proie aux tortures d'un affreux cauchemar : un lourd Hollandais, assis sur sa poitrine, l'écrase complètement et, la pipe à la bouche, lui envoie au visage une bouffée de fumée, tout en criant : *Orange, Boven*. Au chapeau de ce personnage sont les couleurs de la maison d'Orange, c'est-à-dire de la dynastie nationale.

Caricature de Rowlandson, 29 novembre 1813.

* Guillaume-Frédéric d'Orange, le fils du dernier Stathouder, avait été rappelé par les Hollandais, après la bataille de Leipzig.

267. — **Nap. et son associé Joé envoyés subitement au diable.** — Le lourd Hollandais, toujours réjoui sous les drapeaux d'Orange, finit par songer à se débarrasser des importuns de la manière la plus rapide. D'une main tenant sa pipe, de l'autre, en guise de maillet, une bouteille de skiedam, il se prépare à donner à Napoléon un échantillon de la force hollandaise.

D'un coup vigoureux, il envoie dans les airs le petit Corse, qui tombe dans les bras du « Père du Mal » (le diable) émergeant de son lac de soufre. Dans le lointain, un autre Hollandais fait prendre le même chemin au frère de Napoléon, Louis, créé comme on le sait, roi de Hollande et qui, dans sa fuite, perd la couronne (1).

Caricature de Rowlandson, 30 novembre 1813.

(1) Il l'avait déjà perdue, dépossédé en 1810 par Napoléon trouvant qu'il ne faisait pas observer avec assez de rigueur le blocus continental.

268. — LE MÜNCHHAUSEN CORSE DUPANT LES BOURGEOIS DE PARIS.

Napoléon est représenté sur une estrade, ayant à ses côtés le roi de Rome ; il est censé faire le boniment à la foule amassée des bourgeois. La mappemonde sur laquelle il bouleversait la carte d'Europe est renversée, ainsi que son trône au dossier duquel brille le soleil d'Austerlitz.

Voici la traduction des légendes qui figurent sur l'estampe :

« N'ai-je pas juré de détruire la Suède ?

« N'ai-je pas juré d'avoir le commerce des colonies ?

« N'ai-je pas construit plus de vaisseaux que vous ne trouviez de marins pour les commander ?

« N'ai-je pas brûlé tous les produits anglais achetés et payés par mes fidèles marchands, devant eux, et cela pour leur bien, ainsi que pour celui de mon cher peuple de Paris ?

« N'ai-je pas rappelé mes troupes de Hollande afin de ne pas leur laisser passer l'hiver dans ce climat brumeux ?

« N'ai-je pas rappelé mes troupes d'Espagne et de Portugal pour marcher à la destruction des Anglais ?

« Ne me suis-je pas fait Turc pour le bien de la nation française ?

« N'ai-je pas fait sauter en l'air le caporal, pour faire sauter le pont ?

« N'ai-je pas dérobé vingt drapeaux aux églises pour les envoyer à mon Impératrice, afin de compenser la perte de mes propres drapeaux et de mes aigles ?

« Et maintenant, pour le bien de mon empire, encore, regardez, bourgeois de Paris, je viens de mettre le roi de Rome en culottes !

« N'ai-je pas juré de détruire l'Autriche ? N'ai-je pas juré de détruire la Prusse ?

« N'ai-je pas laissé aux Russes 1.200 canons pour bâtir un monument commémoratif de la victoire de Moscou ?

« N'ai-je pas conduit 498.000 hommes pour cueillir des lauriers en Russie ? N'ai-je pas incendié Moscou et laissé 400.000 braves soldats périr dans la neige pour le bien de la nation française ?

[*Caricature de Rowlandson*, décembre 1813.]

* Depuis la défaite de Leipzig, depuis les victoires pompeusement annoncées dans les « Bulletins fameux » et qui se changeaient en défaites, la caricature avait transformé Napoléon en baron de Münchhausen, traitant ainsi ses conquêtes d'exploits imaginaires.

269. — LE CHEF DE LA GRANDE NATION DANS UNE TRISTE POSITION.

Comme la précédente caricature de Cruikshank, *Cour martiale assemblée pour juger un déserteur de la Grande Armée*, cette gravure parut avec texte anglais et avec texte français, mais M. John Ashton commet une erreur quand il dit, dans son volume : *English Caricature on Napoleon the first*, qu'elle a été copiée d'après une pièce française. L'original est bien de Cruikshank : ce qui est possible, c'est que l'édition française ait été publiée antérieurement. Du reste, elle existe en français, avec d'autres légendes, et a même été vendue, en France, sous le titre de : *l'Éteignoir des Alliés*.

La baguette magique de Napoléon s'est, ainsi qu'on peut le voir, brisée, et il est au pouvoir de ses ennemis. Celui qui dirige sur lui une énorme espingole est Wellington. L'Autriche, la Prusse, la Russie visent la tête, chacune avec un pistolet. L'Espagne, à cheval sur un canon, se prépare à lui lancer toutes ses oranges.

[*Caricature de George Cruikshank*, décembre 1813.]

270. — **Gasconnade.** — **L'Empereur déserteur dupant le Sénat.** — Napoléon couronné et *en grande tenue* (en français dans l'original), devant le Sénat, montre les trophées rapportés par ses soldats et s'exprime en ces termes :

« Sénateurs, les glorieux succès de nos armes m'ont forcé de quitter le champ d'hon-
« neur, pour avoir la satisfaction de venir vous présenter les glorieux trophées de nos
« victoires. — Sénateurs, vos ennemis envieux seront anéantis dans la poussière, c'est
« la volonté de votre Empereur. — Cette confédération arrogante sera punie de sa témé-
« rité, et nos braves soldats reposeront en paix. Sénateurs, pour atteindre ce but, je de-
« mande la petite somme de 250 millions, que l'état prospère de nos finances pourra me
« fournir aisément, et, pour combler les vides de mon armée, 300.000 hommes pris sur
« les conscriptions de quatre années à venir. Français, voilà ce que réclame votre Em-
« pereur, et la gloire de la Grande Nation. »

Le diable, jetant un coup d'œil derrière le trône, approuve ce que vient de dire le monarque.

« Tout cela est juste, mon garçon. Dupez-les encore d'une nouvelle conscription qui me reviendra, jusqu'à ce que ce soit votre propre tour. »

Un sénateur répond à Napoléon, au nom de l'auguste assemblée : « Grand Empereur
« de la Grande Nation, le Sénat met à votre service les vies et les biens du peuple. »

— Mais cette opinion ne semble pas être partagée par tous les sénateurs, car l'un d'eux murmure : « C'est un peu trop, cela! » Et un autre demande timidement : « Qu'a-t-il fait « de la dernière armée, pour avoir, à nouveau, besoin d'autant d'hommes? »

Quelqu'un répond : « Ils ont été voir ce que font leurs amis, les Russes. » — Un autre, doutant de l'authenticité des trophées, s'écrie : « Quoi! ces trophées appartiennent aux « alliés! *c'est drôle, cela!* » (En français dans l'original.)

Caricature anonyme, 1er décembre 1813.

271. — **Le pont de Bonaparte, sur l'air de « Voici la maison que Jack bâtit ».** — Dessiné, *dit l'estampe*, par la *nourrice du roi de Rome*, en huit parties.

Voici le pont que l'on fit sauter en l'air.

Voici les mineurs chargés de miner le pont que l'on devait faire sauter.

Voici le caporal, robuste et intrépide, qui mit le feu à la mine, avec une mèche si longue faite par les mineurs, etc...

Voici le colonel d'infanterie qui commanda au caporal, robuste et intrépide, de mettre le feu à la mine, etc...

Voici le maréchal, qui chuchota au colonel d'infanterie de commander au caporal, etc...

Voici l'Empereur qui décampa et qui laissa le maréchal chuchoter au colonel, etc...

Voici des milliers de gens qui maudissent le jour qui fit Empereur celui qui décampa.

Voici les monarques, généreux et braves, qui renversèrent le Tyran et donnèrent la liberté à des milliers et des milliers d'hommes qui maudissaient le jour, etc...

Caricature anonyme, 1er décembre 1813.

272. — **Toutes ses possessions sont perdues. Atlas furieux, ou La punition d'une ambition sans égale.** — Atlas est à genoux, se préparant à laisser tomber le monde sur Napoléon. Ce dernier, touchant les parties de la terre qui sont en sa possession, se vante ainsi : « La France est à moi! La Hollande est à moi! L'Italie est à moi! L'Espagne « et la Pologne sont à moi! La Russie, la Prusse, la Turquie, le monde entier m'appar- « tiendra!!! » Atlas, le toisant d'un regard terrible, lui répond : « Quand les amis de la « Liberté et de la Paix seront parvenus à vous empêcher de secouer le monde sur mes « épaules, alors je le porterai. Jusqu'à ce moment, maître Boney, vous pouvez le porter « vous-même. » La Russie et la Prusse s'enfuient épouvantées. L'une dit : « C'est juste, il est « tombé sur votre tête, votre serviteur; nous ne nous arrêtons pas, pour ne pas être « écrasées avec vous. »

Caricature anonyme, 1er décembre 1813.

273. — **Le Corse « fumé ».** — Toutes les têtes couronnées d'Europe fument la pipe avec acharnement et se réunissent pour empoisonner Napoléon de toutes leurs fumées réunies. « Le petit Corse », sur un tonneau de « vrai genièvre de Hollande », se trémousse avec colère et leur crie : « Vils traîtres et déserteurs, onze cent mille bourgeois de Paris « feront rôtir chacun de vous, dès qu'ils pourront vous prendre. »

Dans son irritation, il a brisé le couvercle du tonneau et va, avant peu, disparaître dedans. « La mouche qui déguste à petits traits se trouve souvent prise au piège. »

Caricature de Rowlandson, 6 décembre 1813.

274. — **Le faux phénix!!! ou Vaine tentative pour ressusciter.** — Napoléon est dans une fournaise alimentée par la Russie et la Hollande. Malgré les efforts des chauffeurs, on aperçoit toujours la figure de l'Empereur, très petite, mais intacte. Sa couronne est en flammes; le globe et le sceptre lui sont arrachés par des esprits diaboliques.

Des serpents sortent de l'ouverture du four; des diables, des dragons et toutes sortes de monstres voltigent dans la fumée, faisant des démonstrations hostiles au conquérant qui va tomber.

Caricature de Rowlandson, 10 décembre 1813.

275. — **Amis et ennemis. Il monte. Le Münchhausen Corse à Saint-Cloud.** — L'Empereur est abandonné sans protection aux mains de ses ennemis qui le font sauter en l'air. Souffrant encore plus que Sancho Pansa, dans la même situation, il a été dépouillé de sa couronne, de son sceptre et de son épée.

« O Miséricorde! » s'écrie-t-il, en s'envolant, secoué vers les nuages.

John Bull, qui a mis bas chapeau et perruque, le Hollandais, l'Espagnol, opèrent des merveilles, de leur côté, en secouant la couverture; ensuite viennent le Cosaque, le Pape, le Polonais, le prince Impérial d'Autriche, les Empereurs de Russie et d'Autriche, les rois de Prusse, de Hanovre et de Würtemberg qui prêtent tous la main dès l'instant qu'il s'agit de tourmenter le Corse.

Caricature de Rowlandson, 12 décembre 1813.

276. — **Saignée d'eau bouillante, ou Les docteurs alliés ramenant Boney à la vie.** — La tête rasée, et enserdré ans une jaquette étroite d'allié, dont une manche est tenue par la Russie et l'autre par la Pologne, Napoléon est assis sur la chaise du « repentir », dans un baquet d'eau chaude, « mer de troubles », chauffée par les flammes de Moscou. Il est entouré de tous les souverains de l'Europe, comme docteurs, chacun prescrivant un remède.

La Russie dit qu'une application constante du knout opérerait des miracles.

John Bull lui donne un terrible bolus« *Invasion de la France* », disant en même temps : « Travaillez, mes maîtres, je vous paierai vos honoraires. Ah ! ah! tempêtez et emportez-« vous, maître Boney, mais le diable (Bone) vous désossera à la fin. » La Hollande essaie de voir quel sera l'effet des « gouttes hollandaises » en faisant sortir d'un énorme canon une légion de Hollandais en armes qui se précipitent sur sa tête rasée.

La Pologne le saigne à l'aide d'une lance, et la Prusse reçoit le sang dans un « bol de la couronne », se félicitant elle-même du résultat : « Je crois que les rasoirs de *ma cou-« ronne* ont rasé de très près *sa couronne*. »

Quant à l'Espagne, elle applique sur son dos un vésicatoire de mouches espagnoles (cantharides).

Le pauvre Boney, qui a une jambe dans l'eau bouillante et qui a résisté à ce traitement aussi longtemps que possible, finit par s'écrier : « Tous vos remèdes vont me rendre « enragé. Maudites soient vos gouttes hollandaises, votre vésicatoire de Leipzig et vos « mouches espagnoles; voilà à quoi ils m'ont réduit. Maudites vos lances cosaques qui « ont extrait le sang de mes veines, et m'ont rendu vulnérable. Oh! comme je suis tombé, « mais je veux lutter, je veux encore être grand ! Des myriades de Français soutiendront « la gloire de mon nom, la grandeur de mon trône, et graveront ma disgrâce dans le « cœur de ces misérables créatures de l'or anglais. »

Caricature de George Cruikshank, 12 décembre 1813.

277. — **Chimistes politiques et retortes (cornues) germaniques, ou Dissolution de la Confédération du Rhin.** — John Bull fournit le charbon destiné à alimenter un poêle allemand et le Hollandais souffle le feu avec une paire de soufflets. — Tous les souverains de l'Europe sont autour, se réjouissant de la défaite de Napoléon.

C'est en vain que l'Empereur leur dit : « Épargnez-moi jusqu'à ce que le roi de Rome « soit mûr pour les malheurs à venir »; on va le mettre dans un récipient. — Bernadotte verse dedans une bouteille de sulfate de fer suédois et le Pape arrive, précipitamment, avec de la poudre fulminante et une fiole *de courroux*.

Les produits de cette distillation impériale sont : l'ambition, la folie, le mensonge, l'incendie, le meurtre, le pillage, etc. Un Espagnol pile le tout dans un mortier sur lequel est écrit « Saragosse ».

Caricature de Rowlandson, 14 décembre 1813.

278. — **Vente à l'enchère supposée, ou Boney vendant des marchandises volées.** — On annonce que les treize cantons suisses vont être vendus prochainement, et que, parmi les objets à vendre, il y a la tiare papale, plusieurs couronnes, un lot d'aigles inutiles, le royaume de Bavière, 20 drapeaux appartenant à l'Empire, les royaumes de Prusse, de Saxe, de Westphalie, et les Provinces-Unies. — Dans l'assistance on remarque quelques officiers français et les têtes couronnées de l'Europe.

La couronne d'Espagne est à vendre, et est mise en évidence. L'Espagne s'écrie ironiquement : « Cela, une couronne? Cela ne vaut pas la moitié d'une couronne. »

Napoléon, ne voyant aucune chance de trouver acquéreur, dit alors :

« Comment! point d'acheteur pour la couronne d'Espagne. Prenez les autres, et faites « du tout un seul lot. »

Marie-Louise porte dans ses bras le roi de Rome qui ressemble à un petit singe et qui s'écrie : « Je suppose que petit père nous mettra aussi dans la vente. »

Caricature de Rowlandson, 25 décembre 1813.

279. — **Napoléon le Grand.** — Inventée par Dubois; Alex. Tardieu effigiem *del.* Déposé à la Biblioth. Impériale.

Caricature de la gravure française représentant l'apothéose de Napoléon.

Astre brillant, immense, il éclaire, il féconde
Et seul fait, à son gré, tous les destins du monde.

VIGÉE.

La tête de Napoléon apparaît au centre de la constellation « Étoile polaire », piquée, comme celle d'un traître, au bout d'une perche entourée de serpents entrelacés et sifflants. Au-dessus, l'image de Satan, portant une couronne de « damnation ».

La perche est posée sur le globe, à chaque coin un aigle; au-dessus, les insignes impériaux, piques, haches, étendards « *fabriqués pour l'Impératrice* ».

L'éclat de la constellation Napoléon est appelé à subir une éclipse par l'apparition soudaine d'une comète hollandaise : — un philosophe hollandais, assis à califourchon sur un baril de skiedam, en verse ignominieusement le contenu sur la tête de l'étoile solitaire du firmament. — Les rayons d'or avec lesquels l'astre éclaire l'univers prennent leur source dans l'habituelle série des assassinats reprochés au souverain et la conclusion de la gravure est : « Pour tous ces exploits, je vais être envoyé, la tête la première, au diable. »

Caricature de Rowlandson, décembre 1813.

280. — LA MORT ET BONAPARTE.

Cette estampe est la reproduction du transparent que l'éditeur Ackermann avait exposé à son magasin, lors des illuminations des 5 et 6 novembre 1813, pour fêter les victoires des troupes alliées, à Leipzig, sur les armées françaises, sous le titre de : *Les deux Rois de la Terreur*.

[*Caricature de Rowlandson*, 1er janvier 1814.]

281. — **Le double charlatan, ou Le fils du Diable implorant la paix.** — Caricature en deux parties : 1° Napoléon devant ses esclaves, 2° Napoléon devant ses vainqueurs.

L'une représente Napoléon, s'adressant au Sénat, du haut de son trône, élevé sur les nombreuses couronnes des pays conquis. Son ami le Diable, perché derrière lui, lui souffle le discours suivant, qui semble produire sur l'auditoire un véritable effet soporifique.

Extraits du discours de l'Empereur, 19 décembre 1813 :

« Sénateurs, conseillers d'Etat, députés du Corps législatif, De splendides victoires « ont couronné la gloire des armes françaises, pendant cette campagne. Dans ces circons- « tances importantes, ma première pensée a été de vous réunir autour de moi.

« Je n'ai jamais été ébloui par la prospérité; j'ai conçu et exécuté de grands desseins « pour le bonheur de l'univers, comme un monarque et un père. J'ai senti que la paix « était nécessaire pour la sécurité des trônes et des familles; j'ai accepté des propositions « et des préliminaires. Il est nécessaire de grossir mes armées par de nombreuses et « nouvelles recrues; une augmentation des taxes devient, par conséquent, indispensable. « Je suis satisfait des sentiments de mon peuple d'Italie, de Danemark, de Naples, d'A- « mérique, des dix-neuf cantons de la Suisse, et j'ai appris à connaître les lois que, pen- « dant quatre siècles, l'Angleterre a vainement essayé d'imposer à la France. »

La seconde partie de la caricature montre Napoléon agenouillé devant les puissances de l'Europe, rendant son épée, abandonnant ses drapeaux et ses couronnes, à l'exception d'une seule, la couronne de France, qu'il porte sous son bras. — Les souverains alliés paraissent révoltés des aveux de l'Empereur, qui leur tient le discours suivant :

« Messieurs, Empereurs, Rois, Confédération du Rhin, etc... Contemplez un imposteur « déchu, qui pendant plusieurs années a été ivre d'ambition, d'orgueil, d'insolence, qui vous « a tous déçus et trompés, qui a follement fait périr, en une année, un million de braves « Français, qui a conçu le grand et diabolique projet de subjuguer le monde, et qui a « maintenant perdu tous ses amis, à l'exception du Yankee Madison. »

« Maintenant, Messieurs, pour expier mes péchés, je sollicite votre pardon, et j'implore « la Paix, quelles que soient les conditions que vous m'imposiez...

« Reprenez toutes ces couronnes, excepté celle des Bourbons. Mon Impératrice vous « fait remettre également les vingt drapeaux pris dans les églises, lors de ma fuite de « Leipzig. Quant à l'histoire, Messieurs, du caporal et du pont qui saute en l'air, « vous devez savoir que c'était une farce pour tromper le peuple de Paris. »

Talleyrand affirme aux têtes couronnées que son maître a dit la vérité. « Que Dieu « lui vienne en aide, » s'écrie-t-il. « Amen! »

Caricature de Rowlandson, 1er janvier 1814.

232. — JOURS D'ÉPREUVE, OU « O CHER, QU'ALLONS-NOUS DEVENIR! O CHER, QUE FERONS-NOUS? »

Simulacre de procession de tous les malheureux du jour. Au-dessus se trouvent les légendes suivantes :

Pauvres jardiniers! — Pauvres apothicaires! — Pauvres artistes! — Pauvres poètes! — Pauvre Boney! — Pauvres petites femmes. — Riante entreprise (c'est le corps des pompes funèbres).

[*Caricature anonyme*, 10 février 1814.]

* Allusion à l'état général des affaires. Plus aucune industrie ne marche si ce n'est celle des pompes funèbres, qui jamais encore n'avait eu autant d'ouvrage. Aussi les entrepreneurs peuvent-ils être dans la joie; gloire au « grand fournisseur » Boney!

283. — **NOUVELLE FARCE QUI A ÉTÉ REPRÉSENTÉ (SIC) A PARIS AVEC ÉCLAT ; ACTEUR PRINCIPAL, LE ROI DE ROME.**

Encore une caricature publiée simultanément avec texte anglais et avec texte français. Lancée en réponse à un entrefilet du *Moniteur* qui avait appris *urbi et orbi* que le roi de Rome avait assisté à une revue des troupes.

[*Caricature attribuée à George Cruikshank*, mars 1814.]

284. — **Le Premier des courriers venant de la foire de Leipzig.** — D'après un dessin allemand, et de date plus ancienne, la ville à l'arrière-plan portant, sur l'estampe originale, le nom de Mayence.

Napoléon est représenté en messager, luttant de vitesse avec le lièvre. Sur la pomme de sa haute canne, Charlemagne. Dans sa course rapide, il laisse tomber de sa sacoche toutes les choses qui lui avaient été confiées : « *Italie, Hollande, Suisse, Confédération du Rhin, Pologne, département de la Hanse.* »

Caricature de **Rowlandson,** 2 mars 1814.

* Le Napoléon en messager est une de ces estampes, populaires aujourd'hui encore dans les provinces du Rhin, qui, à l'époque, firent le tour de l'Europe coalisée. On le vit même en vieux messager boiteux, sur le modèle des anciennes estampes; dans le genre de ceux qui figurent sur les calendriers de Lahr, de Strasbourg, de Bâle, de Berne et de Vevey.

POLITICAL CHESS PLAYERS or Boney Bewilder'd. John Bull supporting the Table.

285. — **JOUEURS D'ÉCHECS POLITIQUES, OU BONEY EMBARRASSÉ. — JOHN BULL SOUTIENT LA TABLE** (c'est-à-dire le monde sur lequel les souverains jouent aux échecs).

Napoléon, dont la couronne va tomber, s'écrie : « De quel côté dois-je me diriger? Comment manœuvrer? J'ai peur de perdre mon Roi, comme mes hommes et mes chevaliers (mes généraux). »

Voici, d'autre part, les réflexions des souverains :

« Échec et mat, c'est sûrement bon », dit le premier à gauche. « Restez avec nous, Johnny (c'est-à-dire John Bull), » dit le second, « qu'importe si votre argent sort de vos poches! » — « Faisons seulement attention à nos mouvements, frère, » objecte le troisième, « et nous sommes sûrs du jeu ».

Les deux derniers personnages, à droite, représentent la monarchie légitime (Louis XVIII) et la France émancipée par l'Acte additionnel. « Vous arrivez juste à temps, » dit le monarque, « pour voir votre ancien voleur d'hommes perdre le jeu, quoiqu'il se figure être le plus grand joueur du monde. » Ce à quoi la France répond : « Je suis mise en liberté à la condition de prendre part à de nouvelles conquêtes avec lui, mais je ne considère pas cette contrainte comme absolument obligatoire. »

John Bull, dont le sourire est quelque peu narquois, dit à ses alliés : « Ne craignez rien, mes amis, et prenez garde à votre jeu. Quoi qu'il arrive, John Bull ne cédera pas. »

[*Caricature attribuée par M. Grego à C. Williams*, 4 mars 1814.]

286. — **Le favori du Diable.** — Pièce intéressante par la ressemblance frappante de l'enfant avec Napoléon. Le Diable assis tenant entre ses bras l'Empereur, emmaillotté comme un poupon, dans une couverture aux rayures tricolores. En sa main droite, la croix de la Légion d'honneur placée bien en évidence.

Caricature de Rowlandson, 12 mars 1814.

* Cette caricature, qui obtint un succès considérable, fut publiée dans tous les formats et avec légendes dans toutes les langues. Il est, du reste, excessivement difficile de dire si l'idée première vint d'Allemagne ou d'Angleterre.

287. — **John Bull apportant le nez de Boney à la meule.** — La Russie tourne la meule, les puissances alliées regardent et John Bull, qui fait l'opération, dit : « Ah! « ah! Maître Boney, je pense vous y apporter un de ces jours. Vous avez fait, assez long- « temps, le commerce de broyer, au grand ennui de vos voisins opprimés. Chacun son tour. « Donnez un tour, père Alexandre, et nous allons voir ce qu'il en pense. »

Caricature de W. Elmès, 21 mars 1814.

288. — *LE SABOT CORSE EN PLEINE DEBOUTE.*

Cette estampe, qui aura peu après un pendant, avec le volant corse (voir plus loin, page 151), acquit vite une très grande popularité; quelques jours après son apparition, elle allait être exposée à la devanture des marchands d'estampes de Paris, pour le plus grand plaisir de tous les ennemis de Napoléon, ainsi que le constatent maints chroniqueurs du moment. Les personnages représentés sont Blücher, le plus acharné de tous, avec sa longue trique, ayant mis habit bas pour mieux fouetter, Wellington, Schwarzenberg, Woronzoff, c'est-à-dire tous les généraux des armées coalisées, vainqueurs du grand capitaine.

A terre gisent les membres épars du souverain, chacun représentant une des parties de son immense Empire. Assis sur un tonneau, le roi d'Angleterre tenant en main une jambe de Napoléon et la soulevant comme un trophée.

Le Diable, à la queue duquel s'est suspendu un personnage qui perd sa couronne, a l'air consterné du spectacle qui s'offre à ses yeux. Il voudrait bien voler au secours de son « protégé », mais la présence des généraux alliés ne le rassure qu'imparfaitement.

[*Édition française d'une caricature anglaise, sans signature, mais qui doit être attribuée à George Cruikshank,* 30 mars 1814.]

289. — **Boney abandonné par son ange gardien.** — Napoléon, à genoux, une couronne lui ayant été enlevée, est sur le point de perdre la seconde. On aperçoit à distance les flammes de l'enfer; Bonaparte implore son sauveur : « Mon ange gardien, « mon protecteur, ne m'abandonne pas à l'heure du danger. » Mais le Diable triomphant lui répond : « Vous ne pouvez pas espérer toujours régner; en outre, j'ai besoin de vous, « chez moi, pour apprendre la malice aux diablotins. »

Caricature anonyme, 3 avril 1814.

* Caricature publiée après l'entrée des alliés à Paris, et datée du jour même où le Sénat déclarait Napoléon déchu du trône.

290. — LES BOULANGERS ALLIÉS, OU LE CRAPAUD CORSE DANS LE FOUR.

291. — *LE FOUR DES ALLIÉS OU LE CORSE PRÈS À ÊTRE CUIT.*

* Les personnages ici représentés sont : Blücher, Woronzoff, Wellington, un maréchal français, personnifiant la Restauration, et le roi de Prusse. Le petit bonhomme assis symbolise la Hollande.

[*Caricature de George Cruikshank* (édition anglaise et édition française), avril 1814.]

III. — NAPOLÉON DÉTRONÉ. SÉJOUR A L'ILE D'ELBE.

292. — BLUCHER LE BRAVE FAISANT SORTIR DU LIMIER CORSE LE GÉMISSEMENT D'ABDICATION.

* Dans le fond, Talleyrand allant présenter à Louis XVIII une liste des ministres à approuver par Sa Majesté. Un bateau est sur la côte; Joseph, dans une mortelle terreur, fuit à toutes jambes. Sur la voile du bateau se trouve écrit : « 20.000 £ par an de revenu accordées à Napoléon. » Dans le lointain, on aperçoit l'île d'Elbe, futur séjour du souverain détrôné.

[*Caricature de Rowlandson*, 9 avril 1814.]

* Il est à remarquer ici que Napoléon n'a plus l'immense chapeau à plumes : son couvre-chef se rapproche presque du petit chapeau classique.

293. — **L'Europe.** — Une pyramide, formée de tous les États du continent, entourée de nuages d'où sortent les têtes des victimes de Napoléon, — Wright, Georges, Pichegru, Moreau, Palm, Hofer, — et, au sommet, plantant le drapeau blanc, le spectre du duc d'Enghien qui précipite Napoléon en enfer, où Robespierre et Marat l'attendent.

Caricature de Timothée Lash, 11 avril 1814.

294. — **Le sanguinaire Boney, ou Le boucher de cadavres quittant le commerce et se retirant dans l'île des Épouvantails.** — Napoléon et l'Impératrice, ayant chacun un sac de pain bis, sont montés sur un baudet : lui, porte un bonnet d'âne, et elle, frappe la bête avec un bâton de maréchal; le jeune roi de Rome les précède sur un chien corse. — Le poteau indicateur (une potence) montre le chemin pour aller à l'île d'Elbe, et des corbeaux soupirant après Napoléon disent : « Nous attendons avec impatience vos os. » — Un postillon chaussé de lourdes bottes s'écrie : « Attention, coquin, maintenant je vais conduire * mes vieux amis et leurs bonnes pratiques, les Anglais. — Vive le roi et la *Poste Royale!* »

Caricature de Rowlandson, 12 avril 1814.

* Allusion à l'invasion de voyageurs anglais qui devait fondre sur Paris, aussitôt après l'abdication de Fontainebleau. Voir, parmi les pièces françaises : *Les Anglais au salon de 1814* (B. N. — Histoire de France, mai 1814). *L'après-dînée des Anglais, par un Français prisonnier de guerre,* etc...

295. — LE VOLANT CORSE OU UN JOLI JOUJOU POUR LES ALLIÉS

Napoléon est lancé en l'air par Schwarzenberg et Blücher, que la partie semble intéresser tout particulièrement.

Comme *le sabot corse*, cette caricature parut également avec texte français et texte anglais, et elle fut bien souvent imitée par les différents dessinateurs, qui croyaient devoir interpréter, chacun à sa façon, le sujet du jour. Cette idée du Corse lancé en l'air comme un volant semblait, du reste, exercer sur les esprits une attraction tout à fait particulière.

[*Caricature de George Cruikshank*, 10 avril 1814.]

296. — **Parvenant à la mort du renard corse. Dernière scène.** — Rowlandson a copié la précédente caricature de Gillray, *Mort du renard corse;* seulement il a substitué Blücher à Georges III et changé les noms sur les colliers des chiens; c'est ainsi que l'on lit ici : Wellington, Schwarzenberg, Kutuzoff (1), duc d'York, et prince héritier de la couronne.

Caricature de Rowlandson, 12 avril 1814.

297. — **Une grande manœuvre, ou Marche des coquins sur l'île d'Elbe.** — Napoléon pleure sur sa propre disgrâce. Ses mains sont liées derrière le dos, son uniforme en lambeaux est mis à l'envers et ses bottes n'ont plus de semelles; quelques gamins tirent avec effort une corde passée autour de son cou, afin de l'amener à un bateau dans lequel le Diable est assis et l'attend; Talleyrand fait tout son possible pour faciliter les choses en le poussant par derrière, avec un « balai des alliés », et il va au-devant du destin au milieu des malédictions universelles. Le petit roi de Rome, fourré dans une des poches de son habit, lui crie : « Attention, papa, j'ai *une grande manœuvre* dans votre poche. »

Caricature de Georges Cruikshank, 13 avril 1814.

298. — **La marche des coquins.** — Blücher tire par une corde Napoléon et son frère, liés tous deux par les mains, comme des malfaiteurs; Napoléon a des oreilles d'âne, Blücher porte sur ses épaules une grande pancarte avec l'inscription suivante : « Napoléon, dernier empereur des Français, roi d'Italie, protecteur de la Confédération du Rhin, grand arbitre du sort des Nations, etc., etc., maintenant, par l'autorisation des souverains alliés, exilé à l'île

(1) Kutuzoff ou Koutousof-Smolenski, feld-maréchal des armées russes, mort en 1813, après avoir mérité le titre de *Sauveur de la Russie*. Généralissime de l'armée, il perdit la bataille de la Moskowa, mais, pendant la retraite de nos troupes, il eut l'avantage à Dorogobory, et à Krosnoë, près de Smolensk.

d'Elbe, expulsé de la société, fugitif, vagabond. » — Tel est le mortel présomptueux qui disait : « Je n'ai jamais été séduit par la prospérité et l'adversité ne pourra pas me « vaincre. » — A l'arrière-garde, les tambours qui jouent « *la Marche des Coquins* » tandis que toutes les puissances de l'Europe dansent autour du vieux drapeau des Bourbons sur lequel on lit : « Réjouissez-vous, ô rois, vive le roi ! »

Caricature de Rowlandson, 15 avril 1814.

* Les musiques militaires des nations liguées contre Napoléon jouant alors la « marche des alliés », les caricaturistes étrangers inventèrent, comme contre-partie, la « marche des coquins ».

299. — **Les chagrins de Boney, ou méditations dans l'île d'Elbe.** — L'Empereur inconsolable, assis sur un rocher, et pleurant abondamment en regardant le continent européen si bien gardé par les vaisseaux des alliés.

La même estampe a été publiée avec cette autre légende : « *Larmes de crocodile.* »

Caricature anonyme, 15 avril 1814.

300. — **La dernière marche des conscrits, ou Satan et ses satellites précipités dans l'oubli.** — Napoléon et ses frères sont réunis en bande, chargés de lourdes chaînes, en loques, et fouettés par un cosaque féroce. Pour ajouter aux misères du pauvre Boney, son fils le tire par son habit en criant : « Ne m'avez-vous pas promis que je serai roi? » tandis que Talleyrand paraît être au comble de la joie. Une grande boîte, remplie de couronnes et de sceptres, porte l'étiquette : « A leurs vrais possesseurs. »

Caricature anonyme, 17 avril 1814.

* La caricature ne se trompa point sur le rôle louche et odieux joué par Talleyrand dans les événements de 1814. Elle le mit en scène de toutes les façons avec son sourire de vieil édenté et son profil de vieux roué. Il avait beau chasser de son pied-bot le « coquin de meurtrier », il n'en tenait pas moins les fils de toutes les intrigues.

301. — L'ADIEU AFFECTUEUX, OU UN PRÊTÉ POUR UN RENDU.

Talleyrand chasse Napoléon à coups de pied en lui disant : « Va t'en, coquin, je vais briser ta couronne, vagabond. » — Sur le papier qu'il tient à la main, on lit : « Abdication ou Les dernières volontés d'un meurtrier. » — Dans le fond, tous les éclopés des guerres de l'Empire qui se lèvent pour poursuivre le souverain détrôné et s'écrient : « Désossez-le, mon petit Taley. » L'un d'eux va jusqu'à dire : « Quoi! le laisser s'échapper sans une égratignure! non, non. » — Au poteau indicateur de l'île d'Elbe la corde pour pendre Napoléon.

[*Caricature de Rowlandson*, 17 avril 1814.]

302. — **La fin raffinée d'un usurpateur français.** — Bonaparte est assis sur un trône formé d'os et de crânes.

Sa couronne de tyrannie est tombée et s'est brisée; il se décharge du trône de France, ayant déjà fait de même avec ceux de Hollande, de Rome, de Portugal, qui représentaient ses succès antérieurs.

Les abeilles elles-mêmes abandonnent son manteau impérial.

Le temps met un éteignoir sur sa tête, pendant que le duc de Wellington, l'empereur Alexandre, l'empereur d'Autriche, et le prince héritier de la couronne, sont occupés à regarder Blücher qui administre au pauvre patient un affreux breuvage noir.

Trois danseuses, dont deux tiennent un bouclier fleurdelysé sur la tête de leur compagne, symbolisent la joie de la France à la nouvelle de la chute de l'Empereur, et de l'avènement de Louis XVIII.

Caricature signée : J. N.del., R. sc.; attribuée par M. Grego à Rowlandson, 20 avril 1814.

* Encore une caricature qui, sous sa forme principale, tout au moins, je veux dire avec le trône formé d'os et de crânes, donna lieu à de nombreuses reproductions. On vit ainsi des pyramides de toutes espèces personnifiant l'homme et son système, Napoléon et l'Empire français.

303. — **Boney à l'île d'Elbe, ou L'amusement d'un fou.** — Bonaparte, ayant sur la tête une couronne de paille et brandissant un sceptre de paille, fait partir un canon de paille en visant des mannequins, également de paille, qui sont censés représenter la Russie, la Prusse, l'Autriche et la Suède.

Le canon, naturellement, prend feu et son armée (un caporal) s'écrie : « Ah diable! vous « brûlez le matériel, vous brûlez vos jouets ». Le monarque fou continue son petit amusement et répond : « Mes camarades sauront maintenant ce que peut faire le Conquérant « du monde! »

Caricature anonyme, 20 avril 1814.

304. — « **Cruce dignus** ». — Grande Ménagerie, avec la représentation exacte de Napoléon Bonaparte, le petit singe Corse, comme il apparaîtra probablement à l'île d'Elbe.

Reproduction, sous une forme satirique, d'une gravure de Lee publiée en 1803 sur la « Grande Ménagerie de Pidcock, jadis Colibry, à Londres. »

Caricature anonyme, 20 avril 1814.

* De tout temps, les Anglais avaient eu un faible pour ces sortes d'exhibitions : il était donc naturel qu'après les ménageries ordinaires, les caricaturistes, qui transformaient si facilement Napoléon, soit en singe soit en tigre, le fissent figurer au premier plan de ces « ménageries politiques » qui avaient le don d'intéresser au plus haut point John Bull. D'où les nombreuses ménageries donnant la reproduction exacte d'un « petit animal corse, malfaisant entre tous, capturé après mille dangers, après des années de poursuite acharnée. »

305. — **Pain d'épices brisé.** — Napoléon est à l'île d'Elbe, dans une situation misérable, ayant pour tout logis une pauvre hutte couverte de chaume avec cette inscription : « Marchand de pain d'épices éloigné de Paris. »

Sur la tête, il porte un plateau de pain d'épices brisé et il crie : « Achetez mes portraits. « Voici mes gentils petits empereurs et rois en pain d'épices, pour le détail et pour l'ex- « portation. »

A l'arrière-plan, on aperçoit la côte de France, et le peuple en fête qui danse autour d'un drapeau sur lequel on lit : « Vivent les Bourbons. »

Caricature signée : G. H. inv., George Cruikshank fecit, 21 avril 1814.

306. — L'EMPEREUR BARON EN FER (DE L'ENFER) PRENANT POSSESSION DE SON NOUVEAU ROYAUME.

* Le texte anglais, comme on peut s'en rendre compte facilement, contient un calembour, la légende, suivant une habitude chère aux graveurs d'outre-Manche, donnant les deux versions. John Bull devait, très certainement, se complaire en ces jeux de mots qu'on prenait la peine de lui expliquer avec une telle insistance. « Le baron de l'enfer traîné dans une cage de fer », inutile d'appuyer autrement. — De la bouche de Napoléon sortent les mots : « Oh! ces damnés Cosaques! » — Ces damnés Cosaques, que les crayons encensaient à plaisir, parce qu'ils avaient donné le coup de grâce à la puissance napoléonienne, tenaient une grande place dans toutes les estampes anglaises de l'époque.

[*Caricature de George Cruikshank*, 23 avril 1814.]

307. — **Napoléon redoutant son triste sort, ou Sa grande arrivée dans l'île d'Elbe.** — L'Empereur exilé, au moment de son débarquement. Il a été amené près du rivage dans un petit bateau, et son léger bagage, gardé par son unique serviteur, un mamelouck, est déposé sur la côte.

Une main dans son habit, l'autre enfoncée dans la poche de sa culotte, il paraît souffrir de la curiosité impertinente des indigènes, habitants et animaux.

« Ah! malheureux que je suis, de voir ce que j'ai, et de savoir ce que je vois. »

Une énorme mégère, très hâlée, lui frappe sur le dos et, tout en lui offrant sa longue pipe, lui dit : « Allons, faites risette, mon petit, je serai votre impératrice. »

Caricature de Rowlandson, 25 avril 1814.

* Cette caricature, ainsi que beaucoup d'autres, fera allusion d'une façon indirecte aux amours féminins de Napoléon.

308. — **Le Tyran, atteint par la Justice, est chassé du monde.** — Napoléon, enchaîné à son rocher, regarde désespérément ce monde qu'il ne peut plus atteindre, pendant que le Diable lui fait les cornes.

Caricature de Lewis Marks, mai 1814.

Needs must, when Wellington Drives or Louis's Return!!

309. — LA NÉCESSITÉ COMMANDE QUAND WELLINGTON CONDUIT, OU LE RETOUR DE LOUIS.

Autour de Louis, traînant sa goutte dans un chariot qui a la forme d'une chaise longue ou d'un bain de siége, Blücher et Wellington. Ce dernier surveille Napoléon, en le menaçant d'une verge de bouleau, tout en lui faisant chanter : « Dieu sauve le roi! » Napoléon, que cette posture ne charme qu'à demi et qui essuie ses larmes avec un mouchoir, dit : « Je veux être damné si je le fais. » A quoi Blücher objecte qu'il sera damné de toute façon, qu'il le fasse ou ne le fasse pas.

[*Caricature de Lewis Marks*, mai 1814.]

310. — **Départ d'Apollon et des Muses, ou Adieu à Paris.** — Restitution des trésors artistiques, pris par Napoléon, à leurs possesseurs véritables; une longue file de wagons remplis de tableaux, avec les étiquettes : Hollande, Italie, Venise, Berlin, Vienne. Louis XVIII, au Louvre, se lamente et dit : « Cher Talley, persuadez-les de nous « laisser quelques-unes de ces belles choses, pour mes *chambres;* elles jetteront un baume « sur les députés, et amuseront le peuple. »

Talleyrand répond : « J'ai essayé de tous les moyens pour les garder, mais les nations « ont vu clair dans notre jeu et ne veulent pas être plus longtemps dupées. »

Apollon et les Muses sont montés sur un char doré que tirent des chevaux et le Lion britannique; les premiers ont Blücher pour postillon, et le dernier, le duc de Wellington qui s'écrie : « En avant, Blücher, hâtons-nous de restituer les biens dérobés. »

Caricature de I. Sidebotham, mai 1814.

311. — **Mouchant Boney.** — Napoléon tient la place de la chandelle mise dans un petit bougeoir à main que mouche, à l'ancienne mode, un Cosaque gigantesque.

Caricature de George Cruikshank, 1er mai 1814. (Voir la vignette en tête de l'Avant-propos).

312. — **Le tyran du Continent est tombé.** — Le trône de l'Empereur est renversé, sa couronne et son sceptre gisent à terre. Le Diable saisit Napoléon, qui recule épouvanté devant l'apparition céleste d'une main tenant une épée flamboyante et lui disant : « Tu es destiné à un châtiment qui ferait trembler les damnés, et en face « duquel leurs souffrances leur paraîtraient des joies. »

Le « tyran » se lamente ainsi : « L'Europe est libre. L'Angleterre se réjouit. L'empire

« et la victoire sont abandonnés, pour la pauvreté, la disgrâce et la honte. Dépouillez-moi « de toutes mes couronnes et de toutes mes fonctions. Prenez, oh ! reprenez vos sceptres, « mais épargnez ma vie ! »

Caricature de Rowlandson, 1er mai 1814.

313. — **Otium cum dignitate, ou Une vue de l'île d'Elbe.** — Napoléon, en haillons et sans bas, fume une courte pipe de terre, et anime le feu avec un soufflet. Bertrand (1) embrasse une femme à la dérobée, probablement Pauline (2), et Jérôme Bonaparte raccommode des filets.

Caricature de George Cruikshank, 1er mai 1814.

314. — **La chaise d'Elbe, ou Un nouveau trône pour un nouvel Empereur, ou Un vieux pécheur s'asseyant sur la chaise du repentir.** — Napoléon, coiffé d'un bonnet d'âne, est dans son habitation, sur le roc, pauvrement vêtu, assis sur une chaise percée. Il est entouré de bouteilles de pharmacie, de pots de soufre, d'un onguent contre la gale, et il se gratte avec force.

Caricature de George Cruikshank, 5 mai 1814.

* La chaise percée, en guise de trône, se rencontrera sans cesse dans les caricatures de l'époque.

315. — UNE SINGULIÈRE ACTION DU MAMELUCK FAVORI DE BONAPARTE.

Après avoir aiguisé son épée avec grand soin, il entre dans la chambre de Boney et lui parle ainsi : « Sire, après ce qui est arrivé, vous ne voudrez certainement plus vivre ; je vous ai donc apporté mon épée, voulez-vous vous en servir vous-même, ou dois-je vous la passer au travers du corps? Je suis prêt à obéir à vos ordres. » — Boney lui répond qu'aucune de ces alternatives n'est nécessaire. — « Comment, aucune ; » s'écrie le mameluck stupéfait? « pouvez-vous donc supporter la vie après de pareils revers?!!! Alors, je vous prie de me tuer avec cette même arme ou de me chasser, car je ne saurais vivre sous le coup d'une pareille disgrâce. » Et il quitte fièrement la chambre du souverain.

[*Caricature de George Cruikshank, attribuée à son éditeur S. Knight*, 5 mai 1814.]

(1) Le général comte Bertrand, qui avait suivi Napoléon à l'île d'Elbe.
(2) Pauline Bonaparte avait également rejoint son frère à l'île d'Elbe.

316. — **BONEY ET SES NOUVEAUX SUJETS A L'ILE D'ELBE.**

« Gentlemen, mes amis méprisent l'Angleterre, la Russie, l'Allemagne et la Suède; suivez-moi, et de vous tous je ferai des rois. »

* Caricature visant les 400 hommes commandés par Cambronne que le traité de Fontainebleau avait autorisé Napoléon à emmener avec lui.

[*Caricature de Lewis Marks*, juin 1814.]

317. — **BATTANT DU TAMBOUR SUR L'ARMÉE FRANÇAISE.**

* Blücher tient Napoléon dans un tambour. Il bat la Marche des alliés alternativement avec une verge de bouleau et avec un tampon de grosse caisse. En tête, la Russie, la Prusse et l'Autriche, cette dernière jouant du fifre. Derrière, l'armée royaliste rentrée avec la coalition.

[*Caricature anonyme*, juin 1814.]

318. — **Un vomissement impérial.** — Bonaparte rend les royaumes qu'il avait engloutis. Le prince Régent, derrière lui, dit : « J'espère, mon camarade, que vous êtes « maintenant bien débarrassé, et que vous ne vous donnerez plus la peine d'avoir à « *prescrire* ni à *proscrire.* »

Caricature anonyme, 4 juin 1814.

* Reproduction, sous une autre forme, de la caricature : *Médication brevetée de John Bull* (voir, plus haut, n° 258). Le « vomissement impérial » fut, du reste, traduit à ce moment, sous toutes les formes, Napoléon rendant tantôt au Diable, tantôt aux souverains alliés, tantôt aux musées d'Europe ce qu'il leur avait pris. Une estampe le montre même rendant ses comptes à Dieu.

Cette façon de faire rendre, par la bouche, aux accapareurs de provinces ou de numéraire ce qu'ils ont accaparé obtint, de tout temps, un très grand succès auprès des masses et se retrouve encore dans les feuilles ordurières de 1871, alors que l'on faisait rendre à Napoléon III ses canons, sur « le comptoir des marchands de vins ».

A GAME at CRIBBAGE or BONEY'S LAST SHUFFLE

319. — LE JEU DE CARTES (LE CRIBBAGE), OU LE DERNIER FAUX FUYANT DE BONAPARTE.

* Au-dessus de Napoléon on lit : Huit; c'est la carte qu'il accuse. Le chiffre XVIII placé au-dessus de son partenaire, le roi d'Angleterre, est une allusion au retour de Louis XVIII.

[*Caricature de George Cruikshank, signée : G. H. inv.*, 6 juin 1814.]

* Les parties de cartes sont une des plus vieilles formes de la caricature politique; il faut savoir gré à la caricature anglaise de n'en avoir usé que très modérément dans ses satires contre Napoléon. Elle se contenta d'un ou deux jeux de cartes satiriques qui, à l'époque, firent le bonheur des bourgeois londoniens, et des jeux, genre jeux d'oie, dans lesquels il fallait, soit trouver l'Empereur disparu au fond de l'île d'Elbe, soit arriver bon premier à Waterloo.

320. — COMBAT NAVAL EN COMMÉMORATION DE LA PAIX (après le traité de Paris).

(Le prince régent est censé faire lui-même le boniment explicatif de la petite fête). — « Voyez, Messieurs, voici un fleuve pour vous. C'est une nouvelle fantaisie et très utile dans ma position (1) : comme il doit y avoir un grand gala, j'imagine le lac Serpentin et toute la marine anglaise félicitant l'Angleterre en l'honneur de la paix. »

Napoléon, porté par un obus, saute en l'air sur le vaisseau *le Colosse*. Au premier plan, le prince régent et, confortablement assis devant lui, comme quelqu'un qui ne veut rien perdre du spectacle, John Bull, avec ses inséparables, pipe et chope d'ale, car on lui a fait l'honneur d'une invitation.

Un pont avait été jeté sur le canal du parc de Saint-James, et c'est de là que fut tiré le feu d'artifice.

[*Caricature de Rowlandson*, 23 juillet 1814.]

* Tout à la joie de la paix, les caricaturistes anglais produisent peu durant la seconde moitié de l'année 1814. Rowlandson, surtout, si fécond à d'autres périodes, et qui sera encore tout le temps sur la brèche, durant les Cent-Jours, abandonna presque complètement la satire politique pour se renfermer dans un sujet qui lui était cher, l'étude des mœurs. Il se contenta de cette grande planche, à juste titre célèbre : *Peace and Plenty* (Paix et abondance) qui montre, sur les murailles d'un des forts de la vieille Angleterre, un poste de soldats dormant ou courtisant la brune et la blonde. Après la signature du traité de Paris (30 mai 1814), l'explosion de bien-être, de contentement, fut incommensurable : « Chaque jour ressemble à un jour de fête où toute la population se promènerait dans la ville », dit un témoin oculaire : les estampes allégoriques abondèrent, se succédant avec une rapidité telle que, « à peine exposée », nous dit le même témoin « la dernière gravure était remplacée par une autre gravure ».

Le détail des fêtes de juin 1814, en l'honneur de l'empereur de Russie et du roi de Prusse, arrivés à Londres le 7 juin, en compagnie du maréchal Blücher et de l'hetmann Platow, se trouve, tout au long, sur les pièces du jour; mais les caricaturistes, eux aussi, voulurent faire entendre leur note dans ce concert de réjouissances unanimes et, pour amuser le peuple, ils firent figurer invariablement Napoléon en posture comique.

Comme l'indique si bien une précédente estampe (voir, plus haut, n° 262), ce fut partout le triomphe du patriotisme et de la gloutonnerie.

(1) Le prince régent, celui qui sera, plus tard, Georges IV, s'était fait une réputation de prodigue.

A SCENE in the ISLAND of ELBA or Boney and his old Friend STUDYING MATHEMATICS

321. — UN ÉPISODE DE L'ILE D'ELBE, OU BONEY ET SON VIEIL AMI ÉTUDIANT LES MATHÉMATIQUES.

* A remarquer que, dans nombre de pièces parues durant le séjour à l'île d'Elbe, Napoléon a à côté de lui la potence à laquelle l'Angleterre eût tant voulu le voir pendre. Bientôt, elle devint inséparable de lui, comme l'était depuis longtemps déjà, le diable.

[*Caricature de William Heath*, vers juillet 1814.]

322. — **John Bull, fou de joie, ou Le 1er août 1814.** — Il a jeté son chapeau, et il brandit sa perruque, en dansant. Le prince régent lui dit : « Ah! Jonny, je savais que « vous seriez ravi »; et il lui montre la carte des réjouissances du Grand Jubilé national pour la paix de 1814 : « *A Hyde Park :* — une grande foire, — représen- « tation donnée par Messieurs Richardson, Gyngall et Punch, — grand combat naval « sur le « Serpentine », — feu d'artifice dans les jardins de Kensington, — beaucoup « de gin et de bière; — *A Saint James Parck :* — un ballon, — Pont chinois et pa- « gode, — course de chaloupes sur le canal, — beaucoup de porto, de sherry, de « Bordeaux, de Champagne; — *A Green Park :* Château et Temple de la Concorde, feux « d'artifice et baraques royales. » Dans sa main droite, le joyeux et sautillant John, balance une potence en miniature à laquelle sont pendus les ennemis du prince et il s'écrie : « Hourrah! pour le Prince des Princes! Que les mensongers journaux de Londres « soient maudits! Que Whitbread soit noyé dans un de ses propres *muids!* et que Tier- « ney (1) soit suffoqué par ses interminables discours. Ici, je tiens nos ennemis comme ils « devraient être! Je planterai ceci dans mon champ de blé pour effrayer les corneilles! « Hourrah et encore hourrah pour le Prince des princes! »

Caricature anonyme, août 1814.

(1) Prédicateur et brasseur londoniens.

323. — **De la difficulté de contenter tout le monde.** — Le roi très goutteux brandit sa béquille dans un accès de rage de malade; l'Impératrice (1) et son jeune fils lui souhaitent la bienvenue. Le Congrès est représenté par les différents souverains d'Europe, en conciliabule sous une tente; la Russie montre la mappemonde qui se trouve au milieu d'eux.

Caricature anonyme, août 1814.

324. — *Le Brin de Paille.*

[*Caricature publiée à Londres, et signée des initiales de G. Cruikshank.* 1815.]

* Contre l'arbre apparait le « bon ami » de Boney, le Diable. Le personnage du premier plan qui se précipite pour soutenir, et au besoin recevoir dans ses bras, Louis XVIII, paraît être Wellington.

* Rousseau a dit qu'un arbre, placé à droite ou à gauche, pouvait décider du sort des batailles et disposer des Empires; le caricaturiste anglais, lui, fait reposer la destinée des choses humaines sur un objet plus fragile encore, un simple brin de paille. C'est le brin de paille, en effet, qui soulève, à son grand étonnement, le podagre Louis XVIII et qui précipite à terre Napoléon. La balançoire politique était, du reste, à l'ordre du jour et, sur ce point, les caricaturistes anglais ne firent que copier les estampes qui, à Paris, pleuvaient d'autant plus dru que, depuis bientôt quinze années, la satire politique n'avait pas pu se donner libre cours. Le *Brin de Paille* obtint, on ne sait trop pourquoi, par exemple, un grand succès, si bien que, dans certain milieu, Louis XVIII ne fut plus appelé que *Monsieur Brin de Paille*, « titre bien léger, « fit observer le *Nain Jaune*, » pour un homme aussi pesant ».

(1) Marie-Louise était alors à Vienne.

325. — LA NUIT DES ROIS, OU « COMME VOUS VOULEZ » REPRÉSENTÉ AU THÉATRE ROYAL DE L'EUROPE AVEC UNE NOUVELLE MISE EN SCÈNE.

Sur la scène du théâtre sont assis Wellington, l'Autriche, la Russie et la Prusse. Le premier a coupé un énorme gâteau des Rois à l'aide d'un grand couteau et du trident britannique. L'Autriche prend toute l'Allemagne et remarque qu'elle fera sa part aussi grande que possible.

La Russie, non contente de l'énorme place qu'elle tient sur la carte d'Europe, met la main sur la Pologne et, se tournant vers un Polonais qui tire son épée, lui dit : « Frère, prenez possession de ce morceau, je crois que je puis les gouverner tous deux ; en outre, celui-ci a, dessus, plus de plombs qui se fondront avec les miens. » La Prusse, outre son propre pays, met la main sur la Saxe, en s'écriant : « Si j'ajoute ce morceau saxon à mon morceau prussien, et si je place sur le tout la figure d'un empereur, je crois que ma part sera respectable. »

Wellington fait la réflexion suivante : « J'ai aidé à partager le gâteau, mais je n'aime pas beaucoup ma fonction, ces Messieurs paraissent peu satisfaits. » — Bernadotte se console en pensant que, maintenant qu'il a la Suède, il pourra toujours trouver un vent qui souffle du côté propice.

Louis XVIII et la Hollande se montrent sur le devant d'une loge réservée et, dans une des loges sur la scène, on voit John Bull, son chien à ses côtés, donnant une poignée de main et souhaitant la bienvenue à un Indien américain : « J'espère (lui dit-il) que vous ne troublerez pas la paix. » La loge opposée est occupée par deux Turcs et un Hongrois, tandis que, au-dessus, l'Espagne, sa couronne hérissée de potences, et flanquée d'un jésuite, lit « la liste des prisonniers qui devront être pendus pour avoir soutenu une Constitution libérale ».

Les autres personnages sont à genoux, sur la scène, demandant bien bas : « S'il vous plaît, Messieurs, réservez-nous quelques petits morceaux, car nous mourons de faim ! » L'orchestre est prêt à attaquer, tandis que des légendes comiques se lisent sur les feuilles de musique.

[*Caricature de George Cruikshank*, janvier 1815.]

* Les orchestres et les théâtres tiennent une grande place dans les caricatures anglaises relatives au traité de Vienne qui, toutes sans exception, — il ne pouvait en être autrement, — mettent au premier plan une mappemonde qu'on mesure et qu'on tiraille en tous sens, chacun voulant être servi suivant son goût et suivant ses prétentions. Dans le même ordre d'idées, il faut aussi signaler : *les souverains à table*, — *les gourmands*, — *un appétit féroce*, — qui, invariablement, montrent les souverains découpant des tranches de gâteau sur ce pauvre globe terrestre, si bouleversé, si malmené depuis le commencement du siècle.

IV. — RETOUR DE L'ILE D'ELBE : LES CENT JOURS.

The Devil to Pay or Boney's return from ~~Hell bay~~ Elba

326. — IL FAUT PAYER LE DIABLE, OU RETOUR DE BONEY DE L'ILE D'ELBE.

Le mot effacé par le graveur (*Hell Bay*), de façon à laisser subsister quand même le jeu de mots, signifie « Baie de l'Enfer ». On a déjà vu plus haut (voir n° 308) combien les artistes anglais affectionnaient ces légendes à double sens.

Napoléon traverse la mer dans un bateau rempli de soldats : le Diable tient les rames et la Mort le dirige. Il voit venir à lui la colombe de paix et la tue immédiatement avec son pistolet, en criant : « Éloigne-toi de mes yeux, Paix, car je te hais ! »

Le Diable dit : « Après cela, nous allons traverser des mers de sang », et la Mort agitant un drapeau tricolore ajoute : « Il n'existe pas à mon service une main plus expérimentée. »

La population se précipite sur la côte pour accueillir avec effusion le retour de son Empereur, pendant que le pauvre Louis, goutteux, est emmené sur les épaules de deux de ses fidèles, en se lamentant « Oh ! Hartwell (propriété où il résidait en Angleterre), je soupire après tes ombrages pacifiques. »

[*Caricature de I. Lewis Marks*, 25 février 1815.]

* A partir du retour de l'île d'Elbe, le Diable, *master Devil*, sera sur toutes les estampes. Sa présence constante donne bien l'idée du sentiment de terreur qui s'était emparé des diverses nations européennes à la nouvelle que Napoléon avait débarqué sur les côtes de France. On vit, en cette tentative suprême, quelque chose de diabolique, d'infernal, et le mot d'un diplomate : « Décidément cet homme est un Diable », se trouva confirmé par la pointe des graveurs. Plus que jamais Napoléon personnifia le Génie du Mal, l'Esprit Infernal, semant sur son passage le meurtre, le pillage, l'incendie. Il fallait lui porter le coup de grâce et les dessinateurs anglais y contribuèrent aussi ardemment, dans leur sphère, que les troupes des armées coalisées. Il était parti *Boney ;* il revenait *Boney*, avec son grand chapeau à plumes, avec ses bottes, avec son uniforme de général de la Révolution.

D'autre part, cette estampe vient confirmer mon dire au sujet du peu de respect manifesté par les Anglais vis-à-vis du roi Très Chrétien. Le souverain de la coalition était, pour eux, un objet de rire et de douce satire. « La France est bien partagée », écrivait le *Times*, « entre un *goutteux impuissant* et un *monstre vomi par les enfers*. » Et la caricature se chargeait de développer ce thème, de le représenter sous toutes les formes.

327. — NAPOLÉON QUITTANT L'ILE D'ELBE PORTÉ PAR LE DIABLE AVEC FORCE MUNITIONS DE GUERRE.

La légende relative à Napoléon porte : « J'arrive, mes amis, nous allons nous remettre à l'ouvrage. » tandis que, sur la légende placée au-dessus de la Mort, on lit :
« Que je sois damnée si je ne suis pas aussi occupée qu'une abeille! »
Sur le continent, un messager vient annoncer aux membres du Congrès qu'ils peuvent se dissoudre, tandis que l'armée, dont la joie ne peut se contenir plus longtemps, acclame, de tous ses souhaits, son chef adoré. Et à cette nouvelle la Paix, qui était venue apporter son rameau d'olivier, abandonne la terre, constatant que l'Europe va subir, à nouveau, querelles et luttes sanglantes.

[*Caricature anonyme*, mars 1815.]

* Cette caricature doit être surtout remarquée pour ses attributs macabres. La Mort, raclant du violon, à cheval sur un coursier non moins décharné, a, quoique simplement indiquée au trait, une allure sardonique qui rappelle les compositions allemandes de la grande époque. C'est bien elle qui a envoyé Napoléon sur la terre pour accomplir son œuvre de grande faucheuse égalitaire, c'est bien elle qui doit se réjouir du retour de l'île d'Elbe amenant, à nouveau, les luttes et les batailles sanglantes.

Au seizième siècle, c'est d'Allemagne qu'était partie la grande sarabande de la danse des Morts, sorte d'appel aux sentiments égalitaires, avertissant les grands de la terre qu'ils seraient, eux aussi, un jour, fauchés comme les petits et les humbles ; au dix-neuvième siècle, l'Angleterre incarnait dans Napoléon ce sentiment toujours vivace. La preuve de ce que j'avance se trouve dans la *Danse des morts conduite par Napoléon*, grande composition anonyme où l'on voit l'Empereur arrachant tous les êtres humains à leur famille, à leurs travaux, à leur repos, pour les conduire à la boucherie : une de ces images allégoriques, comme toutes les époques en virent naître et qui traduisent d'une manière saisissante les impressions de la généralité.

Comme des poètes, les artistes de cette période troublée avaient agrandi le champ de la lutte : sous leur burin la gravure traduisait le sarcasme et le rire sardonique des êtres humains voués à la boucherie. Ce n'était plus Napoléon, ce n'était plus l'Empereur des Français qu'ils visaient, mais bien l'esprit de destruction, la mort maîtresse du monde, la grande sarabande des cadavres conduite par la guerre.

A VIEW of the GRAND

TRIUMPHAL PILLAR

To be Erected on the Spot where Corporal Violet, alias Napoleon landed in France on returning from Elba the 3d of March 1815 on the department of La Var after a retirement of Ten Months.

328. — VUE DE LA GRANDE COLONNE TRIOMPHALE.

Pour être érigée sur les lieux où le *caporal la Violette*, *alias* Napoléon, débarqua en France revenant de l'île d'Elbe, le 3 mars 1815, dans le département du Var, après un exil de dix mois.

« Au haut, Napoléon enchaînant la Justice et lui donnant la schlague. De la corne d'abondance s'échappent de nombreux traités : « Propositions de paix avec la Suède, avec l'Angleterre, avec l'Autriche, avec la Russie ; nouvelle Constitution, décret pour l'abolition de l'esclavage dans les colonies françaises, adresse à l'armée et au peuple. »

[*Caricature de George Cruikshank*, *signée : G. H. inv.*, mars 1815.]

329. — BONEY S'ÉCHAPPANT DE SON RÉCIPIENT.

Napoléon, sortant du fond du vase où on l'avait enfermé (c'est-à-dire de l'île d'Elbe), s'écrie : « Bonjour, Messieurs, je n'ai pas de temps à perdre, — adieu, je m'en vais. -- le Congrès est dissous. » Les généraux Blücher, Wellington, Schwarzenberg, sont occupés à remanier la carte d'Europe, à coups de marteau. La légende placée en haut, à droite, porte : « Qui a fait le trou ? C'est la Prusse, je crois, car « elle souffle sur la Saxe. » Sur le haut du vase, on lit : Vous avez fait un trou du diable qui a permis « à Napoléon de s'échapper de mon sein. »

[*Caricature anonyme*, mars 1815.]

330. — **Généalogie du caporal « La Violette »**. — Un plant de violettes avec une touffe de terre, formant comme une sorte de champignon qui se trouve servir de chapeau au profil de Bonaparte (la racine même du plant). Dans le haut, au milieu des fleurs, Napoléon avec son petit chapeau. Point d'autres profils. Prise sur le modèle des estampes populaires : « *Le père La Violette*, — *Il reviendra au printemps*, — *Violettes du 20 mars*, » — qui obtenaient, alors, à Paris, un succès si considérable.

Caricature signée : G. H. inv. et del., *George Cruikshank fecit.* (1815.)

* Nombre d'estampes du même genre parurent aussi à Londres gravées par Cruikshank et autres, donnant, en plus de Napoléon, les profils de Marie-Louise, de la princesse de Parme et d'autres membres de la famille Impériale.

331. — **LE RENARD ET LES OIES, OU BONEY S'ÉCHAPPANT.**

Au premier plan, Napoléon ayant quitté l'île d'Elbe. « Il s'est sauvé, » crie-t-on, et les oies après lesquelles il voulait courir vont apporter la nouvelle au Congrès de Vienne où les animaux rassemblés discutent sur le plan de pacification de l'Europe.

[*Caricature anonyme*, mars 1815.]

332. — **UNE REVUE DE LA NOUVELLE GRANDE ARMÉE.**

Derrière Napoléon, le Diable et la Mort, les deux piliers de son État. A ses côtés, comme généralissimes, un féroce boucher de l'île d'Elbe et un capitaine des bandits des Alpes.
Au-dessus de Napoléon, le Démon de la guerre avec une oriflamme sur laquelle on lit : « Nous venons pour réparer nos torts, » tandis que sa main montre cette légende : « Une ambition sans bornes. »

[*Caricature anonyme*, mars 1815.]

333. — *Sujet allégorique*

Bonaparte fuit de l'île d'Elbe et ramène à sa suite la discorde, la guerre, et la misère, la mort qui le précède se livre à l'allégresse.

Caricature publiée à Londres et exécutée, très certainement, par un des nombreux artistes à la solde de la coalition fixés de l'autre côte du détroit. [5 mars 1815.]

* Non seulement le faire est absolument différent des estampes habituelles dues aux artistes anglais, mais encore le dessin se remarque par une tendance très prononcée au style académique de l'école davidienne. Les mouvements des personnages, très étudiés, sont d'une exacte précision, et la mort elle-même, qui ouvre la marche, se ressent de l'éducation classique du dessinateur. Présenté sous cette forme, conçu dans cet esprit, le rire conserve un certain aspect de froideur marmoréenne qui frappe encore bien plus en présence de la fantaisie désordonnée des Anglais.

334. — **Retour de Boney de l'île d'Elbe, ou Le diable parmi les tailleurs.** — Napoléon, s'échappant soudainement de l'île d'Elbe, entre par une fenêtre ouverte et renverse le pauvre Louis XVIII qui se trouvait sur le bord. Le monarque poussif crie : « Au secours, « au secours ! je viens d'être précipité à bas de mon perchoir. » John Bull vient à son aide, et le réconforte : « Ne craignez rien, mon vieil ami, je vous aiderai à remonter; quant à « ce coquin de Boney, je vais le *coudre* prochainement. »

Boney, pendant ce temps, s'est assis tranquillement sur l'établi du tailleur, disant : « Ne « vous dérangez pas, compagnons, je suis entré ici comme coupeur. Où sont ma « femme et mon fils, père Francis ! (l'Empereur d'Autriche). » Ce dernier tremblant, un carreau d'une main et les ciseaux de l'autre, lui répond : « J'enverrai promptement une « réponse. » La Hollande, terrifiée, s'écrie : « C'est le Diable ! » La Russie, montrant un knout, ajoute : « Je veux prendre sur lui quelques mesures de cosaques. » Le vieux Blücher, avec une énorme paire de ciseaux, s'avance au-devant de Napoléon, en disant : « Coupeur, oui vraiment. Oui ! oui ! je vous taillerai, maître Boney. »

La Prusse, tout en causant, réfléchit : « Sans doute, vous nous avez préparé un peu d'ou- « vrage, mais vous ne serez jamais le maître ici. »

Talleyrand se cache sous l'établi, et le pauvre Pape, se roulant à terre, oublie la charité chrétienne pour s'écrier : « Que ce compagnon soit maudit; si j'avais la force d'un « taureau, je l'enverrais d'un coup de pied en enfer ! Que je sois damné, s'il n'y a pas là « de quoi faire jurer un saint ! »

Caricature de George Cruikshank, G. H. invenit, 21 mars 1815.

335. — LE GÉNIE DE LA FRANCE EXPOSANT SES LOIS AU PEUPLE SUBLIME.

Sur le papier que déploie le singe, personnification pour les Anglais du peuple français, on lit :
« *Code des lois françaises.* »

« Vous serez orgueilleux, inconstants et sots.

« Vous tuerez votre roi, un jour, pour couronner le lendemain un de ses parents. — Vous en serez fatigués, au bout de quelques semaines, et vous ferez revenir un *tyran* qui fera saigner l'humanité par tous ses pores; parce que ce sera vraiment *nouveau.* — En dernier lieu, vous abolirez toute société vertueuse et vous adorerez *le Diable.*

« Quant à l'Europe et à cette malpropre petite nation, l'Angleterre, qu'elles soient damnées! *La France*, la *Grande Nation*, avant le *monde entier.* »

* Dans le fond, un moulin tournant à tous vents, qui représente les Français criant, dans leur amour du changement, jusqu'à : « Vive le Diable ».

[*Caricature de George Cruikshank*, 4 avril 1815.]

336. — **L'enfer se déchaîne, ou Les John Bulls devenus des ânes.** — A la nouvelle du débarquement de Napoléon, Louis XVIII et tous les Anglais résidant à Paris prennent la fuite précipitamment. — L'un dit : « Comme l'on rira de nous, à la maison, avec notre « passion de dépenser notre argent, en pays étranger! » Un autre se lamente : « Oh! mon « cher, j'ai laissé toutes mes valeurs à Paris. Je voudrais bien n'avoir jamais apporté ma « fortune en France. »

Le goutteux Louis XVIII est conduit dans un petit chariot.

Trois hommes sont montés sur une vache; de tous côtés on réquisitionne les quadrupèdes et les véhicules pour aller au-devant du grand Empereur.

Napoléon, à la tête de son armée, dit : « Ah! ah! je prendrai enfin quelques John Bulls; « je leur ferai dépenser leur argent et passer leur temps en France. »

Caricature de George Cruikshank, 20 mars 1815.

337. — **Le Congrès dissous avant que le gâteau ne soit coupé.** — Les souverains sont assis autour d'un énorme gâteau personnifiant l'Europe, qu'ils allaient couper et se partager, lorsqu'ils sont terrifiés par la soudaine apparition de Napoléon, qui, l'épée en main, fait irruption au milieu d'eux, piétinant les décisions du Congrès, le compte rendu de la délivrance de l'Europe et le plan tracé pour sa sécurité.

Le Hollandais tombe de sa chaise et répand le contenu de sa bouteille de genièvre, en s'écriant : « Oh! tonnerre et éclair; ma Hollande est toute partie. » — La Russie se lève en sursaut, disant : « Qui diable vous attendait ici? cela tombe mal à propos! »

La Prusse rappelle à l'Angleterre qu'elle avait promis de le garder. — L'Autriche, terrifiée, appelle quelqu'un pour le prendre. — Le pape se lamente : « Oh! qu'adviendra-t-il « de moi? » — Bernadotte s'écrie avec violence : « Saisissez-le, tuez-le! » Mais la Pologne, les bras croisés, objecte : « Qui va commencer? voilà la difficulté! »

Seul, Wellington se précipite au-devant de lui, en tirant son épée.

Caricature de George Cruikshank, 6 avril 1815.

338. — **Vive le Roi, vive l'Empereur, vive le Diable!** (en français, dans l'original). **Fidélité française. Intégrité française.** — Un soldat français, le mousquet en main, une tabatière dans l'autre, ayant à son chapeau trois nœuds de rubans aux couleurs différentes : un rouge, *vive le Diable*, — un blanc, *Vive le Roi*, — un tricolore, *Vive l'Empereur.*

Un moulin à vent symbolise la stabilité française, tandis qu'un singe et un chat, s'embrassant, représentent l'union entre la garde nationale et les troupes de ligne.

Caricature attribuée à Rowlandson, avril 1815.

* Les étrangers et les Anglais, tout spécialement, devaient mettre à profit l'instabilité des institutions et des convictions françaises, en ces jours néfastes, pour jeter tout le ridicule possible sur la « Grande Nation ». Nombre de caricatures londoniennes se plurent, alors, aux comparaisons avec les moulins à vent, avec la girouette, et l'on est en droit de se demander si la plupart des estampes françaises, publiées à Paris dans cet esprit, n'étaient pas, plus ou moins, inspirées par les graveurs de l'étranger. Certes, l'*Ordre de la Girouette*, le *Dictionnaire des Girouettes*, l'*Almanach des Girouettes* sont œuvres essentiellement françaises, mais soit qu'ils aient inauguré, soit qu'ils aient copié ces estampes et ces pamphlets, les Anglais montrèrent une acrimonie toute particulière. Dans leurs pièces gravées on sent, avant tout, le plaisir de dire du mal et le désir de perdre la France dans l'opinion publique : je n'en veux pour preuve que les légendes mêmes de cette caricature : « Vive le Diable! Fidélité française. Intégrité française! » — Le sarcasme et la satire sont suffisamment accentués, pour qu'il soit inutile d'insister.

THE FLIGHT of BONAPARTE FROM HELL-BAY

339. — LA FUITE DE BONAPARTE DE LA BAIE DE L'ENFER.

Le Diable sur son trône, dans ses domaines, entouré de ses serviteurs, s'amusant à lançer des bulles de savon. Sur l'une d'elles, il a placé Napoléon qui monte ainsi dans les airs, favorisé par le vent que lui insufflent des serpents ailés.

A observer, fait peut-être unique, que cette légende ne porte pas « Buonaparte ».

[*Caricature de Rowlandson*, 7 avril 1815.]

HELL HOUNDS RALLYING ROUND THE IDOL OF FRANCE.

340. — LES LIMIERS DE L'ENFER SE RALLIANT AUTOUR DE L'IDOLE DE LA FRANCE.

Au-dessus de la tête de Napoléon les diables lui apportant une couronne enflammée. La légende porte : « Il mérite une couronne de résine. » Lucifer monté sur un bouc sonne lui-même de la trompe. Dans le fond, des soldats anglais avec la légende quelque peu singulière : « Bonté anglaise, » si l'on n'avait déjà eu occasion de voir, à mainte reprise, combien facilement les gens d'outre-Manche s'accordaient toutes les vertus.

« Les satyres qui dansent autour de Napoléon une ronde effrénée portent les noms des généraux français : Savary, Vandamme, Davoust, Caulaincourt, Ney, Lefebvre. On y voit également figurer Fouché, et celui-ci s'en plaignit. A force d'intrigue, quoique le gouvernement de Louis XVIII n'eût pas encore à ce moment accepté ses services, il parvint, il faut le croire, à obtenir que son nom fût gratté, car l'on rencontre des épreuves sur lesquelles ne se lit point : « Fouché. »

[*Caricature de Rowlandson*, 8 avril 1815.]

* Plusieurs caricatures de l'époque traiteront ainsi les généraux de la Grande Armée, en termes tout à fait irrévérencieux. « Suppôts de l'enfer, bandits, tigres altérés de sang, » seront presque des qualificatifs aimables. Pour cette campagne suprême, John Bull s'était saigné à blanc et l'estampe n'avait cessé d'enregistrer ses sacrifices (voir à ce propos, plus loin, le n° 345); les injures qu'il adressait aux lieutenants de Napoléon, auteurs de ses maux, lui apparaissaient comme un soulagement.

Cette caricature sera à nouveau publiée après les Cent-Jours, avec quelques changements, et avec légendes françaises. Si l'on en croit les papiers secrets d'un contemporain, elle devait être suivie de plusieurs autres conçues dans le même esprit, cette publication, faite avec l'appui ou, tout au moins, avec l'agrément de Louis XVIII, étant destinée à perdre à jamais Napoléon, dont on redoutait encore, sans qu'on osât toutefois l'avouer, l'influence prestigieuse sur les populations françaises. Plus l'on avancera, plus l'idée de cadavre s'attachera à Napoléon. Rowlandson l'avait représenté assis sur des pyramides d'os et de crânes; dès lors, on fera son portrait avec des accumulations de cadavres; la colonne Vendôme elle-même sera dessinée en cadavres. Ailleurs, ce sera le Tigre revêtu de la couronne impériale déchirant un enfant avec ses griffes, ou encore, un monument commémoratif élevé en son honneur, ayant pour base des personnages accroupis, pour socle des crânes, avec cette légende significative : *Regard dans le passé et vers l'avenir, au commencement de 1814*. Des cartes d'Europe seront dessinées avec des squelettes et, dans un monceau de cadavres, il faudra s'amuser à « chercher Napoléon ».

341. — SCÈNE D'UNE NOUVELLE PANTOMIME DESTINÉE A ÊTRE REPRÉSENTÉE AU THÉATRE ROYAL DE PARIS (avec nouvelle musique, nouvelles danses, nouveaux décors, costumes et machinerie inédits).

« Les principaux rôles seront tenus par plusieurs des grands potentats de l'Europe : *Arlequin* par M. Napoléon, *Clown* par le roi de Wurtemberg, *Pantalon*, l'empereur d'Autriche. Pour terminer, une chanson comique, dite par le Pape, et un grand chœur entonné par toutes les têtes couronnées. » — *Vivant Rex et Regina.*

* Napoléon, en Arlequin, un poignard dans chaque main, saute dans l'inconnu en passant au travers du portrait du très goutteux « Louis le Bien-Aimé ». Il est poursuivi par toutes les puissances de l'Europe. *Clown* décharge sur lui deux pistolets, mais sans succès, et il bouscule l'Espagne, qui vient de tirer son épée.

La Russie cherche à l'enfourcher avec sa lance de cosaque.

La Hollande et la Prusse font feu sur lui, tandis que quelqu'un décroche du mur le portrait de l'Impératrice Marie-Louise déguisée en Colombine.

[*Caricature attribuée à Rowlandson.* 12 avril 1815.]

* La légende *Vivant Rex et Regina* qui s'applique, — point n'est besoin de le dire, — au roi et à la reine d'Angleterre, montre bien dans quel esprit patriotique la plupart de ces estampes étaient gravées.

Arlequin, Clown et Pantalon, ont joué un grand rôle, comme on a pu le voir, dans les caricatures anglaises de la période impériale. Un écrivain contemporain explique la raison de l'emploi constant de ces personnages classiques du théâtre, en disant : « Il y avait de la comédie, et même plus, dans les événements dont la France était alors le théâtre. » D'où la quantité de phamphlets, de pièces comiques, de pantomimes écrites ou dessinées, que l'on vit apparaître.

Jamais ces pièces ne furent aussi nombreuses qu'après le retour de l'île d'Elbe : les événements du jour prêtèrent à de multiples parodies, dans tous les pays et dans toutes les langues. *La Grande farce*, *Les grands sauteurs*, *Le premier équilibriste du monde*, *M. Volcan et le Tonneau*, *Arlequin Empereur et Polichinel Roi*, *Le Sauteur des îles* (allusion à la Corse et à l'île d'Elbe; *plus agile que Grimaldi* (1), sont des titres significatifs qui caractérisent bien l'esprit de la littérature satirique contemporaine.

(1) Une caricature de Cruiskhank datée de 1813 (voir plus haut, page 128) avait déjà consigné le nom de ce clown. A partir de 1815 nombre de journaux et de pamphlets créeront pour Napoléon l'appellation *Grimaldi-Boney*.

342. — LE CORSE ET SES LIMIERS REGARDANT PARIS DEPUIS LE BALCON DES TUILERIES.

* Le diable étreint Ney et Napoléon, tandis que la Mort montre, avec un air sardonique, les rues de Paris où l'on aperçoit la foule habituelle aux jours d'émeute, promenant des têtes sur des piques. Sur le balcon on lit : « Encore plus d'horreurs, de morts et de ruines. »

[*Caricature de Rowlandson*, 6 avril 1815.]

343. — **Le phénix de l'île d'Elbe ressuscité par trahison.** — Une magicienne, dont les mains sont tachées de sang, préside à la résurrection. « Éveillez-vous, esprit « qui n'avez jamais de repos, douce âme avide de sang! Rejeton de la trahison, venez! »
Obéissant à ses exorcismes, le phénix (Napoléon) sort d'une chaudière en s'écriant : *Veni, Vidi, Vici.* Autour dansent les maréchaux, en chantant: « Ah! ah! nous allons recommencer notre œuvre sanglante ». Dans les cieux un génie tenant d'une main un sceptre et une couronne, et de l'autre une guillotine, crie au souverain : « Lève-toi, lève-toi, enfant favori du destin; la mort ou un nouveau diadème seront ta récompense! »

Caricature de George Cruikshank, 1er mai 1815.

344. — **Les candidats à la couronne, ou Une modeste requête poliment refusée.** — Louis XVIII, Napoléon et le roi de Rome sont assis à table. Le premier dit avec l'espoir d'un arrangement : « Sire, lorsque vous en aurez fini avec l'Empire, je « vous serai reconnaissant de me le laisser. » Napoléon répond : « Je regrette, Sire, mais « il est promis à ce jeune homme. » Le roi de Rome tient une carte déchirée, qu'il essaye de raccommoder, disant : « Je crois que je serai capable de les réunir. » (Allusion aux partis en présence, et particulièrement aux impérialistes et aux républicains.)

Caricature de S. T. Taw, mai 1815.

* Une adaptation française de cette estampe parut sous le titre de : *La lecture des Journaux.* Louis XVIII debout, s'adressant à Napoléon en train de lire le *Journal de l'Empire* lui dit : « L'Empire après vous, s'il vous plaît? » Celui-ci lui répond en montrant le roi de Rome : « Je ne puis, cet enfant l'a retenu après moi. »

345. — **Préparatifs de guerre.** — Au centre, un bûcher, avec la pancarte : « Sacrifiés à la cause des Bourbons et consacrés à la ruine de la tyrannie illégitime. » Au haut un taureau, paré pour le sacrifice, et entouré d'un drap sur lequel on lit : « Taxe personnelle, impôt des biens-fonds, impôts sur les fenêtres, chiens, maisons, serviteurs, voitures, chevaux, poudre à cheveux, revenus, armoiries, etc. » Le pauvre John Bull dit : « Hélas! ai-je pendant si longtemps versé mon sang, pour que vous me preniez la vie? »

346. — DERNIER VOYAGE DU CORSE GUIDÉ PAR SON BON ANGE.

Napoléon conduit par le diable faisant une enjambée prodigieuse depuis l'île d'Elbe pour atteindre, à nouveau, au trône et au pouvoir souverain.

[*Caricature anonyme*, 16 avril 1815.]

Un représentant de la chambre des Communes l'assure qu'il vaut mieux mourir que d'assister au triomphe de la cause que l'on hait : « Prenons les armes, commençons « une guerre acharnée; pas de grâce pour l'Usurpateur. Si votre destinée est de mourir « sur l'autel, Johnny, tout ce que je demande, c'est de dire votre oraison funèbre. »

Un représentant de la chambre des Lords va lui donner le coup de grâce avec une hache d'armes sur laquelle on lit : « Nouveaux impôts de guerre, » tout en lui disant : « Ne « murmurez pas, Johnny, votre sacrifice est digne de la cause que vous défendez. »

A gauche, le prince régent, appuyé négligemment sur le trône, et peu disposé à voir les choses en noir : « Quoi! on dirait la guerre! Ordonnez une brillante fête, envoyez une « myriade de cuisiniers et de marmitons; parlez-moi de maîtresses lascives et de folles « orgies! » A l'arrière-plan, entourés de soldats, Wellington et Blücher aiguisant leurs épées.

Le pauvre goutteux Louis, couvert de son armure, est monté sur Talleyrand en guise de coursier. Il est escorté d'une armée de deux hommes, armés de bouteilles *d'eau médicinale*, et son artillerie est composée de rouleaux de flanelle.

A l'extrême droite, Napoléon donnant des ordres « pour déchaîner les chiens de la guerre ». Un de ses maréchaux lui répond avec enthousiasme : « Voici une meute glorieuse, « prête pour le carnage, qui déjà flaire le sang humain.

Caricature de George Cruikshank, 1er juin 1815.

347. — **Compliments de singes : plus de coups de pied que de pudding. — Farce représentée avec éclat au Théâtre National, dans les Pays-Bas.** — Napoléon, les mains liées derrière le dos, recevant les « compliments de singes » de tous les potentats et souverains de l'Europe : Wellington, Blücher, l'Autriche, la Prusse, la Hollande, la Russie, la Suède, et même le goutteux Louis XVIII.

Caricature anonyme, juin 1815.

348. — UNE ÉRUPTION DU MONT VÉSUVE, OU LES CONSÉQUENCES PROBABLES DE L'ORAGE QUI APPROCHE.

Au-dessus, des vers dont voici la traduction :
« Le ciel devient sombre, l'air chargé de nuages annonce un terrible choc; le pillage triomphe et le Désespoir, du haut de son aride rocher, fait entendre un rire sauvage. Mais bientôt la paix, sortant des ténèbres, sourira à notre île glorieuse et arrachera la France à un joug odieux. »

[*Caricature de George Cruikshank*, 17 juin 1815.]

349. — BONEY DANS LA CHAUDIÈRE DE WATERLOO.

Au-dessus de Napoléon les mots : « Je n'aime guère cette chaude situation. » A ses côtés Blücher et Wellington, qui font chacun leurs réflexions. « Il ne saurait se plaindre de ce que nous lui avons fait une chaleureuse réception, » dit le premier ; et le second ajoute : « Il était mécontent d'un froid accueil et cette chaude réception lui déplaît. Qu'il soit damné, car il n'est jamais satisfait. »

[*Caricature de George Cruikshank, attribuée à son éditeur*, S. *Knight*, juin 1815.]

350. — **UN ÉPISODE SUR LA FRONTIÈRE.**

Napoléon capitulant à Waterloo s'écrie : « Voilà votre œuvre! — Hurrah! » Chacun des généraux alliés, — Wellington, Schwarzenberg, Blücher, etc., — fait ses réflexions. « Je crains que nous lui ayons « laissé trop de temps, » dit l'un; « j'ai hâte de l'avoir rejoint », observe l'autre.

[*Caricature anonyme*, 18 juin 1815.]

351. — **LA DERNIÈRE CUVÉE.**

* Caricature relative à Waterloo. Wellington et Blücher achèvent la défaite de l'armée française.
[*Édition française d'une caricature anglaise de George Cruikshank*, 20 juin 1815].

Acte additionnel aux folies du héros, ou la chute du grand petit homme.

352. — NAPOLEON SUR LE « BELLÉROPHON ».

Pièce publiée à Londres, d'après une caricature anonyme. — On peut voir, par cette gravure, de quelle façon les Anglais ont traduit l'acte tout spontané et non dénué de grandeur de Napoléon se rendant à bord du *Bellérophon*.

[juillet 1815.]

353. — **Le Bone-à-part dans une nouvelle situation.** — Pris dans un piège, une jambe cassée, il rend son épée à John Bull, habillé en jardinier.

« Prenez ceci, monsieur Bull, je suis en votre pouvoir; — je m'en remets à votre gé« nérosité habituelle, et je confesse humblement que je regrette fort d'être venu ici. » — John Bull ne répond pas, mais se parlant à lui-même : « Il a pillé bien des jardins voi« sins; toutefois, je pensais bien qu'il aurait à se repentir, s'il mettait jamais le pied dans le « mien. Je suppose que cette épée était destinée à couper mes choux, et peut-être aussi « ma tête! mais je m'en servirai comme d'une serpe, pour élaguer *ses branches* s'il venait « à en pousser, après avoir été sous ma garde. »

Caricature de Charles, 15 juillet 1815.

354. — **Compliments et congés, ou Soumission du petit Boney aux mains de la vieille Angleterre.** — Napoléon vient se livrer lui-même, en pleurant, ainsi que sa suite : il est reçu avec respect par le capitaine Maitland. L'Ex-empereur dit : « O monsieur « Bull, je suis si heureux de vous voir! j'ai toujours admiré les marins anglais, ce sont de « si nobles et si braves compagnons! Vous voyez que je suis dans le malheur, mais « j'espère que vous aurez pitié de moi et de ceux qui me suivent : mon barbier, mon cui« sinier et ma blanchisseuse, ainsi que quelques-uns de mes braves généraux qui se « sont enfuis avec moi à Waterloo. Je vous assure que nous aurons grand plaisir à capi« tuler devant ces bons Anglais. Je vous serais très reconnaissant, si vous vouliez nous « emmener en Amérique, sinon en Angleterre, car je hais les ours et ces maudits Co« saques; quant aux Français, — maintenant, ils peuvent être damnés.

« Vive la vieille Angleterre pour toujours!! »

Sa suite répète avec lui :

« Vivent les Anglais! »

Le capitaine Maitland le remercie du compliment et lui répond qu'on ne prendrait pas autant soin d'eux en Amérique qu'en Angleterre où on va les conduire prochainement. Les appréciations des marins sont peu polies; ils espèrent qu'on les mettra à la Tour, dans le pavillon des singes, ou bien pour danser avec l'ours.

Caricature de George Cruikshank, 24 juillet 1815.

* Cette estampe montre bien les véritables sentiments des Anglais. Tandis que le capitaine Maitland, les officiers et marins de sa suite sont représentés en tenue correcte, comme s'il s'agissait de la représentation précise de l'événement et non d'une caricature, Napoléon et sa suite sont figurés de la façon la plus grotesque.

355. — **Une rare acquisition de la ménagerie royale. Présent venant de Waterloo : don des maréchaux Wellington et Blücher.** — Napoléon en tigre royal, animal dangereux et sans pareil, capturé après mille difficultés.

Caricature de Rowlandson, 28 juillet 1815.

356. — **Bonaparte le 17 juin. — Bonaparte le 17 juillet 1815.** — A la première date, on le voit faisant le fanfaron sur la côte française, brandissant son épée et s'écriant :
« Ah! ah! vous, polissons d'insulaires, je suis revenu, et vous allez voir, coquins, ce que
« je ferai de vous! Vous pensiez que j'étais fini, que j'allais rester à l'île d'Elbe! Maudits
« soient les Anglais, leurs alliés, Elbe et l'abdication! Je vais jouer l'enfer avec eux tous. »
John Bull, en sécurité sur sa rive, devant son grand pot de bière et avec sa pipe de
« terre, lance une énorme bouffée de fumée à son adversaire en disant :
« Allez vous faire damner! Je ferai de vous un *fouloir*. »

Un mois après. — Napoléon est à genoux, pleurant, sur le *Bellérophon*. Il demande à M. Bull, sa carrière approchant de sa fin, de devenir son ami, parce qu'il est persuadé que tout ce que l'on dit sur sa bonté est véridique.

John Bull réfléchit :
« Voyons : tout d'abord, vous venez de l'île de Corse, et lorsque vous avez été chassé de
« France pour aller à l'île d'Elbe, vous avez fait un nouveau saut en France. Maintenant
« que vous êtes, à nouveau, chassé de France, vous désirez venir vivre dans mon île; mais
« cela ne peut pas aller ainsi, maître Boney, car vous feriez encore un saut en France.
« Aussi je vais vous dire, je vous enverrai à l'île Sainte-Hélène et nous verrons, une fois
« là-bas, quel saut vous ferez. »

Caricature de George Cruikshank, 15 août 1815.

357. — **L'ex-Empereur dans une bouteille.** — Napoléon est enfermé dans une bouteille de verre que le prince Régent, en uniforme de hussard, vient de fermer avec un cachet portant l'empreinte d'un canon et la légende « Exploits militaires ».

Louis XVIII est à genoux, les yeux levés au ciel en signe de reconnaissance.

Caricature anonyme, 25 août 1815.

358. — **Chute de la tyrannie et retour à la paix.** — La Justice, avec une épée flamboyante, a envoyé Napoléon à Sainte-Hélène où, enchaîné, il devient la proie de l'ennemi.

La Paix avec un rameau d'olivier, la Fortune avec la corne d'abondance, l'Agriculture et le Commerce sont reçus à bras ouverts par l'Angleterre.

Caricature de George Cruikshank, 1815.

359. — **L'exilé à Sainte-Hélène, ou Méditations de Boney.** — Napoléon, revêtu de son uniforme habituel (petit chapeau et redingote), le corps d'un diable avec des cornes et des pieds fourchus, se tient debout, les jambes écartées, un pied sur chaque rocher de la baie. Dans le fond, une reproduction exacte de l'île rocheuse et de sa petite ville. Transformé ainsi en nouveau colosse de Rhodes, il a une expression particulièrement lamentable. A droite, au haut de la gravure, le portrait du roi Georges, en médaillon, tout autour duquel sont des rayons.

Caricature de Marks, août 1815.

360. — **Ouverture de la campagne de sir William Curtis concernant les couleurs françaises.** — Sir William Curtis, un excentrique et un nationaliste enragé, dont la figure fut une vraie fortune pour les caricaturistes de cette période, avait offert de décorer Mansion-House, c'est-à-dire l'hôtel du Lord-Maire, avec les drapeaux tricolores pris aux Français sur les champs de bataille péninsulaires, tandis que la bannière de l'Angleterre dominerait le faîte du monument. C'est ce sujet que représente la caricature mentionnée.

Caricature de George Cruikshank, août 1815.

361. — **Réussite de l'invasion menaçante de Boney, ou Boney regardant la côte anglaise depuis la poupe du « Bellérophon.** » — La côte anglaise est représentée par une citadelle, sur le devant de laquelle une potence est dressée. Quelqu'un de sa suite, le général comte Bertrand, la lui montre : « Ils l'ont érigée à votre intention. » Napoléon, monté sur la culasse d'un canon et une lunette d'approche en main, répond : « Je « n'aime pas cette damnée perspective. »

Un matelot, également assis sur un canon, donne son opinion : « Je pense, maître Boney, qu'au lieu de vous envoyer à Hell-Bay (baie de l'enfer, Elbe), ils auraient mieux fait de vous envoyer tout de suite en enfer. »

Caricature de George Cruikshank, 1er septembre 1815.

* Cette estampe est la parodie du fait relaté par le capitaine Maitland dans sa « Narration » du voyage de Sainte-Hélène, sur le *Bellérophon*, lorsque Napoléon s'écria devant Torbay, sur les côtes de Devonshire : « Quelle contrée merveilleuse! Et combien frappante est « la ressemblance avec la baie de Porto-Ferrajo! »

362. — **Voyage de Napoléon, de l'île d'Elbe à Paris, et de Paris à Sainte-Hélène.** — Trois sujets sur une même feuille. Comme premier, la bataille de Waterloo avec l'armée française en déroute. Napoléon est debout sur l'aigle français, qui ne bat plus que d'une aile ainsi qu'il le fait tristement remarquer : « Mon *aile gauche* a entièrement disparu. » — L'Empereur, dont la couronne et le sceptre sont tombés, étreint l'oiseau autour du cou, lui disant : « Sauve qui peut! Le diable est par derrière. » — « Courez, « mes amis, votre Empereur vous montre le chemin. » — « Mon cher aigle, conduis-moi « encore sain et sauf jusqu'à Paris, comme tu l'as fait depuis Moscou et Leipzig, et je ne te « dérangerai plus jamais. Oh! damné Wellington! »

Le second dessin montre Napoléon à l'arrière du *Bellérophon*, causant avec John Bull, qui est assis au coin de son feu, fumant tranquillement sa pipe comme d'habitude. L'Empereur lui dit : « Comment vous portez-vous, mon puissant et généreux ennemi? Je viens, « comme Thémistocle, m'asseoir à votre foyer. Je suis si heureux de vous voir. »

John Bull répond : « Je suis également heureux de vous voir, monsieur Boney, mais que « je sois damné si vous prenez place à mon foyer ou dans quelque autre partie de ma « maison. Cela m'a coûté une belle somme pour vous prendre, monsieur Thémistocle, « comme vous vous surnommez; maintenant que je vous ai, je prendrai soin de vous. »

Le troisième dessin représente Napoléon à Sainte-Hélène, réduit à faire la chasse aux rats, assis mélancoliquement devant une trappe, dans laquelle les petits rongeurs ne veulent pas entrer.

Caricature de George Cruikshank, septembre 1815.

(Voir la reproduction page 183).

363. — **Général sans pareil.** — Portrait symbolique de Napoléon, en pied, le petit chapeau classique ayant tout autour la reproduction des différentes couronnes que Bonaparte plaça sur les têtes de ses lieutenants.

Sur l'index et sur le pouce de la main gauche les noms de Moreau et de Pichegrue (*sic*) indiquent que Moreau était son guide dans toutes les victoires, et que Pichegru fut un obstacle à l'accroissement de son pouvoir. De l'autre main il tient une corde, — *lacet pour Pichegrue*, — seul moyen de se débarrasser d'un ennemi aussi formidable. Sur sa poitrine, c'est-à-dire sur le devant de son habit, se lisent les noms des royaumes qu'il a conquis.

Son gilet porte les portraits des différents rois qu'il a créés : *fabrique de sire*, suivant une appellation populaire, parce que, tant que les nuages du despotisme ont plané sur l'empire de Bonaparte, les rois reflétaient leur éclat d'emprunt, puis quand le soleil de la « restitution universelle » a fait luire ses rayons, ils ont fondu comme de la cire à la chaleur de l'astre-lumière.

Au-dessus de la tête des rois, *la Folie*, dans laquelle il faut voir le jeune roi de Rome en singe. Sur les pans de son habit se lisent : 13 *Vendémiaire. Guerre éternelle à l'Angleterre, Désolation de l'Allemagne, Trahison sur la famille d'Espagne, etc.*, tandis que, sur le bras gauche, on voit l'assassinat du duc d'Enghien. Des ballots et des tonneaux de marchandises, sur sa cuisse gauche, indiquent l'arrêt amené à Paris, dans le commerce, par la vie essentiellement militaire infligée au peuple français. La betterave a rapport au décret autorisant la fabrication du sucre avec cette plante, après la perte des possessions françaises dans les Indes occidentales.

La cuisse droite, elle, donne la figuration des *Objets d'art pillés chez les différentes nations*.

Sur ses bottes, sont représentés des crânes, symboles de la mort qui l'accompagnait partout : *Conscription et Levée en masse*. Le revers porte l'inscription : *Chûte du trône de*

France et d'Italie, tandis que l'éperon est figuré par un serpent *éguillonnant son système de destruction*.

Son épée, qui si souvent paralysa le monde et fit des conquêtes avec une rapidité jusqu'alors inconnue, est représentée par un brillant météore, avec l'inscription : *Comète*.

Caricature anonyme due à un artiste français habitant Londres et qui fut publiée avec légendes en plusieurs langues, anglais, allemand, français, italien, etc. 1er septembre 1815.

364. — **Boney, traversant la Ligne, subit les divertissements grossiers du bord.** — Napoléon, les yeux bandés, est jeté dans une cuve et soumis à l'usage habituel, d'après l'ordre de Neptune, traîné, lui et son épouse, par des marins, sur un affût. Neptune dit : « Je vous ordonne de le purifier de toutes ses iniquités. » Le pauvre Boney, qui a peu de goût pour ce genre de traitement, réplique : « Je n'aime pas le valet de « chambre anglais, ayez pitié de moi! » Deux généraux français, les yeux bandés, vont subir ce même traitement. L'un dit : « J'aimerais assez que cette sale besogne fût termi- « née » : l'autre : « Je n'aime pas les boutiques de barbier. »

Un marin leur fait remarquer qu'ils doivent prendre patience, qu'on va les raser tout de suite et qu'on leur donnera une bonne « savonnée », comme le fit, récemment, le vieux Blücher.

Caricature de Lewis Marks, septembre 1815.

365. — **Couleurs solides, ou La blanchisseuse royale lavant les habits de cour de Boney.** — Le gros et impotent Louis XVIII, costumé en blanchisseuse de mardi-gras, essaye de nettoyer la garde-robe du pouvoir et, surtout, de faire disparaître « le tricolore ». Il s'étonne que les couleurs soient aussi solides : « Je crains, dit-il, de ne pouvoir jamais les « faire devenir *blancs*, quoique j'aie pris pour cela un excellent savon. » Napoléon, assis en face de lui, sur son rocher, lui dit, en gouaillant : « Ma vieille femme, vous frotterez long- « temps, avant de les faire devenir blancs, car ils sont tricolores jusque dans la fibre de « l'étoffe. »

Caricature de George Cruikshank, 26 octobre 1815.

366. — **Mât de cocagne, ou Royales étrennes.** — Le gros Louis XVIII grimpant au mât de cocagne pour saisir la couronne de France, monté sur les épaules de l'Autriche, de la Russie, de la Prusse, pyramide humaine qui repose sur l'Angleterre. Ce sont les étrennes que les souverains réservent à Boney.

Caricature de George Cruikshank, 1816.

Napoléon se rendant au-devant de Marie-Louise.

SOURCES ET NOTICES

Les estampes reproduites dans ce volume proviennent soit de la collection particulière de l'auteur, soit des collections de la Bibliothèque nationale et du Musée Carnavalet, soit des collections obligeamment prêtées par M Bihn. Voici d'autre part, quelques renseignements pour ceux qui s'intéressent à l'iconographie napoléonienne.

I. — SOURCES A CONSULTER :

— A la Bibliothèque nationale : Histoire de France (les tomes répondant aux années 1810, 1811, 1812, octobre à décembre ; 1813, janvier à juillet, août à octobre ; 1814, janvier à mars et avril ; 1815, 1er janvier au 10 mars, juillet à septembre, octobre à décembre.

Collection Hennin (tomes CXLVI [A. 1802], CXLVII et suite).

Portraits (tomes I, II, III et IX).

Recueil de caricatures anglaises, de 1801 à 1830 (tome II).

— Au Musée Carnavalet : Recueil de caricatures sur Napoléon en 2 volumes (tome II). Quelques pièces, non décrites ici, peuvent être consultées avec intérêt.

— Au British Museum, à Londres : les séries *Histoire d'Angleterre* et *Napoléon*.

II. — OUVRAGES :

(En plus de ceux déjà mentionnés à la page 52. — Voir également la note de la page 43.)

— *English Caricaturists and Graphic Humourists of the nineteenth century*, par Graham Everitt. — Londres, Swan Sonnenschein et Cie, 1893. 1 vol. illustré, in-8°.

— *Catalogue illustré de l'Exposition des œuvres des humoristes anglais*, organisée à Londres en juin 1879, par le « Royal Institute of Painters in Water Colours ». Cette exposition contenait plusieurs estampes politiques de Gillray et de Cruikshank, et quelques-unes de ce dernier, en originaux.

— *English Satirical pictorial Views upon Events in France, during the French Revolution, the Directory, and the Empire, from the rise to the decline of Napoléon I* (Aperçu sur les estampes satiriques anglaises consacrées aux événements accomplis en France durant la Révolution, le Directoire et l'Empire, depuis l'apparition jusqu'à la chute de Napoléon Ier), ouvrage sous presse, dû à M. Joseph Grego, dont les collections graphiques, dans le domaine de la satire et de l'humour, sont si considérables, et qui, par ses volumes, a déjà élevé de véritables monuments aux grands caricaturistes anglais.

— Collections des grandes revues illustrées, anglaises et américaines : *The Century*, *Pall Mall Review*, *the Magazine of Art*, *Scribner's Magazine*, *Cosmopolitan Magazine* etc. (à partir de 1890).

III. — NOTULES.

Les 374 caricatures ici décrites (366 dans l'iconographie même, les autres dans le texte des études) ne constituent pas l'ensemble des pièces satiriques publiées en Angleterre contre Napoléon : leur nombre total dépasserait certainement 600 pièces ; mais beaucoup ne sont que la reproduction, sous une autre forme, des gravures de Gillray, Rowlandson, Woodward et autres, et leur cataloguage n'eût apporté aucun document nouveau pour l'iconographie napoléonienne. C'est pourquoi nous avons jugé inutile de charger outre mesure cette description ; déjà M. John Aston, dans son ouvrage, *English Caricature and Satire on Napoleon I* (Londres, Chatto and Windus), avait pensé de même, car il ne donne la description que de 350 pièces.

D'autre part, nous n'avons pas mentionné, et pour cause, toutes les copies d'après Gillray et autres, notamment celles qui furent gravées pour la publication *London und Paris* éditée à Weimar puis à Halle, celles-ci appartenant de droit à l'Allemagne. Elles seront décrites dans le volume consacré aux caricatures allemandes.

La caricature décrite à la page 73, *Le Bâtard* (n° 64), a été reproduite dans le très curieux volume du Dr Witkowski : *Les Accouchements dans les beaux-arts, dans la littérature et au théâtre* (page 23).

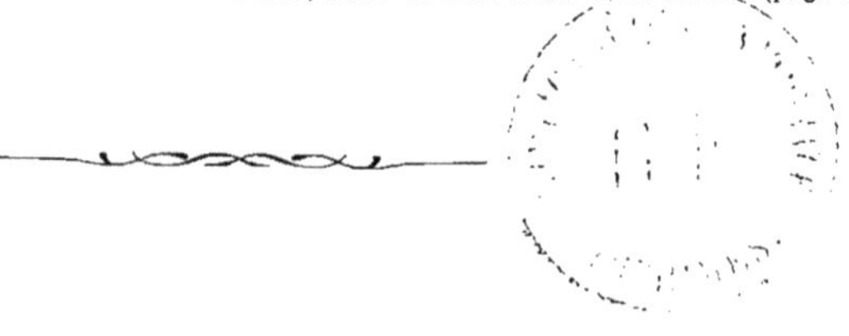

Napoleons trip from Elba to Paris & from Paris to St Helena.

Voyage de Napoléon de l'île d'Elbe à Paris et de Paris à Sainte-Hélène.

[*Caricature de George Cruikshank*, 1815].

I. — TABLE DES GRAVURES

I. — Portraits.

II. — Estampes satiriques.

II. — TABLE DES CHAPITRES

III. — TABLE DES CARICATURES

DÉCRITES DANS LE PRÉSENT VOLUME

TYP. FIRMIN-DIDOT. — MESNIL.

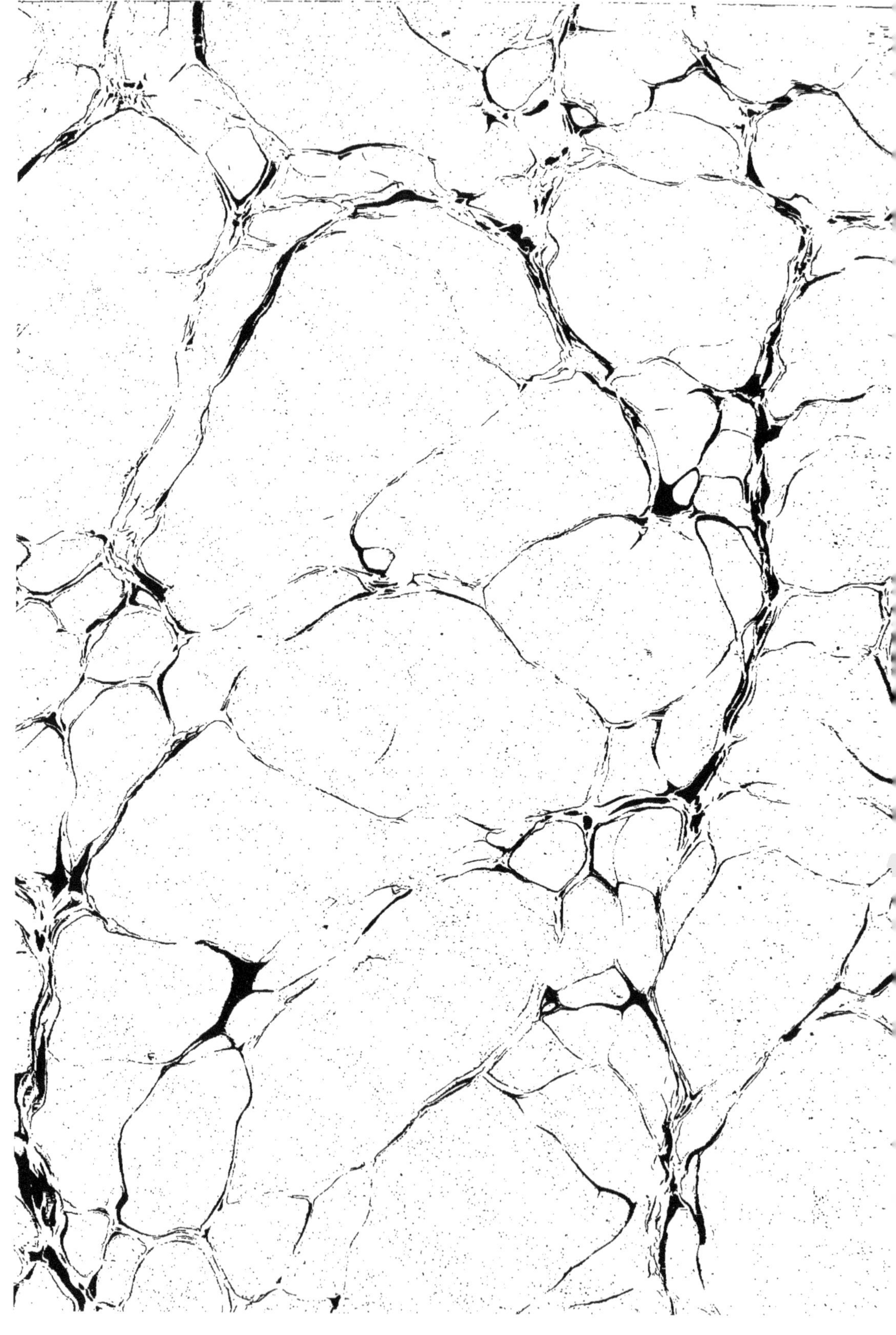

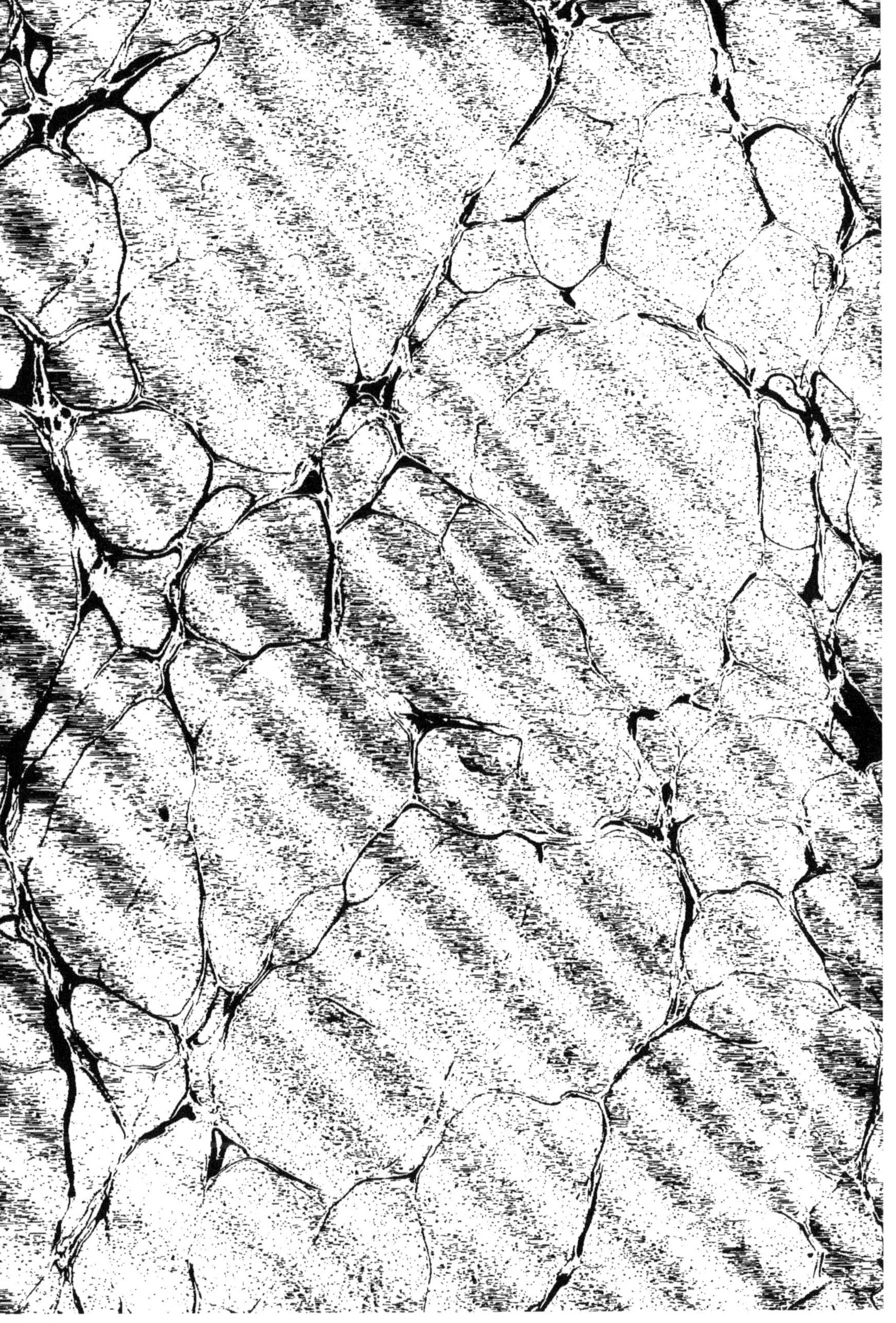

BIBLIOTHEQUE NATIONALE DE FRANCE
3 7531 00785240 4

www.ingramcontent.com/pod-product-compliance
Ingram Content Group UK Ltd.
Pitfield, Milton Keynes, MK11 3LW, UK
UKHW021055270726
13967UKWH00012B/1478

9 782012 923867